Die Eurokrise

Jeroen Dijsselbloem
Die Eurokrise

Erfahrungsbericht eines Insiders

 Springer

Jeroen Dijsselbloem
Wageningen, Niederlande

ISBN 978-3-658-26463-5   ISBN 978-3-658-26464-2 (eBook)
https://doi.org/10.1007/978-3-658-26464-2

Die Deutsche Nationalbibliothek verzeichnet diese Publikation in der Deutschen Nationalbibliografie; detaillierte bibliografische Daten sind im Internet über http://dnb.d-nb.de abrufbar.

© 2018 Jeroen Dijsselbloem
© Der/die Herausgeber bzw. der/die Autor(en), exklusiv lizenziert durch Springer Fachmedien Wiesbaden GmbH, ein Teil von Springer Nature 2019
Deutsche Übersetzung der 1. niederländischen Originalauflage erschienen bei Uitgeverij Prometheus, Amsterdam, NL, 2018
Das Werk einschließlich aller seiner Teile ist urheberrechtlich geschützt. Jede Verwertung, die nicht ausdrücklich vom Urheberrechtsgesetz zugelassen ist, bedarf der vorherigen Zustimmung des Verlags. Das gilt insbesondere für Vervielfältigungen, Bearbeitungen, Übersetzungen, Mikroverfilmungen und die Einspeicherung und Verarbeitung in elektronischen Systemen.
Die Wiedergabe von allgemein beschreibenden Bezeichnungen, Marken, Unternehmensnamen etc. in diesem Werk bedeutet nicht, dass diese frei durch jedermann benutzt werden dürfen. Die Berechtigung zur Benutzung unterliegt, auch ohne gesonderten Hinweis hierzu, den Regeln des Markenrechts. Die Rechte des jeweiligen Zeicheninhabers sind zu beachten.
Der Verlag, die Autoren und die Herausgeber gehen davon aus, dass die Angaben und Informationen in diesem Werk zum Zeitpunkt der Veröffentlichung vollständig und korrekt sind. Weder der Verlag, noch die Autoren oder die Herausgeber übernehmen, ausdrücklich oder implizit, Gewähr für den Inhalt des Werkes, etwaige Fehler oder Äußerungen. Der Verlag bleibt im Hinblick auf geografische Zuordnungen und Gebietsbezeichnungen in veröffentlichten Karten und Institutionsadressen neutral.

Lektorat/Redaktion: Irene Buttkus
Redaktion/Recherche: Katharina Harsdorf
Titelfoto: © Paul Wilkinson
Umschlaggestaltung: deblik, Berlin

Springer ist ein Imprint der eingetragenen Gesellschaft Springer Fachmedien Wiesbaden GmbH und ist ein Teil von Springer Nature.
Die Anschrift der Gesellschaft ist: Abraham-Lincoln-Str. 46, 65189 Wiesbaden, Germany

L'Europe ne se fera pas d'un coup, ni dans une construction d'ensemble: elle se fera si des réalisations concrètes créent d'abord des solidarités de fait.
Europa zal niet in één keer worden gemaakt, noch volgens één samenhangend ontwerp. Het zal tot stand komen door het realiseren van concrete stappen die de solidariteit de facto vorm geven.
Europa lässt sich weder auf einen Schlag noch nach einer einheitlichen Konzeption errichten. Es wird durch konkrete Leistungen entstehen, die zunächst faktisch Solidaritäten schaffen.
Robert Schuman in seiner Erklärung vom 9. Mai 1950

Die Menschen machen ihre eigene Geschichte, aber sie machen sie nicht aus freien Stücken, nicht unter selbstgewählten, sondern unter unmittelbar vorgefundenen, gegebenen und überlieferten Umständen.
Karl Marx, Der achtzehnte Brumaire des Louis Bonaparte
1852

Vorwort

Dieses Buch gibt den Bericht des Präsidenten der Euro-Gruppe über die Krise wieder, die die Europäische Währungsunion fast vernichtet hätte. Ein Bericht, der mit dem Beginn der Finanzkrise im Jahr 2008 einsetzt und in die Schuldenkrise im Euroraum übergeht, die sich in den meisten Euroländern zu einer langanhaltenden Rezession entwickelte. Es hat lange gedauert, bis man erkannte, dass die Schicksale der Euroländer untrennbar miteinander verbunden sind.

Es ist auch ein Bericht über ein improvisiertes Krisenmanagement, auf das schließlich ein struktureller Lösungsansatz für die Probleme folgte – sowohl auf nationaler Ebene als auch im Euroraum, sowohl im Banken- wie im öffentlichen Sektor. Zudem ein Bericht über zähe Verhandlungen, bei denen wir uns nicht selten haarscharf am Rande des Abgrunds bewegten, während die politische Unzufriedenheit von Nord nach Süd kontinuierlich zunahm.

Nach fünf Jahren anhaltender Krise sind fünf Jahre der Erholung eingetreten, mit Versuch und Irrtum. Und jetzt, zehn Jahre später, gehört der Euroraum wieder zu den Motoren der Weltwirtschaft. Das Wirtschaftswachstum übertrifft alle Erwartungen, die Arbeitslosigkeit geht stark zurück. Aber die Unzufriedenheit in der europäischen Bevölkerung, die die Auswirkungen der Krise so stark zu spüren bekam, ist noch sehr lebendig. Unsere Arbeit ist also noch nicht getan.

Dieses Buch beginnt mit einer kurzen Einführung in die Euro-Gruppe. Wer sind ihre Mitglieder? Und was kann sie ausrichten? Die ersten beiden Kapitel beschreiben die Jahre vor meinem Amtsantritt Ende 2012. Um die Probleme und die Suche nach deren Lösungen zu verstehen, ist es wichtig, einerseits die Finanzkrise zu verstehen, die so viele europäische Banken zu Fall gebracht hat, und andererseits die Ursachen der Schuldenkrise im Euroraum zu kennen. Leser, deren heimische Bücherregale mit Werken zu diesem Thema gefüllt sind und die noch lebhafte Erinnerungen an Deauville und Cannes haben, können diese Kapitel überspringen. Mit Kap. 4 beginnt meine persönliche Geschichte: die Wahl zum Präsidenten der Euro-Gruppe, Zypern, Griechenland, die Bankenunion, alles wird erzählt. Es geht um die Erfolge und die Misserfolge, von denen nur die Ersteren gleich mehrere Väter haben, um die Meinungsverschiedenheiten, Debatten und Durchbrüche sowie nächtliche und manchmal nervenaufreibende Verhandlungen.

Ich widme dieses Buch all den Beamten, die sich in den Krisenjahren mit großem Engagement eingesetzt und tage- sowie nächtelang daran gearbeitet haben, Lösungen zu finden und unsere Länder und das gesamte Euro-Währungsgebiet besser zu machen – und die nie die Anerkennung erhalten haben, die sie verdient hätten.

Mein besonderer Dank gilt Hans Vijlbrief, der mir von seinem Schreibtisch im Finanzministerium in Den Haag aus ermöglicht hat, meine Arbeit auf europäischer und internationaler Ebene zu verrichten. Ohne ihn wäre dieses Buch nie geschrieben worden. Er hat nun in gewisser Weise den Staffelstab übernommen und wird weiterhin dafür sorgen, dass die Lehren aus den letzten Jahren Brüssel im Gedächtnis bleiben. Vielen Dank auch an alle Kollegen, Mitarbeiter und Journalisten, die ihre Erinnerungen mit mir teilten, die mitgelesen und kommentiert haben, um dieses Buch zu ergänzen – insbesondere Niels Redeker und Michel Heijdra. Diese Darstellung ist weder vollständig noch objektiv. Es handelt sich um meine eigene Geschichte, basierend auf meinen Erinnerungen und somit ist sie per Definition unvollständig.

In diesem Buch berichte ich von der Arbeit, die in den letzten fünf Jahren geleistet wurde, um den Euroraum aus der Krise zu holen. Diese Vorgänge haben teilweise viel Aufmerksamkeit erregt. Aber nie wurde die ganze Geschichte erzählt. Hin und wieder haben Einzelne die Ereignisse während ihrer ministeriellen Amtszeiten, die manchmal kurz und heftig waren, zu Papier gebracht. Gerne verweise ich den Leser darauf. Obwohl sich die individuellen Erinnerungen an die „Fakten" zwangsläufig unterscheiden, kartieren all diese Perspektiven zusammengenommen die Geschichte. Jeder von uns hat einen Teil der Ereignisse erlebt und diese Teile überschneiden sich – manchmal sehr stark, manchmal nur wenig. Auch aus diesem Grund ist meine Darstellung alles andere als vollständig. Ich möchte einfach aus meiner Erinnerung und Perspektive ein wahrheitsgetreues Bild der fünf intensiven Jahre nachzeichnen.

Vorwort

Das Gedächtnis ist kurz und das Fleisch ist schwach. Viele Menschen haben den Ernst der Krise, vor der wir standen, gar nicht wirklich erkannt oder das Ausmaß unserer wirtschaftlichen und politischen Probleme schon fast wieder vergessen. Vielleicht trägt dieses Buch dazu bei, künftig ähnlich schwere Krisen zu verhindern. Ich hoffe, es wird alle Leser dazu ermutigen, in ihrer jeweiligen Funktion alles für die Sicherung der Eurozone zu tun, was sie nur können.

Wageningen   Jeroen Dijsselbloem
Frühjahr 2018

Inhaltsverzeichnis

1	Wer ist wer und was ist was?	1
2	Die europäische Bankenkrise	23
3	Die Schuldenkrise	47
4	Ein unverhoffter Vorsitz	95
5	Krise in Zypern: die Blaupause	109
6	Die Bankenunion: vom Bail-out zum Bail-in	139
7	Griechenland am Abgrund	171
8	„Schnaps und Frauen"	237

9 Rückblick 257
   9.1 Der Aufbau der Währungsunion 258
   9.2 Während der Krise 265
   9.3 Nach der Krise 286

10 Die Zukunft der Währungsunion 289

Namensregister 307

1
Wer ist wer und was ist was?

Dieses Buch wurde aus der Perspektive des Präsidenten der Euro-Gruppe verfasst. Was für eine einzigartige Funktion das ist, habe ich immer wieder bei verschiedenen Gelegenheiten erlebt. Die Euro-Gruppe ist kein formelles Organ der Europäischen Union. Sie bildet ein Forum für die zwischenstaatliche Zusammenarbeit der nationalen Regierungen – und stellt keine gemeinschaftliche oder supranationale Institution dar.

Die Euro-Gruppe entstand bereits vor 20 Jahren als informelle Konferenz, erhielt aber erst 2007 ihre Rechtsgrundlage – in einem Protokoll im Anhang des Vertrags von Lissabon zum Vertrag über die Arbeitsweise der Europäischen Union (AEUV). Dieses sogenannte Protokoll 14 enthält nur zwei Artikel: Der erste besagt, dass die Minister der Länder, die den Euro als Währung haben, informell zusammentreten, um ihre Verantwortlichkeiten im Hinblick auf die gesamte Währungsunion zu erörtern.

Die Europäische Kommission wird an diesen Sitzungen teilnehmen und die Europäische Zentralbank (EZB) wird eingeladen. Der zweite Artikel ist noch kürzer und sieht lediglich vor, dass die Minister mit Mehrheitsbeschluss einen Präsidenten für zweieinhalb Jahre wählen. Ich wurde am 21. Januar 2013 gewählt und blieb fünf Jahre lang im Amt.

Neben dem Protokoll hat die Euro-Gruppe auch eigene Arbeitsmethoden entwickelt, die sie bei Bedarf leicht anpassen kann. Die Arbeitsmethoden befassen sich mit den Fragen und Themen, die in den Sitzungen diskutiert werden: nämlich mit der wirtschaftlichen Lage und den Aussichten, einschließlich Preisentwicklung und Wettbewerbsfähigkeit. Zudem wird gefordert, dass der EZB-Präsident die Euro-Gruppe über den geldpolitischen Kurs der Bank informiert. Der Euro-Wechselkurs, der in der gemeinsamen Verantwortung der Euro-Gruppe und der EZB liegt, steht mehrmals im Jahr auf der Agenda. Die Euro-Gruppe bereitet auch gemeinsam die Teilnahme ihres Präsidenten an internationalen Treffen vor. Darüber hinaus diskutiert sie zweimal im Jahr die nationalen Haushalte: Im Herbst bewertet sie die Haushaltsentwürfe im Hinblick auf die Haushaltsordnung, im Frühjahr überprüft sie unter Berücksichtigung der neuesten Wirtschaftsdaten, wie die Haushaltspläne in die Praxis umgesetzt werden. Die Euro-Gruppe gibt auch Empfehlungen für das kommende Haushaltsjahr ab betreffend die Expansion oder Verknappung der öffentlichen Finanzen im Euroraum. Teilweise auf meine Initiative hin wurde ein unabhängiger Europäischer Finanzausschuss gegründet, der die Euro-Gruppe bei der Haushaltspolitik berät. Neben Budgetfragen haben wir in den letzten Jahren auch viel Zeit damit verbracht, die Notwendigkeit von Strukturreformen zu bewerten, die die Funktionsweise der Privatwirtschaft und der öffentlichen Dienste in unseren

Ländern verbessern sollen. Aber der größte Teil unserer Zeit und Aufmerksamkeit galt dem Krisenmanagement, das betraf sowohl temporäre Hilfsprogramme wie auch langfristige Verbesserungen innerhalb der Währungsunion.

Die Tatsache, dass die Euro-Gruppe so wenig reguliert und von Gemeinschaftsinstitutionen wie der Europäischen Kommission und dem Europäischen Parlament formal unabhängig ist, hat uns in den entscheidenden Momenten der Krise geholfen, zu einer Einigung zu finden. Aber genau diese Tatsache hat uns auch einiger Kritik an den demokratischen Gepflogenheiten der Euro-Gruppe ausgesetzt.

Wie in Protokoll 14 festgelegt, ist die Euro-Gruppe ein informelles Gremium. Formelle Entscheidungen werden an anderer Stelle getroffen. Entscheidungen über Rechtsvorschriften, auch solche, die nur die Euroländer betreffen, werden von den Finanzministern in den Sitzungen des Rates Wirtschaft und Finanzen (ECOFIN) getroffen. Aus diesem Grund tritt die Euro-Gruppe immer am Tag vor den ECOFIN-Treffen zusammen. Entscheidungen über Notfalldarlehen aus europäischen Finanzhilfeprogrammen an ein Euroland und die damit verbundenen Bedingungen werden ebenfalls von den Finanzministern der Euroländer getroffen, jedoch in ihrer Eigenschaft als Gouverneure des Europäischen Stabilitätsmechanismus (ESM). In der Praxis werden alle diese Entscheidungen – sei es über die Strategie, mit der man das Euro-Währungsgebiet aus seiner Krise herausholt, oder über die Umsetzung dieser Strategie – von den Ministern der Euro-Gruppe getroffen. Sie erfordern stets Einstimmigkeit unter den 19 Ministern, die von ihren nationalen Regierungen und Parlamenten beauftragt werden. Entscheidungen auf diese Weise zu treffen ist nicht immer einfach. Aber es hat jedes Mal funktioniert, mit einer Ausnahme.

Der Präsident verkündet die Entscheidungen, manchmal in einer schriftlichen Erklärung, aber immer auf einer Pressekonferenz unmittelbar nach der Sitzung. Auch wenn die Entscheidungen einstimmig getroffen werden, ist es der Präsident, der sie nach außen präsentieren und erläutern muss. Wenn es Kritik gibt – und die gibt es immer –, hält der Präsident den Kopf hin.

Der erste Präsident der Euro-Gruppe hatte mit acht Jahren die bisher längste Amtszeit. Das war Jean-Claude Juncker, ehemaliger Premierminister von Luxemburg und heutiger Präsident der Europäischen Kommission. Juncker war Finanzminister seines Landes, als er gebeten wurde, die Euro-Gruppe zu leiten, und vereinte jahrelang die Rollen des Finanzministers, Premierministers und Präsidenten der Euro-Gruppe in seiner Person. In den letzten vier Jahren seiner Amtszeit war er „externer" Präsident der Euro-Gruppe, nachdem Luc Frieden in Luxemburg Finanzminister geworden war. Juncker ist seit Ende 2014 Präsident der Europäischen Kommission, und in dieser Eigenschaft habe ich eng mit ihm zusammengearbeitet. Der Vollblutpolitiker wurde in jungen Jahren Staatssekretär in Luxemburg und bald darauf Minister. Welche Rolle er auch innehat, er füllt sie mit Humor und Entschlossenheit aus. Ich habe Jean-Claude Anfang 2013 als Präsident der Euro-Gruppe abgelöst und wurde selbst Anfang 2018 vom portugiesischen Finanzminister Mário Centeno abgelöst.

Schon ab Ende 2013 haben die Vorbereitungen für eine neue Kommission verschiedene Ereignisse in den europäischen Hauptstädten in Gang gesetzt. So bereiste beispielsweise der ehemalige Minister Pierre Moscovici Europa, um seine Kandidatur als EU-Kommissar für Wirtschaft und Finanzen bekannt zu geben. Auch in Den Haag fanden bald erste Gespräche darüber statt, wer der nächste niederländische EU-Kommissar sein sollte und welche Position für uns Priorität hatte. Wir trafen uns im Dezember 2013 im Erdgeschoss des des *Torentje* („das Türmchen"), also in dem Gebäude, in dem sich das Büro des Premierministers befindet. Neben Premierminister Mark Rutte und mir nahmen Diederik Samsom, Halbe Zijlstra, Frans Timmermans, sehr selten Lodewijk Asscher und mehrere andere hochrangige Beamte teil.

Samsom, der Vorsitzende der niederländischen „Partei der Arbeit" (*Partij van de Arbeid* – PvdA), hatte im September mit Rutte vereinbart, dass die PvdA den nächsten niederländischen EU-Kommissar stellen sollte. Unter meiner Leitung der Euro-Gruppe hatten die Niederlande keine Chance auf die Ernennung eines Kommissars im finanziellen oder wirtschaftlichen Bereich. Samsom hatte die Position des Energiekommissars im Auge, wegen der Bedeutung der Klimapolitik. Er war entschlossen, keinen der PvdA-Minister der niederländischen Regierung an Brüssel zu verlieren, und wandte sich an die ehemaligen Minister Wouter Bos und Dick Benschop, aber sie standen beide nicht zur Verfügung. Unterdessen war Angela Merkel bestrebt, die Unterstützung der Fraktion der Europäischen Volkspartei (EVP) für Juncker als Spitzenkandidat für die Präsidentschaft der Europäischen Kommission zu gewinnen. Im Rahmen dieser Kampagne hatte sie dem spanischen Ministerpräsidenten Mariano Rajoy die Leitung der Euro-Gruppe versprochen.

Das bereitete uns natürlich Sorgen und wir wandten eine defensive Strategie an: Es gab überhaupt keinen Grund für einen Präsidenten der Euro-Gruppe, mitten in Amtszeit auszusteigen. Dies wäre nur möglich, wenn dem Betreffenden eine Stelle als EU-Kommissar angeboten würde. Die Niederlande würden diese Möglichkeit nur in Betracht ziehen, wenn es sich bei der angebotenen Stelle um die eines Kommissars für Wirtschaft und Finanzen (ECFIN) handelte.

Mark war davon nicht begeistert. Er betrachtete mich als eine Säule seiner Koalition und seines Kabinetts und hätte mich nur sehr ungern fortgehen sehen. Auch Lodewijk Asscher war dagegen. Timmermans war loyal, aber auch er hatte Bedenken. Samsom teilte Ruttes ernsthafte Zweifel an der Vorstellung, dass ich nach Brüssel aufbrechen würde. Ich selbst wollte einfach nur niederländischer Finanzminister und Leiter der Euro-Gruppe bleiben und war abgeneigt, das effiziente Finanzministerium in Den Haag für den bürokratischen, hierarchischen Bereich der Europäischen Kommission zu verlassen. So haben wir also eine Strategie gewählt, von der niemand von uns wirklich begeistert war.

Unser Problem wurde von niemand anderem als Juncker gelöst sowie durch einige undiplomatische Worte von mir. Juncker hatte dem Präsidenten François Hollande und dessen Kandidat Moscovici bereits die ECFIN versprochen. Außerdem war er begierig darauf, Timmermanns in seiner Kommission zu haben. Als ich Juncker im Fernsehen halb im Spaß einen starken Trinker nannte, nahm er das zum Anlass, um mit seinem Wunschkandidaten zu arbeiten, und befreite uns von unserem Dilemma in Den Haag. Da die Präsidenten der Kommission und des Rates beide aus der EVP kamen, wurde meine Position als Präsident der Euro-Gruppe gefestigt. Juncker wollte zunächst Martin Schulz als Ersten Vizepräsidenten, aber als Merkel dieses Vorhaben blockierte, bot er Mitte August die Stelle Frans Timmermans bei einem Abendessen mit Rutte an. So blieb ich in Den Haag und in der Euro-Gruppe, und Timmermans wurde Erster Vizepräsident der Kommission. Das war das beste Ergebnis für alle. Wir hatten unser Ziel erreicht, an der Euro-Gruppe festzuhalten und einen einflussreichen Posten in der EU-Kommission zu gewinnen – zwar auf einem anderen Weg als geplant, aber so ist es oft in der Politik.

1 Wer ist wer und was ist was?

Die Euro-Gruppe besteht aus den Vertretern von 19 sehr unterschiedlichen Ländern. Auch wenn diese Länder eine gemeinsame Währung teilen, können die wirtschaftlichen Bedingungen von einem Land zum anderen sehr verschieden sein. Jedes Land hat seine eigene Geschichte, Sprache, Kultur, sein eigenes politisches und juristisches System. Auch die Volkswirtschaften können sich stark unterscheiden. Manchmal finden wir Gemeinsamkeiten, manchmal widersprechen sich unsere Interessen. Außenstehende sehen die Konflikte der Euro-Gruppe oft als Nord-Süd-Gefälle. Sicherlich gibt es Konflikte dieser Art, und leider war ich manchmal in sie verstrickt. Aber das Beziehungsgeflecht ist viel komplexer: Es gibt große und kleine Länder; Länder des ehemaligen Ostblocks, die die Teilnahme an der einheitlichen Währung als zusätzliche Stufe des politischen Schutzes betrachten; Export- und Importländer; Länder mit eigenen Großbanken und Länder, die hauptsächlich ausländische Banken aufnehmen. Es gibt protestantische und katholische Länder, würde mancher hier hinzufügen. Aber mit meinen eigenen Wurzeln im katholischen Süden eines sehr calvinistischen Landes weiß ich, wie unklar diese Unterscheidung sein kann.

Die Minister kommen nicht nur aus 19 sehr verschiedenen Ländern, sondern haben auch unterschiedliche politische Ansichten und sind in der Regel in Koalitionsregierungen vertreten. Ihre Karriere als Finanzminister kann lang oder kurz sein. In den fünf Jahren, in denen ich die Euro-Gruppe leitete, sah ich 55 Minister kommen und gehen. Einige nahmen nur an einem einzigen Treffen teil, zum Beispiel, um die Lücke bis zum Antritt ihrer endgültigen Position zu schließen. Der langjährigste Minister der Gruppe mit acht Jahren Amtszeit war Wolfgang Schäuble. Er war in jeder Hinsicht das erfahrenste Mitglied der Euro-Gruppe, ihr Nestor. Im Gegensatz zu den meisten von uns hat er die Krise von Anfang bis Ende erlebt. Oftmals hat er uns an frühere Vereinbarungen erinnert – als deutscher Anwalt besaß er ein exzellentes Gedächtnis für solche Dinge. Aber sein Gedächtnis reichte noch viel weiter zurück. Er war 1972 Mitglied des Bundestages geworden, als dieser noch seinen Sitz in Bonn hatte, und spielte eine Schlüsselrolle bei der deutschen Wiedervereinigung. Im Jahr 2005 wurde er Innenminister, 2009 wechselte er in das Finanzministerium. Im Oktober 2017 wurde er zum Präsidenten des Deutschen Bundestages gewählt. Weitere erfahrene Veteranen waren Luis de Guindos aus Spanien, der sechs Jahre lang in der Euro-Gruppe war, bevor er ausschied, um Vizepräsident der EZB zu werden, und der irische Finanzminister Michael Noonan, der sein Land aus der Krise führte. Solche langjährigen Mitglieder gab es selten, ihre Erfahrung war uns sehr willkommen. Im Durchschnitt wechselten die Euroländer während der Krise alle zwei Jahre die Finanzminister aus. Griechenland hatte während dieser Zeit fünf verschiedene Finanzminister – eine weitere der zahlreichen Herausforderungen.

Nur acht dieser 55 Mitglieder waren Frauen. Leider ist die Finanzpolitik immer noch viel zu sehr eine Männerwelt. Dennoch prägten auch hochkarätige Politikerinnen wie Christine Lagarde – französische Finanzministerin und später Direktorin des Internationalen Währungsfonds (IWF) –, Maria Luís Albuquerque und die Schachgroßmeisterin Dana Reizniece-Ozola das politische Geschehen. Bedauerlicherweise gibt es jedoch immer noch keinen Aufwärtstrend hinsichtlich der Anzahl der Frauen in der Euro-Gruppe.

Die Sprache war in Brüssel schon immer ein wichtiges Thema. Manchmal müssen die Minister in öffentlichen Sitzungen dabei gesehen werden, dass sie ihre Muttersprache sprechen. In solchen Momenten vor laufender Kamera greifen viele Minister auf sorgfältig vorbereitete

1 Wer ist wer und was ist was?

Redemanuskripte zurück, die sie wörtlich ablesen. Die Euro-Gruppe funktioniert ganz anders. Die Sitzungen finden auf Englisch statt, andere Sprachen werden nur in Ausnahmefällen gesprochen, wenn das Englisch eines Ministers wirklich unzureichend ist. Gute Englischkenntnisse sind entscheidend für den Erfolg der Meetings. Die Teilnehmer arbeiten auch nicht mit vorgefertigten Reden, da sie eine echte politische Debatte, einen Meinungsaustausch und Verhandlungen führen und die Entscheidungen nicht schon vorab vorbereitet werden. Kurz gesagt: Im Gegensatz zu anderen Brüsseler Treffen lassen sich die Sitzungen der Euro-Gruppe nicht so einfach im Voraus planen.

Die Finanzminister sind in der Regel keine Leichtgewichte der nationalen Politik. Viele von ihnen brachten jahrelange Erfahrungen in der Politik ihrer jeweiligen Länder mit, wie Wolfgang Schäuble und Michel Sapin. Andere hatten eine lange Karriere als hochrangige Beamte hinter sich, wie Vittorio Grilli und Luis de Guindos. Einige kamen aus der Privatwirtschaft und kehrten später dorthin zurück. Auch die Verbindung zu den Zentralbanken war stark: Mário Centeno war dort tätig gewesen, ebenso Vítor Gaspar. Andere kamen aus der Wissenschaft, wie Koen Geens und Dušan Mramor. Es kam auch vor, dass Regierungschefs an den Sitzungen teilnahmen, dies allerdings vor meiner Zeit. Der französische Präsident Nicolas Sarkozy, selbst ein ehemaliger Finanzminister, und der griechische Premierminister Loukas Papadimos nahmen jeweils an einem Treffen der Euro-Gruppe teil. Ein Mitglied, Alexander Stubb aus Finnland, war sogar Ministerpräsident gewesen. Sowohl Jean-Claude Juncker als auch Mario Monti waren als Premierminister und als Finanzminister tätig, Juncker länger als Monti. Auch das war vor meiner Amtszeit als Präsident der Euro-Gruppe.

Die informelle Hierarchie in einer Versammlung wie der Euro-Gruppe ist manchmal schwer zu verstehen. Wolfgang Schäuble war natürlich der einflussreichste Minister. Aber war er es, weil Deutschland die mit Abstand größte Volkswirtschaft des Euroraums ist? Oder war er es – wie Thomas Wieser in seinem Abschiedsgespräch mit Marc Peeperkorn in der niederländischen Zeitung *de Volkskrant* behauptete –, weil Schäuble ein so fleißiger Arbeiter war, der die EU-Dossiers in Berlin studierte und besprach und alle relevanten Details kannte? Beides trifft zu. Er hatte entschiedene Meinungen und eine starke Vision für die Zukunft Europas. Aber er war auch sehr erfahren und bereit, seine Erfahrungen mit seinen Kollegen zu teilen.

Die Euro-Gruppe wird vom Ratssekretariat in Brüssel unterstützt. Während der Sitzungen saß Carsten Pillath, der Generaldirektor für Wirtschaft und Wettbewerbsfähigkeit des Europäischen Rates, immer zu meiner Linken. Sein Beitrag zu einem reibungslosen Ablauf war entscheidend. Zu meiner Rechten saß Thomas Wieser, Vorsitzender der *Eurogroup Working Group* (EWG), einer Arbeitsgruppe der Euro-Gruppe. Auch er war ein wichtiger Berater in diesen Fragen. Rechts von ihm saß Stefan Pflueger, der das Sekretariat der Euro-Gruppe leitete. Die Reihe hinter uns wurde besetzt von Mitarbeitern des Sekretariats und meinem eigenen Euro-Team aus Den Haag. Die Direktoren unserer gemeinsamen Institutionen waren natürlich auch regelmäßige Teilnehmer an den Sitzungen der Euro-Gruppe. Der EZB-Präsident Mario Draghi und sein Direktoriumskollege Benoît Cœuré vertraten unabhängig voneinander die Sichtweise der EZB. Mit Draghi verband mich eine ausgezeichnete Zusammenarbeit, und ich glaube, dass der Respekt und die Wertschätzung gegenseitig waren. Als ein führender Ökonom, der in den Vereinigten Staaten am MIT promoviert wurde, und mit seiner Erfahrung in der Weltbank, als hoher Regierungsbeamter und als Bankier war er für die Euro-Gruppe in entscheidenden Momenten unentbehrlich.

Klaus Regling, der Leiter des ESM, beriet die Euro-Gruppe zu Förderprogrammen und berichtete darüber und über die Stimmung an den Kapitalmärkten an sie. Im Laufe der Jahre wurde er immer mehr zu einem Wegweiser, dem ich vertrauen konnte. Fünf Jahre lang hatte ich den Vorsitz im ESM-Gouverneursrat inne.

Die Europäische Kommission wurde durch den Haushaltskommissar – in meiner Zeit waren dies zunächst Olli Rehn und später, in der Juncker-Kommission, Pierre Moscovici – und durch den Finanzmarktkommissar – zuerst Michel Barnier, dann in der Juncker-Kommission Jonathan Hill und schließlich Valdis Dombrovskis – vertreten. Kommissionspräsident Juncker hat mir einmal seine Philosophie der Portfolioverteilung erläutert. Sein Grundprinzip war: „Mit Speck fängt man Mäuse". So übertrug er dem französischen Kommissar die Haushaltspolitik, dem irischen Kommissar die Landwirtschaft, dem griechischen Kommissar die Migration und dem britischen Kommissar die Finanzmärkte (City![1]). Frans Timmermans, ein alter Freund von Juncker, stand wegen seiner hervorragenden Eigenschaften ganz oben auf dessen Wunschliste.

Vertreter des IWF nehmen nur an den Sitzungen der Euro-Gruppe zu Themen teil, die mit ihrer Arbeit zusammenhängen, wie beispielsweise Hilfsprogramme für Krisenländer. Zu besonders wichtigen Sitzungen erschien

---

[1]Hier ist das Londoner Banken- und Börsen- bzw. Finanzviertel gemeint (Anmkg. d. Red.).

Christine Lagarde persönlich. Poul Thomsen, Direktor der Europaabteilung des IWF, war ein sehr häufiger Gast.

An den Pressekonferenzen nahm auch eine große Gruppe von Brüsseler Korrespondenten im Auftrag verschiedenster Medien teil, nicht nur aus allen Ländern Europas, sondern auch von internationalen Presseagenturen sowie asiatischen und amerikanischen Medien. Daran musste man sich erst einmal gewöhnen. Fragen mit unterschiedlichsten Hintergründen prasselten von allen Seiten auf uns ein. Bei meiner ersten Pressekonferenz habe ich den Fehler gemacht, mehrere Fragen auf einmal zu beantworten. Das kam nicht gut an – jede Frage musste separat beantwortet werden. Eine verständliche Erwartung, also habe ich es seit damals immer so gemacht. Journalisten hoffen oft, dass die Brüsseler Politik ein neues Licht auf ihre innenpolitischen Themen wirft, und stellen entsprechende Fragen. Nationale politische Entwicklungen mit Auswirkungen auf die Finanzen und die Wirtschaft, wie jüngst die Frage der Unabhängigkeit Kataloniens, können in Brüssel immer auf unserem Tisch landen, auch wenn sie nicht zu unserem Aufgabenbereich gehören. Jedes Land hat seine eigenen Befindlichkeiten. All dies macht die Kommunikation mit der Presse besonders anspruchsvoll, aber auch sehr faszinierend. Die Medien aus den meisten Euroländern lassen ein beeindruckendes Maß an Vielfalt und Unabhängigkeit erkennen.

Einen Tag nach der Sitzung der Euro-Gruppe folgt immer eine ECOFIN-Tagung. Dort diskutieren die 28 EU-Finanzminister zusammen mit Vertretern aller europäischen Institutionen Wirtschafts- und Finanzfragen. Zu den Teilnehmern gehören neben den bekannten Gesichtern aus den Sitzungen der Euro-Gruppe Werner Hoyer, Präsident der Europäischen Investitionsbank, und Vítor Constâncio, der als ihr Vizepräsident die EZB in diesem Gremium vertritt. Der ECOFIN-Rat umfasst auch mehr Mitglieder der Europäischen Kommission als die Euro-Gruppe. Je nach Thema erscheint dort neben Pierre Moscovici und Valdis Dombrovskis beispielsweise Jyrki Katainen, der ehemalige Finanzminister und ehemalige Ministerpräsident Finnlands. Eine der derzeitigen Aufgaben von Katainen ist die Einführung des Juncker-Plans für Investitionen, einschließlich notwendiger Reformen zur Verbesserung des europäischen Investitionsklimas. Manchmal nimmt auch der EU-Haushaltskommissar an der Sitzung teil. Während des größten Teils meiner Tätigkeit in Brüssel war das Kristalina Georgieva, eine fantastische Managerin. Sie war Wirtschaftsprofessorin an der Universität von Sofia und ist inzwischen CEO der Weltbank. Meiner Meinung nach sind ihr Fachwissen, ihre Ausstrahlung und ihre Energie unvergleichlich.

Und ein ganz klarer Unterschied zwischen der Euro-Gruppe und dem ECOFIN-Rat ist natürlich der Status der EU-Mitgliedstaaten außerhalb des Euros, den sogenannten „Outs". Sie waren ständig in Sorge, dass wichtige Entscheidungen ohne sie getroffen würden, und natürlich hatten sie damit Recht. In den letzten Jahren mussten die Euroländer Maßnahmen zur Stärkung der Währungsunion ergreifen: neue Vereinbarungen, neue Institutionen und neue Instrumente. Dies führte zu wachsender Unruhe. Ich habe viel in meine Beziehungen zu den „Outs" investiert. In den Diskussionen über die Bankenunion und im Hinblick auf die griechischen Finanzkrisen habe ich versucht, sie so weit wie möglich auf dem Laufenden zu halten. Aber der Unterschied war nun einmal da und es blieb eine umständliche Angelegenheit. Ich habe viele Nicht-Euro-Minister in ihren Hauptstädten besucht. Es lag sehr in meinem eigenen Interesse, sie an Initiativen wie der Bankenunion zu beteiligen, der auch verschiedene Nicht-Euroländer beitreten wollten. Besondere

Erwähnung verdienen Margrethe Vestager, dänische Finanzministerin und heutige EU-Kommissarin für Wettbewerb, sowie Anders Borg und seine Nachfolgerin Magdalena Andersson, die Schweden vertraten. Sie haben sich stets durch ihren wertvollen Beitrag zu den ECOFIN-Treffen hervorgetan. Meine britischen Kollegen – zuerst George Osborne und später Philip Hammond – hatten eindeutig ihre ganz eigene Position. Osborne spielte oft eine passive Rolle im ECOFIN, es sei denn, es standen britische Interessen (sprich: die City[2]) auf dem Spiel. Gleichzeitig hat er unsere Arbeit zur Rettung des Euro und zur Stärkung der Wirtschafts- und Währungsunion (WWU), die seiner Meinung nach im besten Interesse Großbritanniens liegt, stets nachdrücklich unterstützt. Er war und bleibt ein starker Gegner des Brexit. Ich brauche kaum zu betonen, dass nach der Brexit-Entscheidung die Rolle der Briten marginal wurde, eine Entwicklung, die ich zutiefst bedauere.

Ich möchte auch die Tradition der informellen ECOFIN-Tagung erwähnen. Die EU-Präsidentschaft wechselt alle sechs Monate; jeder Mitgliedstaat kommt einmal an die Reihe. Irgendwann in diesen sechs Monaten findet eine informelle ECOFIN-Tagung statt, die in der Regel an einem schönen Ort im Land des Vorsitzes stattfindet. Zu meiner Zeit waren die Orte für solche Treffen Athen sowie Dublin und Tallinn. Solche Treffen waren immer eine gute Gelegenheit, um sich besser kennenzulernen, in ganz ungezwungenem Rahmen über die Zukunft zu diskutieren und es sich zugegeben auch gut gehen zu lassen. Ich kombinierte das informelle Treffen in Dublin mit einem Vortrag am University College

---

[2]Hier ist das Londoner Banken- und Börsen- bzw. Finanzviertel gemeint (Anmkg. d. Red.).

Cork in Südwestirland, wo ich während meines Studiums geforscht hatte. Im April 2016, während der sechsmonatigen niederländischen EU-Präsidentschaft, habe ich alle Finanzminister in Amsterdam empfangen, wo sich unser Programm um das Nationale Schifffahrtsmuseum drehte. Solche Treffen waren perfekte Gelegenheiten, um einen diplomatischen Durchbruch oder einen Kurswechsel zu erzielen. Die informellen Veranstaltungsorte in den verschiedenen Hauptstädten sorgten für zusätzlichen Glanz in dem Wanderzirkus, an dem wir alle beteiligt waren. Natürlich fanden die meisten Sitzungen der Euro-Gruppe im fünften Stock des alten Justus-Lipsius-Gebäudes in Brüssel statt. Dort hatten wir einen festen Sitzungssaal; direkt dahinter befanden sich ein kleinerer Besprechungsraum und mein Büro. Ende 2017 bezogen wir einen farbenfrohen Raum im neuen Hauptsitz des Rates, dem Europa-Gebäude, das aussieht wie ein Ei in einer Kiste. Manchmal, wenn zur gleichen Zeit ein Gipfeltreffen auf europäischer Ebene oder des Euro-Währungsgebiets stattfand, mussten wir in das Lex-Gebäude umziehen, das ebenfalls im Europäischen Viertel von Brüssel liegt.

Zweimal im Jahr treffen sich die Euro-Gruppe und der ECOFIN-Rat in Luxemburg. Das ist eine dieser seltsamen europäischen Traditionen, für die nur noch wenige Menschen den Grund kennen. In Luxemburg gibt es ein weiteres Ratsgebäude, in cder Nähe des Sitzes des ESM, der Europäischen Rechnungshofs und der Europäischen Investitionsbank – alles Institutionen, die für die Finanzminister von Interesse sind. Immer, wenn wir in Luxemburg waren, begrüßte uns Peter Kok, der niederländische Botschafter dort in seiner Residenz. Dort haben wir auch wichtige, vertrauliche Gespräche mit Ministern und hohen Beamten aus den Euroländern geführt, um Wege aus der einen oder anderen Sackgasse zu finden.

Die meisten Finanzminister und Banker treffen sich auch beim IWF und bei der Weltbank in Washington, jeweils zum Frühjahrstreffen im April und zum Jahrestreffen im Oktober. Das waren für mich Gelegenheiten, um vor einem internationalen Publikum über den Zustand des Euroraums und unseren Umgang mit der Krise zu sprechen. Ich habe mehrmals am Peterson Institute for International Economics sowie in Think Tanks wie dem Atlantic Council und der Brookings Institution gesprochen. Es gibt auch jährliche Konferenzen über Europa, die Wirtschaft und den Euro, an denen ich teilgenommen habe, zum Beispiel der sogenannte Tatra-Gipfel in der slowakischen Hauptstadt Bratislava, das Europäische Forum Alpbach in Österreich, das Ambrosetti-Forum in Cernobbio, Italien, das EZB-Forum in Sintra, Portugal, und natürlich das Weltwirtschaftsforum jedes Jahr in Davos.

Schließlich traf ich eine kleinere Gruppe von Finanzministern und Zentralbankpräsidenten bei den Treffen der G4, G7 und G20 an verschiedenen Orten überall auf der Welt. Die G4 – die im Gegensatz zu G7 und G20 ein informeller Zusammenschluss ist – besteht aus den Vereinigten Staaten, China, Japan und Europa. Wenn sich die Finanzminister und Zentralbankpräsidenten der G4 treffen, schließen sich ihnen die Präsidenten der Euro-Gruppe und der EZB an. Die G7 – die Vereinigten Staaten, das Vereinigte Königreich, Japan, Kanada, Deutschland, Frankreich und Italien – eröffnen ihre Sitzungen mit den Leitern des IWF, der Weltbank, der Organisation für wirtschaftliche Zusammenarbeit und Entwicklung (OECD) und der Euro-Gruppe. Die G7-Treffen finden an unterschiedlichen Orten statt, zum Beispiel Sendai (Japan), Bari, Dresden und Aylesbury. In der G20 ist der Präsident der Euro-Gruppe kein regelmäßiger Teilnehmer, aber als niederländischer Finanzminister wurde ich oft als

Gast eingeladen. Als Vertreter des Euroraums habe ich auch häufig Reisen unter anderem nach Hongkong, Singapur, Peking, Tokio und Seoul unternommen.

Aber meine Reisen innerhalb des Euroraums waren für mich die wichtigsten. Ich habe jedes Euroland besucht, die meisten mehr als einmal. Dabei wurden stets offizielle Treffen mit Ministern und Regierungschefs hinter verschlossenen Türen mit öffentlichen Auftritten bei Seminaren und vor Studierenden an Universitäten kombiniert; ich gab auch zahlreiche Interviews. Die Euro-Gruppe ist für die Außenwelt allzu oft wie eine Blackbox, deshalb habe diese Auftritte genutzt, um mehr Offenheit und Transparenz zu bieten.

Wenn wir in einer schwierigen Angelegenheit einen Durchbruch erzielen müssen – in den letzten Jahren keine ungewöhnliche Situation –, kann der Präsident der Euro-Gruppe die Washingtoner Gruppe einberufen. Dieser Club der vier größten Euroländer, der Europäischen Kommission und der EZB verdankt seinen Namen seiner ersten Versammlung fernab der Kameras in Washington. Es ist für die anderen Euroländer schwer zu akzeptieren, dass sie nicht an solchen Treffen teilnehmen, aber sie ertragen es als notwendiges Übel.

Transparenz hat in den letzten Jahren aus gutem Grund an Bedeutung gewonnen. Teile der ECOFIN-Treffen finden vor der Kamera statt – aber meist nicht die spannendsten oder interessantesten Teile. Die Abschnitte vor der Kamera beinhalten formelle Abstimmungen über die Gesetzgebung; das Ergebnis dieser Abstimmungen steht immer im Voraus fest. Es wird erst abgestimmt, wenn alles unter Dach und Fach ist. Die Euro-Gruppe lässt Kameras nur vor den Sitzungen zu. Kritiker bemängeln die demokratische Legitimität hinsichtlich der Gewohnheit der Gruppe, wichtige Entscheidungen hinter verschlossenen Türen zu treffen. Das ist nicht ganz von der Hand zu weisen. Angesichts des zwischenstaatlichen Charakters der Euro-Gruppe haben wir daher die Transparenz ihrer Entscheidungsfindung in den letzten Jahren so weit wie möglich verbessert. So veröffentlicht die Gruppe nun vorab eine kommentierte Agenda und veranstaltet ausführliche Presse-Briefings. Dokumente, die der Euro-Gruppe von Gremien wie der Europäischen Kommission zur Verfügung gestellt werden, werden nun veröffentlicht. Auf jede Sitzung der Euro-Gruppe folgt eine Pressekonferenz und konkrete Beschlüsse werden in Form von Erklärungen der Euro-Gruppe veröffentlicht. Die Gruppe berichtet auch schriftlich über ihre internen Diskussionen, um mehr Kontext in Bezug auf ihre Entscheidungen herzustellen.

Aufgrund des zwischenstaatlichen Charakters der Euro-Gruppe liegt ihre demokratische Rechenschaftspflicht nicht in erster Linie bei den europäischen Institutionen, sondern bei den nationalen Parlamenten. Schließlich wird der Notfallfonds von den gemeinsam handelnden Mitgliedstaaten aufgebracht; sie stellen die Garantien und überweisen die Euro-Gelder in Milliardenhöhe auf das ESM-Konto. Diese Mittel sind nicht europäisch, sondern national. Einzelne Minister können auf sehr unterschiedliche Weise Rechenschaft darüber ablegen, je nach Rolle und Beteiligung ihrer nationalen Parlamente. In Ländern wie Finnland, Deutschland und den Niederlanden kontrollieren das Parlament oder einer dessen Ausschüsse die Minister sehr stark. Für mich war den Treffen der Euro-Gruppe und des ECOFIN-Rates immer ein Treffen mit dem ständigen Finanzausschuss des niederländischen Parlaments vorausgegangen. Das portugiesische Parlament soll etwa viermal im Jahr über die Politik des Euroraums diskutieren. In einigen anderen Ländern ist das Engagement der nationalen Parlamente viel geringer.

Ich habe regelmäßig an den Sitzungen des Ausschusses für Wirtschaft und Währung (ECON) des Europäischen

Parlaments (EP) teilgenommen. Es handelte sich dabei um einen „Dialog", denn die Euro-Gruppe wird nicht offiziell vom Europäischen Parlament kontrolliert. Ich habe auch gelegentlich Einladungen zur Teilnahme an Plenardebatten erhalten. Aber letztendlich hat das Europäische Parlament keine Autorität über die Entscheidungen der Minister in der Euro-Gruppe oder in ihrer Rolle als ESM-Gouverneure. Dies hat im EP verständlicherweise Frustrationen ausgelöst, insbesondere, wenn unsere Krisenmaßnahmen große Kritik hervorriefen. Als ehemaliges Mitglied des niederländischen Parlaments habe ich großen Respekt vor dem EP und seiner aktiven Beteiligung, auch während der Euro-Krise. Mein Respekt nahm im Lauf der Verhandlungen mit dem EP über die Gesetzgebung für den Finanzsektor und die Bankenunion noch zu. Dieser Prozess zeigte die Stärken der einzelnen EP-Mitglieder in ihrer Rolle als Mitgesetzgeber.

In gewisser Weise ist der Präsident der Euro-Gruppe dem Präsidenten des EU-Rates unterstellt. So wie die Minister der Euro-Gruppe in engem Kontakt mit dem Präsidenten ihres jeweiligen Herkunftslandes, ihrem Ministerpräsidenten, Bundeskanzler oder Taoiseach (irischer Premier) stehen, ist der Präsident der Euro-Gruppe gut beraten, eine starke Beziehung zum Ratspräsidenten zu pflegen. Das war in meinen ersten Jahren Herman Van Rompuy und später Donald Tusk – zwei ehemalige Premierminister, deren langjährige Erfahrung für eine reibungslose Zusammenarbeit sorgte. In den ersten Jahren unserer Tätigkeit wurden wir mit einer ganzen Reihe an existenziellen Krisen konfrontiert, es ging um das Überleben des Euro. In den Folgejahren konnten wir unsere Aufmerksamkeit auf die strukturelle Verbesserung der EWU richten. Das Vertrauen, das mir diese Ratspräsidenten entgegengebracht haben, hat uns ermöglicht, viele Probleme in der Euro-Gruppe zu lösen. Jeden Monat organisierte Van Rompuy ein gemeinsames Mittagessen vor der Zusammenkunft der Euro-Gruppe. Weitere Teilnehmer waren Kommissionspräsident José Manuel Barroso, Haushaltskommissar Olli Rehn und Mario Draghi. Meine engsten Berater, Thomas Wieser und Hans Vijlbrief, schlossen sich uns ebenfalls an. Draghi wurde oft von seinem Vorstandskollegen Benoît Cœuré begleitet.

Ich habe die Teilnehmer oft über die neuesten Entwicklungen informiert. Insbesondere Van Rompuy- und Barroso – die sich etwas weiter vom Alltag im Euro-Währungsgebiet entfernt hatten – teilten ihre Bedenken und Ratschläge mit uns. Die Schlussfolgerung war oft, dass die Euro-Gruppe das Problem so schnell wie möglich lösen und dafür sorgen sollte, dass die Regierungschefs nicht hinzugezogen werden mussten – eine klare Aufgabe. Unter Präsident Tusk wurde das gemeinsame Mittagessen zwar nicht fortgesetzt, aber wir standen regelmäßig in bilateralem Kontakt. Das galt insbesondere im Vorfeld der Gipfeltreffen im Euro-Währungsgebiet, auf die wir uns gemeinsam vorbereiteten und bei denen ich immer dabei war, oft zum Thema Griechenland oder zur Zukunft der Währungsunion.

Wir haben sehr eng mit der Europäischen Kommission zusammengearbeitet. In den ersten Jahren war Olli Rehn der „Haushaltszar" der Barroso-Kommission und Michel Barnier für den Finanzsektor zuständig. Meine Zusammenarbeit mit Rehn verlief ausgezeichnet, dadurch wurde die Wirtschafts- und Finanzlage im Euroraum allmählich stabilisiert und verbessert. Ich habe eng mit Barnier, dem heutigen Brexit-Verhandlungsführer für die Europäische Union, zusammengearbeitet, um die Bankenunion innerhalb weniger Jahre auf den Weg zu bringen. Wir wussten, wie wichtig das für die wirtschaftliche Erholung des Euroraums war.

1 Wer ist wer und was ist was?

In der neuen Kommission unter der Leitung von Jean-Claude Juncker waren der Lette Valdis Dombrovskis für das Euro-Währungsgebiet und der Franzose Pierre Moscovici für die Haushaltspolitik zuständig. Nach dem Ausscheiden des britischen Kommissars Lord Jonathan Hill übernahm Dombrovskis auch die Verantwortung für den Finanzsektor. Ich hatte Vizepräsident Dombrovskis im Vorfeld der lettischen Euro-Einführung kennengelernt. Von 2009 bis 2013 diente er Lettland erfolgreich als Premierminister und zuvor als Finanzminister, und in diesen Funktionen hat er in seinem Land wichtige Reformen durchgeführt.

Pierre Moscovici ist eine weitere erfahrene Persönlichkeit. Von 1997 bis 2002 war er französischer Europaminister unter dem sozialistischen Premierminister Lionel Jospin und später Mitglied des Europäischen Parlaments. Danach war er zwei Jahre lang als Finanzminister in der Regierung Manuel Valls unter Präsident François Hollande tätig. Als Minister mussten er und ich unsere Bemühungen koordinieren, um unsere nationalen Haushalte zu entlasten, und wir haben bei der Bankenunion eng zusammengearbeitet. In seiner Funktion als Kommissar habe ich auch bei der Bekämpfung von Steuerbetrug und Steuerhinterziehung mit ihm zusammengearbeitet. Ein Teil dieser Arbeit fand während der niederländischen EU-Präsidentschaft in der ersten Jahreshälfte 2016 statt.

Die Beamten, die mit und für uns arbeiteten, waren von höchstem Niveau. Jedes Euroland hat in seinem Finanzministerium herausragende Persönlichkeiten, die hochmotiviert sind, dem öffentlichen Interesse zu dienen. Das gilt auch für meine Mitarbeiter in Den Haag, insbesondere für das Team der Euro-Gruppe, das nacheinander von Niels Redeker, Evelien de Wind und Erik Jeene koordiniert wurde.

Es gilt aber auch für das Team von Stefan Pflüger, das das Sekretariat der Euro-Gruppe bildet und zum öffentlichen Dienst in Brüssel gehört. Eine ideale Konstellation dieser Talente fand sich in einer Arbeitsgruppe der Euro-Gruppe, der Euro Working Group (EWG). Während meiner gesamten Amtszeit war Thomas Wieser der reguläre EWG-Präsident, ein ehemaliger hochrangiger Beamter des österreichischen Finanzministeriums, ein Mann, der eine ruhige Hand und politische Erfahrung mit einem tiefgreifenden wirtschaftlichen Verständnis verband. Es war eine Freude, mit ihm zusammenzuarbeiten, er war ebenso unverzichtbar für mich wie für Jean-Claude Juncker in seiner Amtsperiode als Präsident der Euro-Gruppe.

Wieser ist ein Österreicher mit angloamerikanischen Wurzeln. Er sorgte dafür, dass die Euro-Gruppe gut funktionierte. Kurz nach meinem Abgang wurde er von Hans Vijlbrief abgelöst. Wiesers Arbeit für die Eurozone war unglaublich wichtig, er entschärfte hinter den Kulissen viele Bomben (im übertragenen Sinne natürlich!). In seinem Abschiedsgespräch mit der niederländischen Zeitung *de Volkskrant* beschrieb er sich wie folgt: „Ich war der Mechaniker der Euro-Gruppe. Ich musste sicherstellen, dass der Reifendruck stimmt, der Ölstand in Ordnung und Benzin im Tank ist, damit Dijsselbloem das Fahrzeug in die richtige Richtung lenken kann." Und so war es auch.

Diese Einführung zeigt, wie sehr das alles menschengemacht ist – von Menschen, die sich aus Überzeugung eingesetzt und ihre Länder und den gesamten Euroraum aus der Krise herausgeholt haben. Das war ganz sicher keine leichte Aufgabe.

2

Die europäische Bankenkrise

Die Geschichte vom Anfang der großen Finanzkrise wurde schon oft erzählt. Sie wird oft als amerikanische Geschichte dargestellt, die Europa später in Mitleidenschaft gezogen hat. Viel wurde über *subprime mortgages,* den Fall von Lehman Brothers, Freddie Mac und Fannie Mae sowie die Rolle der US-Notenbank geschrieben. Aber waren die Länder in Europa wirklich unschuldige Opfer? Oder sind sie mitverantwortlich für die Ursachen und die verheerenden Auswirkungen der Krise, die im Finanzsektor begann? War Lehman die Ursache, wie oft behauptet wird, oder war der Zusammenbruch dieser Bank nur ein Symptom für ein viel größeres Problem im Finanzsektor? Und warum waren die Auswirkungen der Krise in Europa so viel schwerwiegender und länger spürbar als in den Vereinigten Staaten?

Dieses Kapitel konzentriert sich hauptsächlich auf die europäische Geschichte: die Ursachen, Reaktionen und Folgen – Folgen, an denen wir heute noch tragen. Wir müssen uns mit dieser Geschichte sehr gut vertraut machen, um ein klares Bild von unseren eigenen Problemen und ihren Ursachen zu erhalten, denn die Geschichte kann sich jederzeit wiederholen.

Doch kommen wir zunächst auf den amerikanischen Anfang zurück. Ich wurde oft gefragt: „Wo warst du, als du gehört hast, dass Lehman Brothers zusammengebrochen ist?" Doch anders als bei der Ermordung John F. Kennedys oder, für jüngere Generationen, beim Angriff auf die Twin Towers wissen nur wenige Menschen, wo sie waren oder was sie am 15. September 2008 getan haben. Ich auch nicht. Doch die Fotos von den Bankern, die massenhaft entlassen werden und verstört mit Pappkartons voll persönlicher Gegenstände aus den Bankgebäuden kommen, sprechen für sich selbst. Die Finanzelite, die so unverwundbar schien, die sogenannten *Wizards of Wall Street*, stürzte mit donnerndem Getöse von ihrem Sockel. Die Schlagzeile des nächsten Tages im *Wall Street Journal* lautete: „*Lehman Shock Hits World Markets*". Die *Financial Times* schrieb: „*Day of Reckoning on Wall Street*". Nur wenige Menschen erkannten damals, dass dies der Beginn einer Krise war, deren Ausmaß sich nur mit der Weltwirtschaftskrise der 1930er Jahre vergleichen lässt.

Wie so oft liegen die Ursprünge auch dieser Krise bereits in der Krise davor. Der letzte schwere Börsencrash hatte sich Anfang 2000 ereignet und war als Dotcom-Blase in die Geschichte eingegangen. Als der Goldrausch der Investitionen in Technologieunternehmen abrupt zum Stillstand gekommen war, senkte die von Alan Greenspan angeführte Federal Reserve (Fed) rasch die Zinssätze, um die schwächelnde Wirtschaft wiederzubeleben. Die Gefahr zunehmender Arbeitslosigkeit setzte die Fed unter erheblichen Druck, denn die Beschäftigungsförderung ist expliziter Bestandteil ihrer

Aufgabe. Die Zinssenkungen der Fed brachten jedoch nicht den gewünschten Effekt, die Unternehmensinvestitionen zu stimulieren. Stattdessen führten sie vor allem zu einem rasanten Wachstum der Hypothekenmärkte. Neue Arten von Hypotheken kamen auf, die auch für Haushalte mit niedrigem Einkommen, mit wenigen oder gar keinen Ersparnissen und geringer Arbeitsplatzsicherheit erschwinglich waren. Diese wurden als NINJA-Darlehen bezeichnet: *No Income, No Job or Assets* (kein Einkommen, kein Job, kein Vermögen). Später wurden sie unter den Euphemismen *Subprime-* oder „Alt-A"-Hypotheken besser bekannt. Dies war offensichtlich das Ergebnis des politischen Drucks. Stagnierende Löhne in der Mittelschicht waren in den frühen 2000er Jahren ein heißes Thema. Nicht zum ersten Mal in der Geschichte wurde versucht, der wachsenden Unzufriedenheit einer großen Wählergruppe mit billigen Krediten zu begegnen. Und die Kredite flossen reichlich.

Natürlich gibt es Institutionen und Instrumente, die eine Überkreditierung verhindern sollen. Die erste Verteidigungslinie ist der Zinssatz, der unter der Kontrolle der Zentralbanken steht. Eine Zinserhöhung kann die Überhitzung des Marktes verhindern. Die Zentralbank kann auch durch eine sogenannte makroprudenzielle Regulierung das Angebot von und die Nachfrage nach Krediten bremsen. So können beispielsweise die Anforderungen bei der Hypothekenvergabe für Hauseigentümer verschärft oder von den Banken mehr Eigenkapital für risikoreiche Kreditportfolios verlangt werden. Aber keiner dieser Wege wurde beschritten. Im Gegenteil, im Jahr 2001 wurden die Eigenkapitalanforderungen für Banken im Rahmen von Basel II (ein Abkommen der großen Zentralbanken, das unter anderem internationale Standards für Banken in Bereichen wie der Eigenkapitalanforderung festlegt) drastisch gesenkt. Basel II wurde 2008 in Europa umgesetzt, sodass die Banken kurz vor Beginn der Krise sehr hohe Dividenden ausschütten konnten. In den USA wurde 1999 der Glass-Steagall Act[1] aufgehoben. Im Jahr 2000 wurden Derivatgeschäfte durch den Commodity Futures Modernization Act (Gesetz zur Modernisierung von Warentermingeschäften) dereguliert. Zudem setzten 2004 eingeführte Programme zur „freiwilligen Regulierung" die Eigenkapitalanforderungen für die fünf größten Investmentbanken herab: Merrill Lynch, Goldman Sachs, Bear Stearns, Lehman Brothers und Morgan Stanley.

Erstmalig wurde der Erwerb eines Eigenheims auch für Menschen mit sehr niedrigem Einkommen attraktiv. Das robuste Wachstum der Immobilienpreise ließ die Risiken begrenzt erscheinen. Auf Basis des Mehrwerts, der sich ergibt, wenn der Marktwert eines Hauses den der Resthypothek übersteigt, konnten die Menschen Darlehen für ein neues Auto oder einen Fernseher aufnehmen –, wiederum zu einem niedrigen Zinssatz.

Dieser Überkonsum in den Vereinigten Staaten wurde mit Krediten finanziert, die größtenteils aus ausländischen Quellen stammten. Gelder flossen aus China, Japan und europäischen Ländern wie Deutschland in die USA. Länder mit einem Handelsüberschuss exportieren nicht nur ihre Produkte oder Dienstleistungen, sondern investieren ihre Exporterlöse oft weltweit. Die Investition in US-Hypotheken war zu diesem Zeitpunkt sehr profitabel und die Anleger waren sich der Risiken, die in den Hypothekenpaketen mit Hypotheken von sehr unterschiedlicher Qualität stecken, weithin gar nicht bewusst. Diese

---

[1]Banking Act of 1933, der die institutionelle Trennung von Einlagen- und Kreditgeschäft (commercial banking) und dem Wertpapiergeschäft (investment banking) vorsah. Am 16. Juni 1933 wurde dieser Banking Act als Gesetz von Präsident Franklin D. Roosevelt unterzeichnet und ist als (zweiter) Glass-Steagall Act bekannt geworden. (Anmkg d. Red.).

2 Die europäische Bankenkrise

Collateralised Debt Obligations (CDOs) waren sehr gefragt, auch bei europäischen Investoren.

Für die Risikobewertung – mit anderen Worten: die genaue Bewertung von Unternehmensabschlüssen – sind Ratingagenturen (englisch: *Credit Rating Agencies,* CRA) von entscheidender Bedeutung. Viele Hypotheken verbleiben nicht in der Bilanz der Bank, sondern werden weiterverkauft oder in komplexe Finanzprodukte umgepackt. Der Endinvestor kann dann die mit den Krediten verbundenen Risiken nicht mehr beurteilen. Hier kommen die CRAs ins Spiel. Sie weisen den Finanzinstrumenten Ratings zu. Die Internationalisierung des Finanzsektors machte die Ratingagenturen einflussreicher denn je. Die Komplexität der Finanzprodukte und die Größe der Märkte nahmen ab 2004 rasant zu und die Ratingagenturen verloren die Realität aus den Augen. Zu optimistisch in Bezug auf den Immobilienmarkt, zu langsam beim Herabstufen schlechter Wertpapiere und die Risiken immer komplexerer Produkte unterschätzend, konnten die Ratingagenturen ihrer Verantwortung nicht gerecht werden. Vor diesem Hintergrund konnten selbst niedrig bewertete *(Subprime-)* Hypothekendarlehen ein Triple-A-Rating erhalten. Die regulatorische Aufsicht über die Qualität der Ratingagenturen war unzureichend, kritische Stimmen wurden ignoriert.

Im Mai 2006 hörten die Immobilienpreise auf zu steigen. Es gab zwei Erklärungen dafür: Die Fed hatte 2004 langsam begonnen, die Zinsen zu erhöhen, und die wachsende Zahl der Hausbesitzer (zu diesem Zeitpunkt 70 %) hatte ihren Höhepunkt erreicht. Das Pyramidensystem stieß an seine Grenzen, eine unaufhaltsame Kette von Ereignissen wurde in Gang gesetzt. Bear Stearns, die fünftgrößte US-Investmentbank, geriet im Juli 2007 in Schwierigkeiten, als ihre auf den Subprime-Hypothekenmarkt ausgerichteten Investmentfonds bankrott gingen.

Bear Stearns wurde von der New York Fed gerettet und sollte später, im März 2008, von JPMorgan Chase übernommen werden. Ende Juni 2007 kündigte die deutsche Versicherungsgesellschaft Rheinland an, dass sie mehrere ihrer Investmentfonds liquidieren müsse. Am 9. August 2007 fror BNP Paribas Fonds mit amerikanischen Hypothekenbeständen ein und verwehrte Anlegern Zugriff auf ihre Anteile. Am 14. September erlebte die britische Regionalbank Northern Rock einen klassischen *Bank Run*, nachdem die BBC am Vorabend berichtet hatte, dass Northern Rock die Bank of England um Hilfe gebeten hatte. Dies waren die Vorläufer einer globalen Systemkrise.

Der nächste große Schock kam am 7. September, als die US-Regierung ihre Übernahme der Hypothekenunternehmen Freddie Mac und Fannie Mae ankündigte und sich verpflichtete, 200 Mrd. US$ in sie zu investieren. Die beiden Hypothekenbanken hatten fünf Billionen Dollar ausstehende Schulden, mit einer staatlichen Garantie. Dieser Schritt wurde sowohl von der politischen Linken als auch von den Rechten in den Vereinigten Staaten scharf kritisiert. Rechtsgerichtete Republikaner widersetzten sich der Regierungsintervention und linksgerichtete Demokraten lehnten Hilfen für Wall-Street-Banker ab.

Eine weitere derartige Rettungsaktion, also die staatliche Rettung eines Finanzinstituts mithilfe von Steuergeldern, fand am 16. September statt. Die große amerikanische Versicherungsgesellschaft AIG hatte mehrere Dutzend Milliarden Dollar in CDOs mit Credit Default Swaps versichert, einem Versicherungsprodukt, das das Zahlungsausfallrisiko eines Schuldners abdeckt. Darüber hinaus hatte AIG selbst stark in den Hypothekenmarkt investiert. Die öffentliche Empörung erreichte später einen neuen Höhepunkt, als im März 2009 bekannt wurde, dass die AIG plante, 1,2 Mrd. US$ Boni auszuzahlen.

2 Die europäische Bankenkrise

Aber das eigentliche Erdbeben ereignete sich am 15. September 2008 mit dem Bankrott der Bank Lehman Brothers. Damals erwies sich die implizite Erwartung, dass Großbanken immer von der Regierung gerettet würden, als falsch – ein Schock für die internationale Finanzwelt. Es gab keinen privaten Käufer, der die Bank übernahm, und Lehman Brothers fehlte es an ausreichendem Kapital, damit die Fed Kredite gewähren konnte. Darüber hinaus hatte der Finanzminister Henry („Hank") Paulson keine Rechtsgrundlage für die finanzielle Unterstützung der Bank. Damit wurde die implizite Erwartung, dass Banken, die *too big to fail* waren, immer von der Regierung gerettet würden, ausgesetzt. Die weltweite Kreditkrise hatte begonnen.

Als die Regierung die Erwartung, angeschlagene Banken wie im Fall Lehman zu stützen, nicht erfüllte, schwand augenblicklich das Vertrauen der Anleger, auch der Banken selbst, in die Banken. Die Kreditvergabe einschließlich der Interbankenkredite trocknete im Handumdrehen aus. Das betraf auch viele europäische Banken, die zunehmend auf kurzfristige Kredite von internationalen Kapitalmärkten angewiesen waren. Diese Vorgänge in Verbindung mit den enormen Verlusten bei stark überbewerteten hypothekarisch gesicherten Wertpapieren waren der Auslöser für die Bankenkrise in Europa.

Die Auswirkungen der europäischen Bankenkrise können kaum überschätzt werden. Ganze Bankensektoren waren vom Zusammenbruch bedroht. Ab 2008 mussten Banken in fast allen europäischen Ländern gerettet werden, was zu enormen Kosten für den Steuerzahler führte. Die Zentralbanken und die nationalen Regierungen ergriffen Maßnahmen, um den Finanzabfluss vorübergehend auszugleichen. Als dies nicht mehr genügte, unterstützten die Regierungen Dutzende von Banken finanziell und übernahmen die Verantwortung für ihre Verluste und Risiken. Nur wenige Länder sind dieser Katastrophe entronnen. Viele europäische Banken sind noch heute zumindest teilweise im Staatsbesitz. Und es finden immer noch neue Interventionen statt.

Die Finanzkrise führte zu einer starken wirtschaftlichen Rezession, und im Euroraum folgte ein zweiter Tiefschlag, die Schuldenkrise. Ökonomen schätzen den durch diese beiden Krisen bedingten Rückgang des Bruttoinlandsprodukts (BIP) auf real sechs bis neun Prozent.

Zu lange hatte man in Europa die Illusion aufrechterhalten, dass die Bankenkrise ein importiertes amerikanisches Problem sei. Europäische Politiker, Aufsichtsbehörden und Bankiers haben lange Zeit unsere eigenen Schwächen geleugnet. Im Jahr 2007 erklärte der damalige deutsche Außenminister Frank-Walter Steinmeier, dass die Lösung der Krise vor allem in den USA gesucht werden sollte. Wenngleich wahr ist, dass die europäischen Regierungen schnell und weitreichend Maßnahmen ergriffen haben, um den Zusammenbruch des Finanzsektors zu verhindern, haben sie dennoch viel zu lange gebraucht, um die grundlegenden Probleme der europäischen Banken und ihre Ursachen zu erkennen.

Wenn wir über Europa sprechen, müssen wir bedenken, dass jedes europäische Land sein eigenes Bankensystem, seine eigenen Standards, seine eigenen Aufsichtsbehörden und in der Regel seine eigenen Formen der politischen Beteiligung hatte. Häufig wird eine Grenze zwischen Euro- und Nicht-Euroländern gezogen. Diese Unterscheidung wirft jedoch kaum Licht auf die europäische Bankenkrise, die 2008 begann. Der Euroraum hatte damals noch keinen einheitlichen Ansatz für das Bankwesen. Mit anderen Worten, es gab noch keine Bankenunion.

Auch gab es auffallende Unterschiede bei den Nicht-Euroländern. Der britische Bankensektor war eher mit dem amerikanischen vergleichbar, insbesondere in Bezug auf die Investmentbanken, die Risiko- und Vergütungskultur und die Light-Touch-Regulierung. Im Gegensatz dazu war der skandinavische Bankensektor, der weitgehend von schwedischen Banken dominiert wird, relativ solide kapitalisiert. Dies war eine Folge der großen Bankenkrise, die Schweden in den 90er Jahren erschüttert und dazu geführt hatte, dass alle großen Banken verstaatlicht und wesentlich strengeren Anforderungen unterworfen worden waren.

In einigen europäischen Ländern spielte der Immobilienmarkt wie in den USA eine wesentliche Rolle. Das galt für Irland, Spanien und die Niederlande, aber beispielsweise auch für Dänemark. Vor der Krise verzeichneten Dänemark und die Niederlande einen starken Anstieg der Immobilienpreise, eine steigende Hypothekenverschuldung und einen Wachstumsschub im Bankensektor. In den Niederlanden stiegen die Immobilienpreise zwischen 2000 und 2008 um rund 40 %. Als die Preise 2008 ihren Höhepunkt erreichten, lag die niederländische Hypothekenschuld bei etwa 150 % des BIP. Zudem war der Bankensektor, der sich stark auf vier Banken konzentrierte, war fast sechsmal so groß wie die gesamte jährliche niederländische Wohlstandsproduktion.

In Spanien war die Situation mehr oder weniger ähnlich: Auch dort war der Bausektor die treibende Kraft für die wirtschaftliche Entwicklung. Vor der Krise wuchs die Bevölkerung in nur sechs Jahren um fünf Millionen. Für diese Menschen musste Wohnraum geschaffen werden. Gleichzeitig wurden viele „Zweitwohnungen" als spekulative Investitionen gebaut. Aber die Kreditvergabe an den Privatsektor stieg noch viel schneller als in den Niederlanden, von 100 auf 200 % des BIP in den acht Jahren vor der Krise. Anfang der 90er Jahre lag der Zinsaufschlag für spanische Anleihen bei sechs Prozent[2] (bezogen auf Deutschland). Zum Jahr 2000 hatte die Einführung der einheitlichen Währung diesen Unterschied nivelliert. Auch als die Risiken während der Kreditflut in den Folgejahren zunahmen, blieb der Zinsaufschlag für Spanien nahezu bei null.

Das Verhältnis von Schulden zu Bankvermögen war in Portugal am stärksten aus dem Gleichgewicht geraten. Dort stieg die Verschuldung der öffentlichen Hand trotz niedriger Zinsaufwendungen zwischen 2000 und 2008 von Jahr zu Jahr an. Die Staatsverschuldung erfüllte die WWU-Kriterien, aber diese Tatsache war irreführend, da sich die Schulden auf anderen Ebenen des Staates und bei öffentlichen Organisationen auftürmten. Unterdessen verdoppelte sich die private Verschuldung, die fast ausschließlich von inländischen Banken finanziert wurde, während die Sparquote der Haushalte weit hinterherhinkte. Wie in anderen Ländern wurde auch in Portugal das aufgenommene Geld nicht in produktive Sektoren investiert. Mitte 2010 verloren die portugiesischen Banken ihren Zugang zu den internationalen Kapitalmärkten.

Im selben Zeitraum hatte Irland seine Kreditvergabe fast verdreifacht. Auch dort hatten die Zinsen beispiellose Tiefststände erreicht. Im Zeitraum von 2000 bis 2008 stieg die nationale Hypothekenschuld von 30 auf 90 % des BIP, ein Niveau, das nur noch von den Niederlanden und Dänemark übertroffen wurde. Auch die irischen Immobilienpreise gingen zwischen 1995 und 2008 mehrmals durch die Decke.

---

[2] D. h., Spanien musste einen um sechs Prozent höheren Zinssatz als Deutschland zahlen, um Geld zu leihen. Zinsaufschlag auch = „Spread" (Anmkg. d. Red.).

Genau diese drei Länder führten 2008 auch die Liste der Länder mit den höchsten Schulden – öffentliche und private Schulden zusammengerechnet – an. Zu Beginn der Krise hatte der irische Finanzsektor das größte Volumen an Immobiliendarlehen in Europa.

Die Einführung des Euro ab dem Jahr 2000 wird oft als Ursache für die übermäßige Kreditvergabe in den Krisenländern angesehen. Aber dieser Faktor war eigentlich weniger bedeutend. Die Finanzmärkte haben zwar in der Tat die Risikoaufschläge für Kredite für alle Euroländer noch stärker gesenkt, als sie es sonst getan hätten, in der impliziten Annahme, dass sich diese Länder in wirtschaftlich schwierigen Zeiten gegenseitig unterstützen würden. Aber die sehr niedrigen Zinsen und der damit verbundene Anstieg der Kreditaufnahmen waren überall verbreitet – sowohl in den USA als auch in Europa, von Nicht-Euroländern wie dem Vereinigten Königreich und Dänemark bis hin zu Euroländern wie Spanien und den Niederlanden. Kein Ort blieb von der Bankenkrise verschont, nicht einmal Island.

Island war ein Sonderfall. Der Bankensektor hatte dort ein spektakuläres Wachstum erlebt, das auf Sparguthaben aus anderen europäischen Ländern, insbesondere aus dem Vereinigten Königreich, Deutschland und den Niederlanden, basierte. Isländische Banken hatten Sparer mit der Aussicht auf hohe Zinsen angelockt. Umgekehrt liehen sich die Isländer massenhaft Geld für Hypotheken von ausländischen Banken, weil die Zinsen im Ausland so niedrig waren.

Im Herbst 2008 brach auch in Island das Bankensystem zusammen. Die Regierung verstaatlichte die Banken und führte Kapitalkontrollen durch. Die Isländische Krone verlor 80 % ihres Wertes gegenüber dem Euro. Die vielen Isländer, die ihre Hypotheken in Euro aufgenommen hatten, hatten keine Möglichkeit mehr, diese zurückzuzahlen.

Im Jahr 2007, vor der Krise, hatte Island eine Staatsverschuldung von nur 28 % des BIP und einen Haushaltsüberschuss von sechs Prozent. Bis 2011 war dies in ein Defizit von sechs Prozent und eine Staatsverschuldung von 130 % des BIP umgeschlagen, fast ausschließlich aufgrund der Bankenkrise. Die Kredite kamen hauptsächlich aus europäischen Ländern in Form eines Rettungspakets. Die Niederlande, Deutschland und England trugen insgesamt 6,3 Mrd. bei, um sicherzustellen, dass die eigenen Sparer bis zu einer Höhe von jeweils 100.000 EUR entschädigt wurden. Viele niederländische Sparer und auch Regierungsbehörden hatten ihre Guthaben bei Icesave angelegt, einer Online-Tochter von Landsbanki.

Auch Großbritannien war von der Bankenkrise stark betroffen. Bereits am 14. September 2007 hatten die Briten die erste Gelegenheit seit 1866, einen klassischen *Bank Run* (Bankensturm) in ihrem Land zu erleben. Lange Warteschlangen bildeten sich vor den Niederlassungen von Northern Rock, nachdem die Online-Services der Bank nicht mehr verfügbar waren.

Der traditionelle Ansatz gegenüber angeschlagenen Banken besteht darin, dass die größeren Banken des Landes die in Not geratene Bank übernehmen. So hatte noch 1995 ING die Barings Bank übernommen, nachdem Nick Leesons abenteuerliche Investitionen sie in ernsthafte Schwierigkeiten gebracht hatten. Aber die britischen Großbanken Barclays, Royal Bank of Scotland (RBS) und Santander konnten Northern Rock nicht übernehmen, weil sie in eine Übernahmeschlacht um die niederländische Bank ABN Amro verwickelt waren. Unterdessen stieg der LIBOR (London Interbank Offered Rate, der Referenzzinssatz für kurzfristige Kredite im Interbankengeschäft am Londoner Geldmarkt) schnell an. Dies war der Marktzins, für den sich Northern Rock Geld leihen konnte. Eine andere britische Großbank, Lloyds, schien interessiert zu sein, zog sich aber bald zurück, als das wahre Ausmaß der Verluste offensichtlich wurde. Die Aufsichtsbehörden, die Financial Services Authority (FSA) und die Bank of England waren auf eine Bankenkrise überhaupt nicht vorbereitet. Zudem waren sie sich nicht einig über die Art der Probleme und die geeigneten Lösungen. Schließlich wurde Northern Rock, damals eine der vier größten *High Street Banks*, Anfang 2008 verstaatlicht. Die Rettungsaktion kostete insgesamt 37 Mrd. Pfund.

Northern Rock war ein extremes Beispiel für die Ereignisse auch an vielen anderen Orten. Während Hypotheken nach wie vor leicht zu beschaffen waren, wurden die immer größer werdenden Hypothekenportfolios der Banken nicht mehr durch Sparguthaben, sondern zunehmend durch kurzfristiges Kapital finanziert, das auf den Kapitalmärkten aufgenommen wurde. Im Jahr 2007 betrug das Verhältnis von vergebenen Krediten zu verwalteten Einlagen bei Northern Rock 320 %. Die Aufseher sahen untätig zu. Im August 2007, als Investoren ihr Vertrauen in hypothekarisch gesicherte Wertpapiere verloren, war Northern Rock die erste Bank, von der sie ihr Geld wieder abzogen. Dieser unsichtbare Bank Run war das eigentliche Problem. Was viele Menschen in diesen frühen Tagen als Liquiditätsproblem sahen, erwies sich als eine schwere Solvenzkrise.

Das nächste britische Problem war HBOS, die größte *High Street Bank*. Diese hatte den Kreditboom voll genutzt. Die Portfolios der Immobilienkredite, die sie angesammelt hatte – für Golfplätze, Neubaukomplexe und Gewerbegebiete – waren viel größer und riskanter als die von Northern Rock. Ähnliche Probleme traten bei Alliance & Leicester sowie Bradford & Bingley auf. Die beiden Hypothekenbanken wurden von der internationalen Großbank Santander übernommen, teilweise mit staatlicher Unterstützung. Diese stolzen, sicheren Kreditgenossenschaften, bei denen die Mitglieder ihre Ersparnisse anlegen und Hypotheken aufnehmen konnten, waren nach ihrem Börsengang der Versuchung einer risikoreichen Expansion erlegen.

Im April 2008 richtete die Bank of England unter dem Druck des Finanzministeriums (HM Treasury) und der Banken ein *Special Liquidity Scheme* (SLS) ein. Aber Mervyn King, der Gouverneur der Bank of England, stand der Ausgabe von billigem Geld an die Banken sehr kritisch gegenüber. Er bestand weiterhin darauf, dass sie ihr Kapital erhöhen. Er hatte verstanden, dass die Zahlungsfähigkeit das eigentliche Problem darstellte, nicht die Liquidität. Im Oktober stellte die britische Regierung HBOS, Lloyds und der RBS Kapitalzuflüsse in Höhe von 37 Mrd. Pfund in Form einer Teilverstaatlichung zur Verfügung. Sie hat letztendlich 45 Mrd. Pfund allein in die RBS investiert.

Auch in Spanien war die Bankenkrise stark ausgeprägt. Im Jahr 2007, vor Beginn der Krise, hatte das Land 45 regionale Sparkassen. Nach der Krise waren nur noch zwei davon übrig. Nachdem Spanien durch das Platzen der Immobilienblase einen großen makroökonomischen Tiefschlag erlitten hatte, fehlten dem Land die Mittel, um seinen Bankensektor zu retten. So hat der ESM der spanischen Regierung im Juni 2012 100 Mrd. EUR zur Verfügung gestellt, von denen letztendlich 41 Mrd. EUR zur Rekapitalisierung der Banken benötigt wurden.

Eines der ersten Anzeichen für eine Kreditkrise kam aus Deutschland, wo die Investmentgesellschaft Rhineland Funding am 30. Juni 2007 bekannt gab, dass sie einen Teil ihrer Hypothekenfonds auflösen wird. Solche Schattenbanken finanzierten die Vergabe langfristiger Kredite mit kurzfristigen Krediten, eine Praxis, die sie sehr anfällig machte. Dies war eins der ersten Beispiele.

Im Juli folgte die IKB Deutsche Industriebank mit hohen Verlusten auf dem amerikanischen Hypothekenmarkt. Die staatliche Kreditanstalt für Wiederaufbau (KfW) bot Unterstützung an. Ein Jahr später spürte Deutschland die volle Wucht der Krise. Ab Oktober 2008 wurde Deutschlands zweitgrößter Hypothekenanbieter, die Hypo Real Estate, zunächst mit einem Kreditrahmen von 35 Mrd. EUR, nachfolgend mit 52 Mrd. EUR an Garantien und schließlich mit einer 90-prozentigen Übernahme unterstützt. Im Oktober 2008 übernahm die Schweiz 60 Mrd. US$ an problematischen Vermögenswerten von UBS und Credit Suisse und stellte sechs Milliarden Franken an Kapital zur Verfügung. Deutschland folgte diesem Beispiel im April und machte den Weg frei für die Übertragung von 200 Mrd. EUR an toxischen Vermögenswerten an eine neu gegründete *Bad Bank*. Eine *Bad Bank* ist in der Regel ein eigenständiges Unternehmen, in das notleidende Kredite übertragen werden und das mit ausreichend Kapital und staatlichen Garantien ausgestattet ist, damit es allmählich so viel wie möglich von dem Geld zurückgewinnen kann. Im Januar musste die Commerzbank mit Krediten und einer 25-prozentigen Staatsbeteiligung gerettet werden. Am 12. Oktober hatte die Bundesregierung bis zu 400 Mrd. EUR an Garantien und 80 Mrd. EUR an neuem Kapital für Banken zugesagt.

Am selben Tag kündigte die französische Regierung Garantien in Höhe von 320 Mrd. EUR und 40 Mrd. EUR an neuem Kapital an, um bei Bedarf Beteiligungen an den großen französischen Banken zu erwerben. Diese Beträge sollten in den Folgemonaten noch ansteigen. Zwei Wochen zuvor hatte Frankreich in Zusammenarbeit mit Belgien und Luxemburg die Dexia mit einer Kapitalzufuhr von 6,4 Mrd. EUR gerettet.

Aber die Auswirkungen der Krise in diesen großen Ländern waren nicht vergleichbar mit den Ereignissen in Irland. In den 80er und 90er Jahren hatte sich die Republik Irland von einem der ärmsten zu einem der reichsten Mitgliedstaaten der Europäischen Union entwickelt. Aber ab 2000, als die Kredite auch in Irland billiger denn je wurden, stieg das Leistungsbilanzdefizit auf sechs Prozent. Das von den internationalen Kapitalmärkten nach Irland strömende Geld wurde in Häuser und andere Immobilien investiert. Infolgedessen stiegen die Hauspreise zwischen 2000 und 2008 um 155 %. Im gleichen Zeitraum stieg der Wert des irischen Bankensektors vom Vierfachen des BIP auf das Achtfache. Als die Blase platzte, brachen die Immobilienpreise ein, und die Banken – darunter Allied Irish Banks, Irish Nationwide und die Anglo Irish Bank – mussten gerettet werden. Am Ende lagen die Gesamtkosten bei mehr als 45 Mrd. EUR – eine gewaltige Summe für eine relativ kleine Volkswirtschaft. Der Haushaltssaldo schlug um von einem Überschuss von drei Prozent im Jahr 2006 auf ein Defizit von 30 % im Jahr 2010. Bis Ende 2010 hatten die irischen Banken 100 Mrd. EUR an Liquiditätshilfe von der EZB und weitere 25 Mrd. EUR von der irischen Zentralbank aufgenommen. Die anderen europäischen Länder, allen voran Deutschland und das Vereinigte Königreich, forderten die irische Regierung auf, Notfallkredite der EU zur Unterstützung der Banken anzunehmen. Das ist leicht nachvollziehbar, wenn man bedenkt, dass Finanzinstitute in diesen großen Ländern ein starkes Engagement bei irischen Banken hatten. Die Notfalldarlehen wurden direkt oder indirekt von den gleichen großen Mitgliedstaaten vergeben. In der irischen Rettungsaktion wurde eine Gläubigerbeteiligung (Bail-in) für private Gläubiger ausgeschlossen. Bei einer Gläubigerbeteiligung können private Geldgeber nicht ihre gesamten Investitionen auf

Kosten des Steuerzahlers zurückerhalten, sondern müssen ebenso Verluste hinnehmen, wie sie in den guten Jahren Gewinne erzielt haben. Eine Gläubigerbeteiligung war tabu, denn sie hätte den britischen und deutschen Banken, die stark in Irland investiert hatten, zu viel Schaden zugefügt. Auch der damalige US-Finanzminister Timothy Geithner war wegen der gefürchteten Ansteckungsgefahr entschieden gegen eine Gläubigerbeteiligung. EZB-Präsident Jean-Claude Trichet machte es zu einer unabdingbaren Voraussetzung für zusätzliche Kredite, dass Irland keine Gläubigerbeteiligung bei hochrangigen Kreditgebern anwandte. Dadurch stiegen die Kosten des Programms und die öffentliche Verschuldung Irlands von 25 auf 124 %. Das bedeutete, dass alle privaten Verluste der Gläubiger vom irischen Steuerzahler getragen werden mussten. Das internationale Dogma nach Lehman war, dass einige Banken zu groß waren, um zu scheitern – mit anderen Worten, dass ihre Investoren vor Verlusten geschützt werden mussten. Dies bescherte Irland eine gigantische Rechnung.

Die niederländische Bankenkrise war eine der schwersten in Europa. Der deutsche Ökonom Hans-Werner Sinn fasste in seinem Buch *Kasino-Kapitalismus* [1] die Abschreibungsverluste zusammen, die Banken weltweit bis 2009 erlitten hatten. In den Niederlanden lief der Zähler jedoch nach 2009 noch weiter. Der niederländische Rechnungshof veröffentlicht auf einer speziellen Website zur Kreditkrise die Kosten und Einnahmen der staatlichen Interventionen im Finanzsektor. Die niederländische Regierung stellte insgesamt 136 Mrd. EUR an Krediten zur Verfügung, von denen 114 Mrd. EUR bis Ende 2017 „zurückgezahlt" wurden.

Für die Niederlande begann die Krise kurz nach dem *Prinsjesdag*, der Eröffnung des parlamentarischen Sitzungsjahres Ende September 2008. Nur ein Jahr, nachdem die niederländischen Behörden der Übernahme von ABN Amro durch ein Konsortium aus Fortis, RBS und Santander zugestimmt hatten, mussten die drei Benelux-Regierungen 11,2 Mrd. EUR in die Unterstützung von Fortis investieren. Auch das erwies sich als nicht ausreichend. Anfang Oktober verstaatlichten die Niederlande und Belgien Fortis und teilten es unter sich auf. Unmittelbar danach verkaufte die belgische Regierung 75 % ihres Anteils weiter an BNP Paribas. Die Kosten der vollständigen Verstaatlichung der ABN Amro betrugen 22 Mrd. EUR. Nicht nur ABN Amro und die niederländische Niederlassung von Fortis wurden vom Rest der gescheiterten Gesellschaft abgespalten, sondern auch die gesunde Versicherungssparte ASR und die Holdinggesellschaft RFS, zu der einige separate Tochtergesellschaften gehörten. ASR „kostete" 3,7 Mrd. EUR und die Rekapitalisierung von RFS weitere 2,7 Mrd. EUR.

Mitte Oktober war die ING an der Reihe. Die Bank erhielt eine Kapitalspritze von zehn Milliarden Euro. Wenige Monate später übernahm der niederländische Staat 80 % des Risikos des US-Hypothekenportfolios von ING mit einem Wert von 35 Mrd. EUR. Die niederländische Zentralbank überwachte die sorgfältig durchgeführte Schließung einer Reihe anderer Banken: Indover, Landsbanki Nederland und ein Jahr später DSB. Um das Vertrauen der Banken untereinander wiederherzustellen, bot die Regierung eine Garantie für alle Bankkredite bis zu einem Betrag von 200 Mrd. EUR. Die Versicherungsgesellschaft Aegon erhielt drei Milliarden Euro, im November wurden 750 Mio. EUR an SNS Reaal vergeben.

Im Jahr 2013, kurz nach meinem Amtsantritt, kam es zu einer weiteren Verstaatlichung – diesmal, um den Konkurs der SNS zu verhindern, einer Vereinigung von ehemalig gemeinnützigen Sparkassen und

2 Die europäische Bankenkrise

Versicherungsgesellschaften, die ursprünglich von Gewerkschaften gegründet worden war. Nach einem Börsengang hatte die SNS riskante Investitionen getätigt, darunter viele in Immobilienprojekte. Um die Kosten für den niederländischen Steuerzahler so gering wie möglich zu halten, haben wir diese unvermeidliche Rettungsaktion so konzipiert, dass sie eine Gläubigerbeteiligung für Aktionäre und nachrangige Anleihegläubiger sowie einen Pflichtbeitrag der anderen niederländischen Banken von einer Milliarde Euro umfasste. Neben den Garantien für die Bad Bank und einem Überbrückungskredit in Höhe von 1,1 Mrd. EUR blieb für den Steuerzahler noch eine Rechnung von über 3,7 Mrd. EUR.

Das Vorstehende ist alles andere als ein vollständiger Überblick über die Bankenkrise, die durch Europa fegte. Aber es ruft uns ins Gedächtnis zurück, dass die Krise nach ihrem Ausbruch in den Vereinigten Staaten mit unglaublicher Geschwindigkeit nach Europa übersprang und hier Probleme aufdeckte, die womöglich noch gravierender waren. Diese Probleme gingen weit über den Bankensektor hinaus. Nicht nur, dass sich in vielen Ländern makroökonomische Schwachstellen angesammelt hatten, auch dem Euroraum fehlte die institutionelle Kapazität, um schnell und effektiv zu reagieren. Die aufgeblähten Volkswirtschaften Europas fielen in sich zusammen, und nicht zuletzt wegen des gewählten Ansatzes – Bankenrettung auf Kosten der Steuerzahler – blieben viele Regierungen tiefer verschuldet zurück als je zuvor. Dieser Umstand wurde wiederum zum Auslöser für die europäische Schuldenkrise.

Die Auswirkungen der Krise im Finanzsektor waren letztlich in Europa viel stärker als in den USA. Aber worin unterschied sich die Bankenkrise in Europa konkret von der in den Vereinigten Staaten? Die Unterschiede bestanden im Bankensektor selbst, in den zugrunde liegenden makroökonomischen Problemen und in den Maßnahmen, die während der Bankenkrise ergriffen wurden. Der europäische Bankensektor unterschied sich grundlegend von dem in den Vereinigten Staaten. Die europäische Wirtschaft ist stark von der Finanzierung durch Banken abhängig. Etwa die Hälfte der Finanzierung der Wirtschaft erfolgt durch Banken. In den Vereinigten Staaten sind es 22 %, und ein viel größerer Prozentsatz ist Risikokapital von Aktionären, Anleihegläubigern und anderen Investoren. Dementsprechend hat Europa einen viel größeren Bankensektor als die Vereinigten Staaten. Der Gesamtwert der Bankaktiva in der EU beträgt das Dreieinhalbfache des BIP. In den USA sind es lediglich 78 %.

Das Verhältnis von Krediten zu Einlagen *(loan-to-deposit ratio)* war in Europa doppelt so hoch wie in den USA oder Japan. Daher waren die europäischen Banken doppelt so abhängig von instabilen kurzfristigen Finanzierungen auf den Finanzmärkten.

Das Risiko einer grenzüberschreitenden „Ansteckung" zwischen europäischen Banken war sehr hoch. Von den 252 Mrd. EUR an Auslandskrediten an griechische Banken entfielen 148 Mrd. EUR auf französische und deutsche Banken. Übrigens lag die Beteiligung griechischer Banken an schlechten amerikanischen Hypotheken fast bei Null. Anders als häufig behauptet gingen die meisten ausländischen Kredite an den griechischen Staat und nicht an griechische Banken. Auch in Spanien waren deutsche und französische Banken die Hauptgläubiger und stellten 416 Mrd. EUR von insgesamt 989 Mrd. EUR an Auslandskrediten bereit. In Irland waren nicht nur französische und deutsche, sondern auch große britische Banken sehr aktiv. Aber in Spanien und Irland ging das meiste Geld, anders als in Griechenland, an die Mit-Banken und nicht an die Regierung.

2 Die europäische Bankenkrise

Darüber hinaus war der Bankensektor in den meisten europäischen Ländern stark politisiert. Von den regionalen *Cajas* in Spanien und den Landesbanken in Deutschland über die italienischen Bankenstiftungen bis hin zu Dexia in Belgien zogen sich enge Verbindungen zwischen Teilen der Politik und dem Bankensektor wie ein roter Faden durch Europa. Die Verflechtung von Politik und Bankwesen reichte oft bis hin zu den Aufsichtsbehörden. Trotz ihrer formalen Unabhängigkeit hatten sie häufig enge und unerwünschte Verbindungen zur Politik und zu den Banken. So regt sich beispielsweise auch heute noch Widerstand gegen strengere Kapitalanforderungen mit dem Argument, dass sie schlecht für die Wirtschaft und damit für die Wählerschaft wären.

Dies könnte die unterschiedlichen Reaktionen in Europa auf die Krise erklären.

Schnell hatte sich die landläufige Meinung etabliert, dass viele Banken zu groß wären, um scheitern zu können *(too big to fail)*. Würden solche Banken im Rahmen der üblichen Insolvenzverfahren liquidiert, wäre der Schaden für die Wirtschaft erheblich. Bürger und Unternehmen kämen längere Zeit nicht an ihre Ersparnisse, Investoren würden ihr Geld von der Bank zurückverlangen, die Banken würden weder Kredite vergeben noch ihre eigenen Schulden zurückzahlen. Erstaunlich war das Fehlen einer auf die Banken zugeschnittenen Gesetzgebung, die eine schnelle und effiziente Abwicklung im Konkursfall oder bei drohendem Konkurs ermöglicht. In den USA wurden in den 1930er Jahren solche Rechtsverfahren entwickelt. Sie werden von der Federal Deposit Insurance Corporation routinemäßig auf Retailbanken angewendet. Für größere Banken haben sich diese Verfahren jedoch als wenig effektiv erwiesen. In Europa wurden erst ab 2008 Gesetze zur Bankenabwicklung verabschiedet. Beispiele dafür sind das britische Bankengesetz, das niederländische

Interventionsgesetz und später die Bank Resolution and Recovery Directive für die gesamte Europäische Union. Diese Richtlinie ist Teil der Bankenunion.

Die größten US-Banken mussten rekapitalisieren, nachdem sie zunächst von der Regierung Liquiditätshilfen erhalten hatten. Im Rahmen des *Troubled Assets Relief Program* (TARP) wurden den Banken die verlustbringenden Kredite und Investitionen entzogen und die Rekapitalisierung durchgeführt. Dies begann im Oktober 2008 unter Bedingungen, die für die Banken sehr unattraktiv waren. Die Dividenden, die auf die Staatsanteile an den Banken gezahlt werden mussten, stiegen jedes Jahr. Ende 2009 wurden hohe Rückzahlungen an das US-Finanzministerium geleistet.

In Europa dauerte es viel länger, bis mit der Gründung der Bankenunion im Jahr 2014 ein struktureller Ansatz für die Lösung der Bankenproblematik gefunden wurde. Dabei kostet der europäische Ansatz den Steuerzahler weit mehr. Das Dogma, dass Banken nicht scheitern durften, sondern um jeden Preis mit Steuergeldern gerettet werden mussten, führte zu der unvorstellbaren Summe von 4,5 Billionen EUR an Garantien, Darlehen, Kapitaleinlagen und anderen Hilfsmaßnahmen der EU-Mitgliedstaaten für die Banken.

Der größte Teil dieser Summe entfiel auf Garantien, die inzwischen ausgelaufen sind. Aber ein Großteil der Kapitalhilfen ist noch nicht wieder in die Staatskasse zurückgewandert. Die Rettung der europäischen Banken hatte einen sehr hohen Preis. Die eigentlich privaten Risiken und Verluste wurden von der Öffentlichkeit getragen. Die gesamte Staatsverschuldung in den europäischen Ländern stieg zwischen 2007 und 2012 durchschnittlich von 66 auf 90 % des BIP. Wenn auch einige Länder wie Griechenland, Belgien und Italien bereits vor 2008 stark verschuldet waren, war dies sicherlich nicht überall der

Fall. Irland wies eine Staatsverschuldung von nur 25 %, Spanien von 36 % und die Niederlande von 45 % des BIP auf, sie alle lagen damit deutlich unter der von den Maastricht-Kriterien der EU geforderten 60 %. Am dramatischsten war der Anstieg der Verschuldung in Irland – sie erreichte 2013 einen Höchststand von 124 %. Die Verschuldung des Vereinigten Königreichs hat sich in nur fünf Jahren auf 89 % verdoppelt. Einige Länder verloren ihren Zugang zur Marktfinanzierung und mussten Notfallkredite mit umfangreichen Bedingungen annehmen. Fast jedes Euroland war gezwungen, seine Haushaltsangelegenheiten in Ordnung zu bringen, damit das Vertrauen in die öffentlichen Finanzen wiederhergestellt werden konnte. Die tiefgreifenden sozialen und politischen Auswirkungen sind in Europa bis heute spürbar.

Literatur

1. Sinn HW (2009) Kasino-Kapitalismus. Econ, Berlin

# 3

Die Schuldenkrise

Die ersten europäischen Reaktionen auf die Bankenkrise waren sehr aufschlussreich. Diese Krise wurde allgemein als amerikanisches Problem betrachtet, die Situation in Europa galt als grundlegend anders. In diesem Sinne hat der für Wirtschaft und Währung zuständige EU-Kommissar Joaquín Almunia am 24. September 2008 vor dem Europäischen Parlament erklärt, dass die Situation in Europa viel weniger dringlich sei als in den Vereinigten Staaten. Doch nur vier Tage später wurden Banken in ganz Europa verstaatlicht. Die anhaltende, unglaublich kostspielige Serie von Bankenrettungsaktionen führte nicht nur zu einer akuten und tiefen Rezession, sondern auch zu ernsthaften finanziellen Problemen für die Regierungen einer ganzen Reihe von Ländern. Dies wurde zu einer zweiten Front, an der gekämpft werden musste: gegen die steigende Verschuldung und das Diktat der Märkte.

Der französische Präsident Nicolas Sarkozy war einer der Ersten, die das Ausmaß der Bedrohung voll und ganz erkannten. Frankreich hatte damals die halbjährige EU-Ratspräsidentschaft inne. Sarkozy berief am 4. Oktober 2008 – nur einen Tag, nachdem der US-Kongress den Rettungsplan für die Banken von Finanzminister Henry Paulson genehmigt hatte – einen Krisengipfel ein. Sarkozy forderte unterstützt vom britischen Premierminister Gordon Brown und EZB-Präsidenten Jean-Claude Trichet einen europäischen Plan. Doch Bundeskanzlerin Angela Merkel betrachtete die Krise als angloamerikanisches Problem, das in den USA entstanden war und sich im Vereinigten Königreich verschärft hatte. Deutschland hielt eine koordinierte Garantie für Interbankenkredite in Europa für unnötig und unerwünscht. Die einseitige Erhöhung der Einlagensicherung für Sparer durch Irland wurde kritisiert, weil sie andere Länder in eine schwierige Lage brachte, aber nicht direkt zu einer gemeinsamen Antwort führte. Ein G20-Treffen zur Zukunft des Finanzsystems wurde zwar befürwortet, aber das war es dann auch.

Am zweiten Wochenende im Oktober trafen sich die Finanzminister zur Jahrestagung des IWF in Washington. Sie alle hatten in ihren Heimatländern hart daran gearbeitet, den Bankensektor aufrechtzuerhalten, und das war die perfekte Gelegenheit für eine internationale Koordination. Das Treffen der G7-Minister am Rande des IWF-Treffens führte zu einer gemeinsamen Erklärung, die von den Amerikanern und Briten sorgfältig vorbereitet worden war. Aber zunächst wurden den Amerikanern heftige Vorwürfe dafür gemacht, dass sie den Zusammenbruch von Lehman zugelassen hatten, wie Henry Paulson in seinem Buch *On the Brink* [1] ausführlich beschreibt. Die Erklärung enthielt die feierliche Zusage, den Zusammenbruch weiterer „systemrelevanter"

Finanzinstitute zu verhindern, sicherzustellen, dass die Banken ausreichend Zugang zu Geld (Liquidität) haben, um ihren Verpflichtungen weiterhin nachzukommen, und es den Banken zu ermöglichen, genügend privates oder öffentliches Kapital aufzunehmen, um weiterhin Kredite vergeben zu können. Das waren kostspielige Versprechungen, aber zu diesem Zeitpunkt schien kein Preis zu hoch, um die Panik zu stoppen.

Der erste Eurozonen-Gipfel fand zwei Tage später statt, am 12. Oktober 2008. Sarkozy hatte Brown erneut eingeladen. Zu diesem Zeitpunkt hatte sich die Erkenntnis durchgesetzt, dass diese Krise Europa nicht verschonen würde. Man vereinbarte, eine koordinierte Aktion zur Rettung der Banken durchzuführen. Jedes Land sollte Maßnahmen treffen, um seine eigenen Banken zu retten. Hierfür war die Bereitstellung von Krediten, Garantien und Kapital in großem Umfang notwendig, gefolgt von einem Aktionsplan, der die Auswirkungen der Krise auf die Realwirtschaft mildern sollte. Dieser Plan beinhaltete einen fiskalpolitischen Stimulus von 1,5 % des BIP der Europäischen Union, mit anderen Worten: 200 Mrd. EUR. Vier Fünftel davon sollten von den Mitgliedstaaten kommen, der Rest von der Europäischen Kommission und der Europäischen Investitionsbank (EIB). Gleichzeitig legte man fest, dass automatische Stabilisatoren ihre Arbeit verrichten sollten; weder der starke Rückgang der Steuereinnahmen noch die Erhöhung der Ausgaben für Sozialleistungen sollten ausgeglichen werden. Das bedeutete: Die Defizite durften steigen, um durch fiskalpolitische Impulse der Wirtschaft zu helfen, wieder auf die Beine zu kommen. Zu diesem Zeitpunkt wurde bedauerlicherweise kaum über strukturelle Schwächen in den europäischen Volkswirtschaften nachgedacht.

Bald darauf versprach die EZB den Banken unbegrenzte Liquiditätshilfen, solange sie genügend Sicherheiten bereitstellen konnten. Diese Maßnahme, die sogenannte Vollzuteilung mit festem Zinssatz *(fixed rate full allotment)*, war der erste Schritt in Richtung der bis heute andauernden außerordentlich lockeren Geldpolitik der EZB.

Am 15. November fand in Washington auf Einladung des US-Präsidenten George W. Bush ein Sondergipfel der G20 statt. Sowohl Sarkozy als auch Brown hatten sich für dieses Treffen ausgesprochen, mit dem Ziel, ein neues Bretton Woods zu schaffen und das internationale Finanzsystem vollständig zu reformieren. Die Abschlusserklärung betonte nachdrücklich die fiskalischen Impulse – d. h., höhere Staatsausgaben und niedrigere Steuern, um die Wirtschaft wieder in Gang zu bringen. Aber es gab auch einige Einschränkungen: „gegebenenfalls" und „unter Beibehaltung eines politischen Rahmens, der der finanziellen Nachhaltigkeit förderlich ist". Für viele europäische Länder war genau dies das Problem.

Natürlich hat diese gemeinsame Anstrengung, uns aus der Krise „herauszuinvestieren", zusammen mit den Kosten für Bankenrettungsmaßnahmen und dem drastischen Rückgang der Steuereinnahmen die öffentlichen Haushalte, die sich in einigen Ländern ohnehin bereits in einem schlechten Zustand befanden, stark belastet. Insbesondere in Griechenland war die Situation viel schlechter, als man Brüssel glauben gemacht hatte. In Athen war zu Beginn der Krise Kostas Karamanlis, Vorsitzender der christlich-demokratischen Partei Nea Dimokratia (ND), an der Macht. Er hatte bei seinem Amtsantritt im Jahr 2004 ein politisches Erbe übernommen, das aus einem wachsenden Haushaltsdefizit – trotz anhaltend schnellem Wachstum – und einer Staatsverschuldung von mehr als 112 % bestand. Hinzu kam noch die Schlussrechnung für die spektakulär teuren Olympischen Spiele 2004. Kurz gesagt: Griechenland befand sich schon vor der Krise in einer kläglichen finanziellen Verfassung.

Bereits 2004 äußerte die Europäische Kommission ihre Besorgnis über die Qualität der von Griechenland vorgelegten Statistiken. Eine Eurostat-Auswertung im gleichen Jahr ergab, dass das griechische Defizit zum Zeitpunkt des Beitritts des Landes in die Eurozone im Jahr 2001 nicht drei Prozent betrug, wie die Regierung von Kostas Simitis (ND) behauptet hatte, sondern wahrscheinlich näher an sechs Prozent lag. Diese Beobachtung hatte damals kaum Konsequenzen.

Die Frage, wie viel über die tatsächliche finanzielle Situation Griechenlands bekannt war, als Mitte 2000 die Entscheidung über die Mitgliedschaft des Landes im Euro-Währungsgebiet getroffen wurde, lässt sich nicht mehr eindeutig beantworten. 1998 lobte Bundesaußenminister Joschka Fischer auf dem Syntagma-Platz in Athen Griechenland noch für seine wirtschaftlichen Erfolge auf dem Weg zum Euro. In der Parlamentsdebatte in den Niederlanden bezeichnete Finanzminister Gerrit Zalm die Leistungen Griechenlands als „außerordentlich beeindruckend". Und Zalm war der strengste aller Minister in der Eurozone.

Petros Doukas, ehemaliger Staatssekretär des griechischen Finanzministeriums und für den Haushalt zuständig, sagte später, dass ihm bereits im Jahr 2004 klar geworden war, dass das tatsächliche Defizit 8,3 % betrug. Jean-Claude Juncker bestätigte ebenfalls auf dem jährlichen IWF-Treffen im Oktober 2010, dass die EU sich der griechischen Probleme schon seit Jahren bewusst gewesen war. Die Kritik von Eurostat im Jahr 2004 hatte keine Auswirkungen gehabt. Der Stabilitäts- und Wachstumspakt hatte nur noch auf dem Papier bestanden, nachdem Deutschland 2003 beschlossen hatte, die Haushaltsvorgaben offen zu missachten, gegen die Proteste der Niederlande, Österreichs und Junckers. Es fehlte das Gefühl der Dringlichkeit. Die Märkte gewährten Griechenland eifrig weiter Kredite zu fast den gleichen Bedingungen wie Deutschland? Bis die Krise den Schleier hob.

Der Haushalt der Regierung Karamanlis für 2009 ging – zwei Monate nach dem Zusammenbruch von Lehman – immer noch von einem Wachstum von 5,9 % und einem (rein fiktiven) Defizit von 3,4 % aus. Im Juli 2009 warnte die Europäische Kommission die Euro-Gruppe in einem vertraulichen Dokument davor, dass das griechische Defizit auf mehr als 10 % ansteigen könnte. In der Euro-Gruppe wurde der Druck auf Griechenland erhöht, die Dinge schnell in Ordnung zu bringen. Während einer damaligen Sitzung der Euro-Gruppe notierte Finanzminister Yannis Papathanasiou die von ihm geplanten Maßnahmen für Christine Lagarde, damals französische Finanzministerin, auf einer Serviette. Sie schaute ihn daraufhin an und sagte: *„Ce n'est pas sérieux!"* In einem Schreiben an den Minister forderte der Präsident der Euro-Gruppe, Juncker, ihn auf, bei der Oktober-Sitzung der Gruppe zusätzliche Vorschläge vorzulegen. Aber dazu sollte es nicht mehr kommen.

Anfang Oktober rief Premierminister Karamanlis eine vorgezogene Wahl aus, um sein parlamentarisches Mandat zu konsolidieren. Dieses Wagnis ging für ihn schlecht aus, ebenso wie für Antonis Samaras fünf Jahre später. Er verlor die Wahl und wurde vom Sozialdemokraten Giorgos Papandreou junior abgelöst, der wie Karamanlis Spross einer politischen Dynastie war. Sein Vater Andreas Papandreou hatte nach dem Sturz der Militärdiktatur 1974 die sozialdemokratische PASOK gegründet, er war in den 1980er und frühen 1990er Jahren insgesamt zehn Jahre lang Premierminister gewesen. Sein Großvater Georgios, im 2. Weltkrieg ein Held des griechischen Widerstands, war drei kurze Amtszeiten lang Premierminister gewesen. Während seines Wahlkampfes hatte Giorgos Papandreou den Wählern noch gesagt, dass Haushaltskürzungen das falsche Rezept seien. Kurz nach seinem Amtsantritt musste der neue Finanzminister Giorgos Papakonstantinou bekannt geben, dass das Defizit für 2009 zehn Prozent betragen würde. Papakonstantinou, ein in England ausgebildeter Ökonom, hat ein interessantes Buch über seine zweijährige Tätigkeit als Finanzminister geschrieben. Es trägt den Titel *Game Over* [2] und bietet einen eindrucksvollen Überblick über die wirtschaftlichen und politischen Probleme, mit denen er seit Ende 2009 konfrontiert wurde. Zum Zeitpunkt seines Amtsantritts ahnte er davon nicht das Geringste, schon deshalb, weil die Festplatten aus den Computern des Finanzministeriums verschwunden waren.

Nicht nur war das offizielle Staatsdefizit in Wahrheit viel höher, auch die Pensionsfonds erwiesen sich als völlig erschöpft. Milliarden von Euro mussten beschafft werden, um die Renten auszuzahlen. Ende Oktober kam man vorläufig zu dem Schluss, dass sich das Defizit für 2009 auf 12,9 % belief. Aber nach einer genaueren Untersuchung, die ein ganzes Jahr lang dauerte, schätzte Eurostat es auf 15,4 % – mit anderen Worten, Griechenland befand sich Jahr für Jahr mit 36 Mrd. EUR im Minus.

Bei der ersten Sitzung der Euro-Gruppe, an der der neue griechische Minister teilnahm, legte dieser die aktuellen Defizitzahlen sofort auf den Tisch. Es war ein großer Schock. Die Vertreter der anderen Mitgliedstaaten waren empört und kritisierten neben Griechenland auch die Europäische Kommission. Die Kommission wies zu Recht darauf hin, dass sie wiederholt größere Befugnisse für Eurostat zur Überwachung nationaler Statistiken gefordert hatte, dass aber die Mitgliedstaaten, allen voran Deutschland, sich dieser Forderung widersetzt hatten.

Jean-Claude Trichet fügte hinzu, dass es ein zweites großes Problem gäbe: völlig unangemessene Lohnerhöhungen, die einen kompletten Verlust der Wettbewerbsfähigkeit der griechischen Wirtschaft zur Folge hatten. Trichet hatte in der Euro-Gruppe immer wieder auf dieses Thema hingewiesen, nicht nur in Bezug auf Griechenland. In den zehn Jahren vor der Krise waren die EU-Löhne im Durchschnitt um 30 % gestiegen. Aber in Griechenland waren sie um 80 % und im öffentlichen Sektor um 117 % gestiegen! Indessen wies die 1998 noch ausgeglichene Leistungsbilanz 2008 ein Defizit von 14 % auf. Griechenland lebte auf Pump und weit über seine Verhältnisse. In der Pressekonferenz nach dem Treffen sagte Juncker: „Das Spiel ist aus.".

In Griechenland waren die Verdächtigungen und die Suche nach einem Sündenbock gerade voll im Gange und richteten sich vor allem auf das Ausland. Die konservative Opposition unter der Führung von Samaras (ND) warf der neuen Regierung vor, die Defizitzahlen bewusst und künstlich zu erhöhen. Die Regierung erhielt keinerlei Unterstützung vom griechischen Parlament mit Ausnahme ihrer eigenen Partei PASOK. Auch die Sozialpartner[1] waren nicht bereit, die Verantwortung für die unvermeidlichen Maßnahmen mitzutragen. In den folgenden Monaten erhöhten die europäischen Institutionen den Druck auf Griechenland, seine Angelegenheiten in Ordnung zu bringen. Man erklärte Griechenland unmissverständlich, dass man es nicht retten würde. Man erwartete, dass das Land seine Probleme selbstständig und schnell löste. Die EZB gab bekannt, dass die griechischen Banken Gefahr liefen, ihren Zugang zu EZB-Darlehen zu verlieren.

---

[1]Arbeitnehmer- und Arbeitgeberorganisationen (Anmkg. d. Red.).

Die Griechen erkannten, dass sie, wenn sie ihren Zugang zu den Märkten vollständig verlören, nur noch den IWF um Hilfe bitten konnten – eine wenig attraktive Perspektive.

Anfang 2010 war die Situation untragbar geworden. Der Zinssatz, den Griechenland für neue Kredite zahlte, betrug sieben Prozent. In dem Maße, in dem die wirklichen Zahlen nach außen drangen, stieg der Zinssatz weiter, bis auf neun Prozent. Auch Irland, Portugal und Spanien standen unter großem Druck. Immer häufiger fragte sich die weltweite Öffentlichkeit, beispielsweise auch die anglo-amerikanische Finanzpresse, ob die europäischen Staats- und Regierungschefs den politischen Willen hätten, alles zu tun, um die Integrität des Euroraums zu wahren. Das Problem war nicht mehr ein einzelnes Land, sondern es ging um das Überleben der einheitlichen Währung. Die damit einhergehende negative Stimmung an den Märkten und in der Presse sowie in zunehmendem Maße auch in der Öffentlichkeit wurde in allen Mitgliedstaaten zunehmend zum Problem. Die Frage wurde gestellt, ob ein Land den Euroraum verlassen konnte, und der Ruf nach einem *backstop,* einem Puffer zur Unterstützung von Euroländern aus Mitteln, die von den Mitgliedstaaten gemeinsam bereitgestellt wurden, wurde immer lauter. Aber zunächst herrschte noch das „No-Bailout"-Prinzip vor.

Im Februar änderte sich die Lage. Die Stimmung auf den Märkten wurde schlechter und die Rufe nach gemeinsamen Maßnahmen zum Schutz der Euroländer wurden lauter. Auf der Sitzung der Euro-Gruppe im Februar sprach Christine Lagarde offen die Möglichkeit einer Unterstützung an – bilateral und freiwillig, aber von so vielen Ländern wie möglich zugleich angeboten. Auch Deutschland, die Niederlande und Finnland befürworteten diesen Ansatz. Die Italiener wollten noch weitergehen und schlugen eine gemeinsame, nicht freiwillige Aktion vor. Bundesfinanzminister Wolfgang Schäuble hat in dieser Phase noch jegliches Engagement des IWF ausdrücklich abgelehnt. Es überrascht nicht, dass auch die europäischen Institutionen gegen eine Intervention des IWF waren. Die Europäische Kommission glaubte sogar, dass diese das Ende der Eurozone bedeuten würde. Der EU-Gipfel im Februar schloss seine Erklärung mit den Worten: „Die Mitgliedstaaten des Euro-Währungsgebiets werden im Bedarfsfall entschlossen und koordiniert handeln, um die Finanzmarktstabilität im gesamten Euro-Währungsgebiet zu wahren." [3].

Die Finanzmärkte zeigten sich unbeeindruckt. Im März und April verschärften sich die Spannungen in der Euro-Gruppe weiter. Bei seinem Besuch in Moskau bat Papandreou Präsident Dmitri Medwedew um Unterstützung, wurde aber an den IWF verwiesen. In Griechenland wuchs unterdessen der Widerstand gegen Maßnahmen wie das Einfrieren von Gehältern und Renten, die Erhöhung des Rentenalters (50!) für bestimmte Gruppen und eine Senkung des 13. und 14. Monatsgehalts für Beamte um 30 %. Dabei waren dies noch sehr moderate Maßnahmen im Vergleich zu dem, was notwendig war und schließlich folgen würde. Angesichts der stetig abnehmenden Kreditwürdigkeit Griechenlands und der steigenden Zinsen, die das Land zu zahlen hatte, wurde immer mehr Beteiligten klar, dass Griechenland es nicht allein schaffen würde.

In Deutschland gab es immer wieder heftigen Widerstand gegen die Unterstützung anderer Euroländer bei der Finanzierung ihrer Staatsschulden – mit dem Argument, dass die Aufteilung der Schulden die Haushaltsdisziplin untergraben würde. Aus diesem Grund war das No-Bailout-Prinzip für das Euro-Währungsgebiet in Artikel 125 des Maastrichter Vertrags verankert worden. Mit anderen Worten: Jedes Land blieb für seine eigenen Schulden selbst verantwortlich. Aber die Annahme, dass sich die unterschiedlichen Risikograde in den verschiedenen Ländern in den von den Marktakteuren geforderten Renditen ihrer Staatsanleihen niederschlügen, erwies sich als unzutreffend. Im Gegenteil, die Märkte gingen davon aus, dass sich die Euroländer gegenseitig halfen und nahmen keine Unterscheidung nach Risikograd mehr vor.

In diesem Stadium stellte sich die Frage, was mehr kosten würde: Intervention oder Nichteinmischung. Der damalige sozialdemokratische deutsche Finanzminister, Peer Steinbrück, hatte daher bereits im Februar 2009 angedeutet, dass das No-Bailout-Prinzip in dieser Krisensituation vielleicht nicht haltbar wäre. Er versuchte, die Märkte mit der Aussage zu beruhigen, dass die Eurozone Maßnahmen ergreifen werde, wenn Mitgliedsländer in Schwierigkeiten gerieten. Doch im Oktober übernahm der CDU-Politiker Wolfgang Schäuble das Amt des Finanzministers. Er vertrat eine feste offizielle Position: Es gibt keinen Plan B. Griechenland müsse sein Defizit schnell reduzieren, um das Vertrauen des Marktes zurückzugewinnen. In Deutschland lehnte man einen gemeinsamen Notfallplan entschieden ab. Die gegenseitige Hilfeleistung wurde als Ultima Ratio angesehen, als letzter Ausweg. Ein hochrangiger deutscher Beamter, der eng in den Prozess eingebunden war, formulierte es so: *„Only when there is blood on the wall."* Während Schäuble im Februar 2010 bereits erkannte, dass genau dieser Zeitpunkt näher rückte, war Bundeskanzlerin Angela Merkel noch nicht so weit.

Im März kam es zu einer Verschiebung der Debatte über die Rolle des IWF. Schäuble hatte sich noch im Februar gegen eine IWF-Intervention ausgesprochen, aber im März unterstützte er sie. Die Franzosen hielten nichts davon. Präsident Sarkozy hatte gesagt: „Vergesst den IWF. Der IWF ist nicht für Europa da." Andererseits hatte der größte Anteilseigner des IWF, die Vereinigten Staaten, nichts dagegen, dass die Organisation eine Rolle spielte – wenn das nötig war, damit die Eurozone intakt blieb. Auch Nicht-EU-Mitgliedstaaten wie das Vereinigte Königreich und Schweden hatten auf der ECOFIN-Tagung argumentiert, dass die Beteiligung des IWF ein logischer Schritt wäre. Innerhalb des Euroraums waren die Niederlande der stärkste Befürworter des IWF. Die niederländischen Politiker waren zwar sehr zurückhaltend in Bezug auf Rettungsaktionen, aber auch der Meinung, dass im Fall der Fälle wenigstens die strenge Hand des IWF zum Tragen kommen sollte. Dieses Argument überzeugte schließlich auch Angela Merkel. Auf dem EU-Gipfel im März schlug sie vor, eine Kombination aus IWF-Unterstützung und bilateralen Darlehen als „letzten Ausweg" zu prüfen.

Als Deutschland im Mai 2010 schließlich einer Rettungsaktion zustimmte, forderte es natürlich einige Gegenleistungen. Ein weitreichender Vorschlag, nach dem die nationalen Haushalte vorab der Europäischen Kommission zur Genehmigung vorgelegt werden mussten, konnte nicht einmal die Zustimmung der Niederlande gewinnen. Andere Vorschläge, von denen manche schließlich angenommen wurden, beinhalteten die Entziehung des Stimmrechts oder die Verweigerung des Zugangs zu den Europäischen Strukturfonds für Länder mit einer unzureichenden Haushaltspolitik. Die Deutschen schlugen auch ein Konkursverfahren für EU-Länder vor.

Bundeskanzlerin Merkel verteidigte die Kehrtwende ihrer Regierung im Bundestag am 19. Mai mit den historischen Worten: „Scheitert der Euro, dann scheitert Europa." Diese Überzeugung gab von da an häufiger den Ausschlag für Entscheidungen der EU.

Die gemeinsame Antwort der Euroländer, die schließlich am 9. Mai 2010 formuliert wurde, kombinierte Notfallkredite mit strengen haushaltspolitischen

Auflagen. Die Notfallkredite sollten zum größten Teil – 100 Mrd. EUR – aus bilateralen Darlehen bestehen, die von Land zu Land vergeben wurden. Der IWF sollte einen Beitrag von 30 Mrd. EUR leisten. Die ersten Kredite gingen an Griechenland.

Dieser Schritt hat die Finanzmärkte nicht beeindruckt. Eine Woche später kehrte die Panik zurück und es wurde deutlich, dass weitere Maßnahmen erforderlich waren. Im Juni wurde ein vorläufiger Notfallfonds eingerichtet, der als Europäische Finanzstabilisierungsfazilität (EFSF) bekannt ist. Dieser Fonds basiert auf einer Idee des niederländischen Beamten Maarten Verwey. Der Fonds kann mit einer Garantie der Mitgliedstaaten auf dem Kapitalmarkt bis zu 440 Mrd. EUR selbst aufnehmen. Die erste Anleihe wurde im Januar 2011 platziert. Die Niederlande hatten sich gegen die Bezeichnung „Europäischer Währungsfonds" gewehrt, aber nun schien man doch die lang erwarteten schweren Geschütze aufzufahren.

Bald darauf begannen die Zentralbanken des Euroraums, Staatsanleihen zu kaufen. Diese Transaktionen wurden sofort „sterilisiert", so dass der Gesamtbetrag des Geldes im Bankensystem gleich blieb. Mit anderen Worten, hier fand keine quantitative Ausweitung der Geldmenge statt. Die EZB hat diese Entscheidung unabhängig getroffen, aber sie wurde durch die politischen Initiativen ermöglicht, die ihr unmittelbar vorausgingen. Diese Operation, bekannt als Securities Markets Programme (SMP), wurde bis Mitte Juni 2012 fortgesetzt. Aus den peripheren Ländern der Eurozone[2] wurden insgesamt 212 Mrd. EUR an Staatspapieren aufgekauft. Die Deutschen Jürgen Stark und Axel Weber sowie der Niederländer Nout Wellink

---

[2]Gemeint sind Griechenland, Irland, Portugal, Italien und Spanien (Anmkg. d. Red.).

hatten sich im EZB-Rat dagegen gewehrt, doch der Weg der „außergewöhnlichen Geldpolitik" wurde fortgesetzt.

Gleichzeitig hatte sich die Regierung Papandreou mit den Ländern des Euroraums und dem IWF auf das erste Rettungspaket im Wert von 110 Mrd. EUR geeinigt. Premierminister Papandreou nannte es den „Weg nach Ithaka", eine Anspielung auf die Fahrten des Odysseus, die ihn schließlich auf seine Heimatinsel zurückbrachten. Er konnte damals nicht ahnen, wie lang und schwierig die Odyssee seines Landes wurde.

Die ersten Darlehen an Griechenland hatten eine sehr kurze Laufzeit: drei Jahre. Das ist bemerkenswert, wenn man bedenkt, dass die durchschnittliche Laufzeit solcher Kredite schließlich auf 32 Jahre anstieg. Die anfängliche Entscheidung, kurzfristige Kredite zu vergeben, wurde angesichts des rasch sinkenden Marktvertrauens in Griechenland bald in Frage gestellt. Darüber hinaus war man der Überzeugung, dass die Darlehen den Marktbedingungen entsprechen mussten, damit Griechenland nicht dauerhaft am Tropf hing. Der sogenannte *moral hazard* – Belohnungen für schlechtes Verhalten – musste vermieden werden. Aus diesem Grund wurde Griechenland aufgefordert, einen Zinssatz von fünf Prozent zu zahlen, der eine hohe Servicegebühr enthielt. Die Gewinne, die auf diese Weise mit den Notfallkrediten erzielt wurden, flossen wieder in die Haushalte der anderen Euroländer zurück. Dies ermöglichte es Finanzministern wie Jan Kees de Jager in den Niederlanden, ihren Parlamenten zu versprechen, dass das Geld „mit Gewinn" zurückgezahlt würde. Im November wurden die Kreditlaufzeiten auf zehn Jahre verlängert.

Die EZB beschloss ferner, auf die Mindestbonität von Staatsanleihen zu verzichten, die von griechischen Banken als Sicherheit für Liquiditätshilfen verwendet werden. Die griechischen Banken kämpften mit einem anhaltenden

Abfluss von Einlagen, und ohne diese Entscheidung der EZB hätten sie ihre Türen schließen müssen. Dann wäre jedes Rettungspaket von Anfang an gescheitert. In den folgenden Jahren sollte die EZB immer von den Kreditnehmerländern verlangen, sich an die Konditionen der Kreditprogramme zu halten.

Ein weiteres Thema, das bereits 2010 ausführlich diskutiert wurde, war die Nachhaltigkeit der griechischen Staatsverschuldung. Eine Umschuldung kam nicht in Frage, ganz zu schweigen von einem Schuldenerlass. Das sahen nicht nur die EZB und die anderen Euroländer so, sondern auch Dominique Strauss-Kahn, der geschäftsführende Direktor des IWF, und Timothy Geithner, US-Finanzminister unter Präsident Barack Obama. Zu diesem Zeitpunkt wurden die griechischen Schulden noch fast ausschließlich von privaten Investoren gehalten. Man befürchtete, dass die Schuldensanierung in Griechenland zu Panik an den Märkten sowie zu einer Ansteckung anderer Länder und damit zu deutlich höheren Zinssätzen im gesamten Euroraum führte. Der IWF musste sich fortan drehen und wenden, um die Aussage aufrecht zu erhalten, dass die griechische Verschuldung „nachhaltig" sei, denn das war eine Voraussetzung für die Aufnahme von IWF-Darlehen. Mit einer Staatsverschuldung von 130 % des BIP wurde es zunehmend schwieriger, an dieser Behauptung festzuhalten.

Eine Voraussetzung für das erste Hilfsprogramm war, dass Griechenland seinen Haushalt schnell in Ordnung brachte und sein Defizit innerhalb von fünf Jahren auf weniger als drei Prozent reduzierte. Das war eine gewaltige Herausforderung. Nicht nur die Ausgaben in Griechenland waren alles andere als nachhaltig, sondern auch die Einnahmenseite des Haushalts.

Eine im Mai 2010 von der Griechischen Nationalbank durchgeführte Studie ergab, dass die Einnahmen aus

Lohn- und Einkommensteuern zwischen 2000 und 2010 durchschnittlich 4,6 % des BIP betrugen, im Vergleich dazu waren es 8,7 % im gesamten Eurogebiet.

Nach der Wiederherstellung der Demokratie im Jahr 1974 hatten die wechselnden Regierungen speziellen Interessengruppen in ihrer Anhängerschaft immer wieder besondere Vorteile gewährt. So konnte beispielsweise jeder, der „beruflich selbstständig" war, ohne weitere Prüfungen einfach erklären, wie viel er verdiente. Nirgendwo sonst in Europa hatten Anwälte, Wirtschaftsprüfer und Mediziner so wenig Einkommen wie in Griechenland – zumindest auf dem Papier. Das beschämendste Beispiel war die verfassungsmäßige Steuerbefreiung für die großen griechischen Reedereien, die sich im Besitz sehr wohlhabender Familien befanden. Durch den grassierenden Schmuggel und Schwarzhandel mit Heizöl wurden Steuern hinterzogen. Erschwerend kam hinzu, dass die Steuerveranlagungen einer Flut von Berufungen und Beschwerden ausgesetzt waren, die das System in ein noch größeres Chaos stürzten, mit 38 Mrd. EUR ausstehenden Steuerschulden Ende 2010, während wohlhabende Griechen ihr Geld gerne im Ausland verwahrten, außerhalb der Sichtweite der griechischen Behörden. Dies wurde international bekannt dank der sogenannten „Lagarde-Liste". Diese Liste, die die damalige französische Ministerin Christine Lagarde dem griechischen Minister Papakonstantinou im September 2010 übergab, enthielt die Namen mehrerer tausend Griechen, die ihr Vermögen bei einer HSBC-Bank in Genf geparkt hatten. Es sollte Jahre dauern, bis die ersten Strafverfolgungsmaßnahmen eingeleitet würden.

Der Kampf gegen Trägheit und Korruption in der griechischen Steuerverwaltung war lang und mühsam. Die Steuerbehörden – es gab davon mehr als 300 – waren über das ganze Land verstreut und ließen sich kaum verwalten. Zwischen Ende 2009 und 2014 versuchten Helden wie die neuen Leiter der Verwaltung, Diomedes Spinellis und Haris Theocharis, Licht in die Angelegenheiten zu bringen. Als Spinellis eine öffentliche Erklärung über die schockierende Korruption innerhalb der Steuerverwaltung abgab, verklagte ihn die Gewerkschaft der Finanzbeamten wegen Verleumdung. Dieselbe Gewerkschaft weigerte sich, mit europäischen Partnern zu sprechen, die technische Hilfe anboten, und nannte sie „ausländische Besatzer". Bereits 2005 hatten IWF-Experten einen detaillierten Plan zur Verbesserung der Steuerkonformität in Griechenland ausgearbeitet, aber dieser war nie umgesetzt worden.

Die Steuerverwaltung war noch nicht vollständig digitalisiert worden, um Daten vergleichen und Betrug wirksam bekämpfen zu können, ebenso wenig wie das Kataster. Die verbreitete Mär, Griechenland hätte keinen Kataster, ist schlicht falsch. Tatsächlich existierten insgesamt 258 Kataster, von denen allerdings keines ein vollständiges und zugängliches Register aufwies. Unter der Regierung Papandreou begann eine lange Reise durch die Institutionen des Landes mit dem Ziel, Griechenland die Vorteile eines gerechten und effektiven Steuersystems näherzubringen. Alle nur denkbaren Interessengruppen wehrten sich gegen die Steuerreform, und wer seine Steuern zahlte, sah sich mit einer immer höheren Steuerbelastung konfrontiert. Die Umgestaltung der Steuerverwaltung wurde zu einem festen Bestandteil der europäischen Reformprogramme, die Griechenland ab Mai 2010 im Austausch gegen günstige Notfallkredite umsetzen musste.

Das Land musste nicht nur die Steuereinnahmen erhöhen, sondern auch einschneidende Haushaltskürzungen und tiefgreifende Reformen durchführen. In der ersten Maiwoche kam es in Athen zu gewalttätigen Ausschreitungen, während das griechische Parlament über diese Maßnahmen beriet. Drei Menschen starben, weil jemand Brandbomben in eine Bank geworfen hatte.

Der Oppositionsführer Antonis Samaras weigerte sich, die Regierung zu unterstützen. Premierminister Papandreou fragte ihn, wie er so etwas tun könne, wo doch die Parlamente in ganz Europa für die Unterstützung Griechenlands gestimmt hatten. Samaras' Antwort war einfach: „Wir wollen nicht mitschuldig sein." Obwohl sich die Zusammensetzung der Opposition in den folgenden Jahren immer wieder änderte, stimmte sie stets gegen die Reformen. Dies zeigt deutlich, dass ein Bewusstsein für die gemeinsame Verantwortung fehlte und man die ernsthaften Probleme des Landes leugnete.

Die Programme wurden von der so genannten Troika – bestehend aus Europäischer Kommission, EZB und IWF – vorbereitet, verhandelt und überwacht. Entgegen der landläufigen Meinung war das griechische Programm nicht das erste dieser Art in Europa. Ungarn hatte die EU, den IWF und die Weltbank bereits im Oktober 2008 um Hilfe gebeten. Der Gesamtbetrag betrug 14 Mrd. EUR. Ungarn hat den größten Teil davon bereits zurückgezahlt. Im Dezember folgte Lettland mit einem Programm in Höhe von 4,5 Mrd. EUR und im Mai 2009 war Rumänien mit 20 Mrd. EUR an der Reihe.

Im Mittelpunkt der Programme standen der Haushalt, die strukturellen Schwächen der Wirtschaft und – im Interesse der finanziellen Stabilität – der Bankensektor. Die drei Troika-Mitglieder hatten überschneidende Fachgebiete und Verantwortlichkeiten, und jedes einzelne hatte seine eigenen Regeln und Richtlinien zu beachten. Die Zusammenarbeit war manchmal schwierig. Den Menschen in den Teams, die in Athen und später in anderen europäischen Hauptstädten zur Bewältigung der Krise beigetragen haben, gilt meine größte Bewunderung. Diese gemeinsamen Teams des IWF, der EZB und der Europäischen Kommission haben unter schwierigsten Umständen wichtige Arbeit geleistet. In den Jahren ihrer

3 Die Schuldenkrise 65

Krisenarbeit in Griechenland waren sie Drohungen und Einschüchterungen ausgesetzt, aber sie haben sich nicht davon abbringen lassen.

Im Laufe des Jahres 2010 wurden als Reaktion auf die steigenden Defizite und eine immer größere Unsicherheit an den Finanzmärkten europaweit Reformen und Ausgabenkürzungen angekündigt. Viele Länder, darunter Frankreich, das Vereinigte Königreich, die Niederlande und Griechenland, ergriffen Maßnahmen wie die Anhebung des Rentenalters und der Mehrwertsteuer und froren die Gehälter im öffentlichen Sektor ein. In allen Ländern wurde der Gürtel nach dem Versuch, uns mit erheblichen haushaltspolitischen Impulsen aus der Krise zu befreien, nun enger geschnallt.

Es gab auch ein paar Diskussionen über die langfristige Perspektive. Der Präsident des Europäischen Rates, Herman Van Rompuy, hatte eine Task Force eingesetzt, um eine neue *„fiscal institutional architecture"* aufzubauen. Man sprach über die Durchsetzung fiskalischer Verpflichtungen mit oder ohne automatische Sanktionen, die Zweckmäßigkeit eines Insolvenzverfahrens für Länder und um die Vor- und Nachteile von Eurobonds – Themen, die acht Jahre später immer noch diskutiert werden sollten.

Beim Treffen der Euro-Gruppe im September kam es zu einer weiteren Komplikation. Die neu gewählte slowakische Regierung unter der Führung von Iveta Radičová weigerte sich, die griechische Rettungsaktion weiterhin mitzutragen. Zwar belief sich das bilaterale Darlehen der Slowakei auf „nur" 800 Mio. EUR, aber damit wurde der Grundsatz erschüttert, dass sich alle Euroländer daran beteiligten. Dies sorgte in der Euro-Gruppe für erhebliche Verärgerung. Im Jahr 2011, zu Beginn des zweiten griechischen Rettungsprogramms, stürzte die Regierung von Radičová und Robert Fico kehrte als Premierminister zurück. Und auch 2015 zeigte sich die Slowakei in Bezug auf Griechenland als Hardliner.

Im Herbst desselben Jahres fand im Badeort Deauville ein deutsch-französischer Gipfel statt. Während die Euro-Gruppe am 18. Oktober in Brüssel tagte, unternahmen Merkel und Sarkozy – damals oft als „Merkozy" bezeichnet – einen Strandspaziergang und schlossen ein Vereinbarung, die in den Folgemonaten enorme Auswirkungen auf die Eurozone haben sollte. Sie kamen überein, auf automatische Sanktionen bei Verstößen gegen die Haushaltsvorschriften zu verzichten, den Rettungsmechanismus ab 2013 dauerhaft zu etablieren und von da an die Möglichkeit zu eröffnen, dass Investoren in Staatsanleihen ihr Geld verlieren, wenn das betreffende Land seine Schuldenlast nicht mehr tragen kann. Obwohl die letztgenannte Maßnahme das Richtige war, sorgte sie für große Kontroversen und viel Nervosität. Jean-Claude Trichet, ein erbitterter Gegner der privaten Schuldenabschreibung, soll bei der Sitzung der Euro-Gruppe der französischen und deutschen Delegation folgende Worte entgegengeschleudert haben: *„You will destroy the Euro."* Die in Deauville abgegebene Erklärung, dass der Beschluss nur für Staatsanleihen galt, die ab 2013 ausgegeben wurden, reichte nicht aus, um die Märkte zu beruhigen. Gerade die Tatsache, dass diese Veränderung erst 2013 stattfinden sollte, führte zu einer enormen Unsicherheit und damit zu Unruhe. Darüber hinaus machte das Deauville-Abkommen keinen Unterschied zwischen Ländern mit und ohne nachhaltige Staatsverschuldung. Weder am 18. Oktober noch in den folgenden Wochen wurde klar, wann genau diese Art von Private Sector Involvement (PSI), wie sie euphemistisch genannt wurde, zu erwarten war und in welcher Form sie erfolgen sollte. Diese Unsicherheit führte zu einem Anstieg der Zinsspreads, nicht nur in Griechenland.

3 Die Schuldenkrise

Am 15. November legte Eurostat die endgültigen Defizitzahlen für Griechenland vor: 15,4 % im Jahr 2009. Die Zinssätze stiegen noch weiter an. Griechenland musste erneut zusätzliche Maßnahmen ergreifen, um sein Defizit wie versprochen abzubauen. Unterdessen arbeitete der ehemalige IWF-Mitarbeiter Andreas Georgiou in der griechischen Statistikbehörde hart daran, die Dinge in Ordnung zu bringen. Er sollte später zum Prügelknaben werden: Ihm wurde vorgeworfen, er habe die Zahlen aufgebläht, um den IWF ins Land zu holen. Noch heute ist er das Ziel von Anschuldigungen, die die Glaubwürdigkeit des gesamten griechischen Rechtssystems infrage stellen. Ich tat hinter den Kulissen, was ich konnte, und suchte sogar den griechischen Präsidenten auf, doch ohne Erfolg.

Im November 2010 brach auch Irland zusammen. Die sehr teure Rettungsaktion für den aufgeblähten irischen Bankensektor hatte den Haushaltsüberschuss des Landes in ein Defizit von rund 30 % verwandelt und die Zinsen für irische Staatsanleihen stiegen weiter. EU-Haushaltskommissar Olli Rehn reiste nach Dublin und versicherte der internationalen Presse, dass Irland den neuen Notfallfonds EFSF nicht in Anspruch nehmen werde. Man glaubte ihm nicht. Mitte November lag der Zinssatz für zehnjährige Anleihen bei 8,5 %. Am 19. November 2010 zwang EZB-Präsident Trichet die Regierung in Dublin, ein Notprogramm zu beantragen. In einem erst später veröffentlichten Schreiben forderte Trichet weitergehende Reformen und Einsparungen als Voraussetzung dafür, irische Banken weiterhin mit Liquidität zu versorgen. Sowohl Trichet als auch die Deutschen und die Amerikaner waren strikt dagegen, die Investoren die Zeche zahlen zu lassen. Zwei Tage später bat Irland die Euro-Gruppe um Notfallkredite und ein begleitendes Anpassungsprogramm – in der Hoffnung, dass das Land die Kredite nicht brauchen und allein die Ankündigung die Märkte beruhigen würde.

Ein Seufzer der Erleichterung kam aus Athen: „Seht ihr, es war nicht nur ein griechisches Problem, sondern auch ein Problem im Euroraum." Aber genau diese Reaktion zeigte deutlich, dass Griechenland und Irland in ihrem Problembewusstsein weit auseinanderlagen: Irland wollte keine Unterstützung und machte nach einer gründlichen Ursachenanalyse der eigenen Probleme schnell reinen Tisch. In der griechischen Politik gab und gibt man gerne der Vorgängerregierung – oder noch lieber dem Ausland – die Schuld für alle Probleme, deshalb hat sich dort kein oder nur wenig Verantwortungsbewusstsein für die entstandene Situation und die notwendigen Interventionen entwickelt.

Auch Deutschland und Großbritannien forderten ein Hilfsprogramm für Irland, und zwar aufgrund der Risiken, denen ihre Banken ausgesetzt würden, wenn die irischen Banken scheiterten. Die EZB wollte verhindern, dass Investoren die Verluste der irischen Banken mittragen. Irland musste also für seine eigene Rettungsaktion in Höhe von 85 Mrd. EUR aufkommen. Dafür wurden Kredite in Höhe von 67,5 Mrd. EUR von der EFSF und vom IWF sowie bilateral vom Vereinigten Königreich, Schweden und Dänemark zur Verfügung gestellt. Der Zinssatz lag zwar unter dem üblichen Marktzins, aber immer noch bei 5,8 %. Nachdem das Rettungspaket für Irland beschlossene Sache war, bestätigte die Euro-Gruppe noch einmal, dass die Gläubiger von Anleihen, die ab Mitte 2013 ausgegeben worden waren, zur Beteiligung an Rettungsaktionen aufgerufen werden konnten – mit anderen Worten, ggf. einen Abschlag auf den Wert ihrer Einlagen zu akzeptieren hatten. Aber für Irland kam dies zu spät.

3 Die Schuldenkrise

Kurz nach den Beschlüssen zu Irland verlagerte sich die Aufmerksamkeit der Märkte auf Portugal und Spanien. Anfang 2011 stieg die Differenz zwischen ihren und den deutschen Anleiherenditen – der sogenannte Spread – weiter an. Im Dezember 2010 gaben die Regierungschefs grünes Licht, um dem Notfallfonds EFSF permanenten Status zu verleihen. Dieser wurde unter der Bezeichnung Europäischer Stabilitätsmechanismus (ESM) bekannt. Während EFSF-Darlehen durch Garantien der Mitgliedstaaten gedeckt waren, sollte der ESM eigenes Kapital erhalten, überwiegend im Voraus von den Mitgliedstaaten zur Verfügung gestellt und teilweise auf Anfrage, wenn sich ein größerer Bedarf ergab. Natürlich hat diese Regelung zu einem deutlich höheren Vertrauen in die Finanzmärkte geführt. Der Vertrag zur Gründung des ESM wurde im Juli 2011 unterzeichnet, aber weil sich die Umstände zwischenzeitlich geändert hatten, kam die endgültige Version erst im Februar 2012 zustande und musste dann noch von allen nationalen Parlamenten genehmigt werden. Im Oktober 2012 nahm der ESM offiziell seine Arbeit auf. Im Februar 2013 übernahm ich den Vorsitz dieser Institution und blieb fünf Jahre lang in dieser Position. Der ESM-Mechanismus kann aktiviert werden, wenn die finanziellen Probleme eines Mitgliedstaats die Stabilität des gesamten Euroraums gefährden. Die finanzielle Unterstützung unterliegt stets strengen Auflagen gemäß dem neu eingefügten Absatz in Artikel 136 des Vertrags über die Arbeitsweise der Europäischen Union (AEUV). Artikel 4 des ESM-Vertrags sieht ein Dringlichkeitsverfahren für den Fall vor, dass die EU-Kommission und die EZB der Ansicht sind, dass die Nichtgewährung von Unterstützung die finanzielle Stabilität des gesamten Euro-Währungsgebiets gefährden würde. Dieses Verfahren erfordert nur eine qualifizierte Mehrheit von 85 % der abgegebenen Stimmen und nicht die übliche

Einstimmigkeit. In der Praxis bedeutet das, dass Deutschland immer noch ein Vetorecht hat, die Niederlande aber beispielsweise nicht mehr. Das verursachte natürlich große Besorgnis und viele Diskussionen. Aber während meiner fünfjährigen Amtszeit mussten wir nie auf dieses Dringlichkeitsverfahren zurückgreifen.

Im Januar 2011 wurden in der Euro-Gruppe Fragen zur kurzen Laufzeit des griechischen Programms – Griechenland sollte bis 2013 wieder auf die Beine kommen – und zur Nachhaltigkeit seiner Staatsschulden gestellt. Unabhängige Analysten spekulierten zunehmend über die Notwendigkeit einer Umschuldung in Griechenland. Aber die Euro-Gruppe war noch nicht bereit, sich diesem heiklen Thema zu nähern.

Am 13. März passten die Regierungschefs die Stützmaßnahmen noch einmal an. Von da an wurde die EFSF auch dazu ermächtigt, Staatsanleihen direkt aus Ländern in Rettungsprogrammen anzukaufen, nicht aber zuvor ausgegebene Anleihen am Markt zu erwerben. Griechenland wurde eine Zinssenkung von einem Prozentpunkt gewährt, das Land musste aber staatliche Unternehmen und Immobilien im Wert von 50 Mrd. EUR verkaufen, um seine Schulden zu reduzieren.

Dieser Privatisierungsfonds wurde für uns zu einem Dorn im Auge, insbesondere hinsichtlich der zu erwartenden Einnahmen. In keinem anderen EU-Land hat die Regierung so viel politischen Einfluss auf die Wirtschaft wie in Griechenland. Viele tausend Unternehmen befinden sich in staatlichem Besitz, ebenso Zehntausende von Immobilien. Aufgrund des starken Einflusses der Gewerkschaften und der engen Verflechtung von wirtschaftlichen und politischen Interessen wurden Unternehmen oft verstaatlicht, wenn sie in Schwierigkeiten gerieten. Sie wurden dann mit neuen Krediten ausgestattet, die sie den ebenfalls politisierten Banken nicht zurückzahlen konnten, oder mit einem stetigen Zufluss staatlicher Subventionen, wie im Falle der großen, defizitären Rüstungsindustrie. Daher ist es kaum verwunderlich, dass die europäischen Geldgeber ein Potenzial für Privatisierungen im Rahmen der Konsolidierung des Staatshaushalts sahen. Aber die so erhofften Einnahmen waren bei weitem nicht realistisch. In den guten Zeiten, zwischen 1997 und 2009, hatten Privatisierungen schätzungsweise 18 Mrd. EUR eingebracht. Nun sollten sie kurzfristig 50 Mrd. EUR einbringen, obwohl aufgrund der Krise in Griechenland potenzielle Investoren sehr schwer zu finden waren – vor allem, wenn sie gutes Geld für defizitäre Unternehmen auf den Tisch legen sollten. Zudem waren die Prognosen der europäischen Institutionen für das griechische Wirtschaftswachstum viel zu optimistisch. Bei einem Besuch in Griechenland im Dezember 2010 hatte IWF-Direktor Strauss-Kahn für 2011 eine Rückkehr zum Wachstum vorhergesagt. Aber immer wieder mussten die Erwartungen zurückgenommen werden. Auch dieses Problem sollte uns noch jahrelang verfolgen.

Das im März beschlossene neue Paket reichte nicht aus, um die Märkte zu beruhigen, die die schwächsten Glieder des Euroraums im Auge behielten. Im Gegensatz zu anderen Ländern hatte Portugal vor der Krise eine lange Periode geringen Wachstums erlebt. Aber durch großzügige Kreditvergabe war die Illusion von wachsendem Wohlstand entstanden. Die Zahl der Beschäftigten im öffentlichen Dienst war jahrzehntelang gestiegen. Eine Welle von Lohnerhöhungen, die das Produktivitätswachstum weit überstiegen, hatte die Wettbewerbsfähigkeit Portugals dramatisch beeinträchtigt. Im Frühjahr stürzte die Regierung unter der Führung des Sozialisten José Sócrates wegen der Differenzen um notwendige Haushaltskürzungen und für den 5. Juni wurde eine Neuwahl angesetzt. So etwas sehen die Märkte nicht gerne und die Spreads stiegen auf ein unhaltbares Niveau. Am 6. April verkündete die scheidende portugiesische Regierung, dass sie ein Hilfsprogramm beantragen werde. Die endgültige Vereinbarung umfasste Notfalldarlehen in Höhe von bis zu 87 Mrd. EUR, wobei die EFSF, die EU und der IWF jeweils ein Drittel beisteuerten. Zu den Bedingungen gehörten drastische Sparmaßnahmen und Reformen, aber der Finanzsektor blieb unberührt. Notwendigerweise haben sowohl die scheidende Sozialistische Partei als auch die Mitte-rechts orientierte Sozialdemokratische Partei unter der Leitung von Pedro Passos Coelho dieses Programm unterzeichnet.

Die Debatte darüber, ob Rettungspakete auch eine Umschuldung beinhalten sollten, zumindest im Fall Griechenlands, hatte im Laufe des Jahres 2011 an Fahrt aufgenommen. Es war Wolfgang Schäuble, der im Februar bei einer Sitzung der Euro-Gruppe eine Öffnung anbot und anerkannte, dass eine Umstrukturierung der Schulden durch private Gläubiger unvermeidlich war. Darin wurde er vom niederländischen Minister Jan Kees de Jager unterstützt. Trichet lehnte den Plan immer noch entschieden ab – im April sollte er einen Brief an Papandreou schicken und ihn nachdrücklich vor solchen *private haircuts*[3] warnen. Wenn der Wert griechischer Anleihen auf diese Weise gedrückt wurde, konnte die EZB sie nicht mehr als Sicherheit akzeptieren und musste griechische Banken abweisen.

Wenn uns die Situation zu entgleiten schien, organisierte Juncker heimliche Treffen im kleinen Kreis, oft in Luxemburg: Eingeladen wurden meist die Finanzminister der großen Länder, der EU-Haushaltskommissar, der

---

[3]Englisch im niederländischen Original – deutsch etwa „private Bewertungsabschläge" (Anmkg. d. Red.).

EZB-Präsident und der Direktor des IWF. In dieser speziellen Situation nahm natürlich auch der griechische Finanzminister daran teil. Ein solches Treffen fand am 5. Mai 2011 statt. Die Öffentlichkeit hatte davon erfahren und es gab lebhafte Spekulationen über einen Schuldenerlass und sogar über einen möglichen Grexit. Juncker war zu dem Schluss gekommen, dass Griechenland nicht in der Lage war, kurzfristig auf die Kreditmärkte zurückzukehren, und dass daher ein zweites Hilfsprogramm unvermeidlich wurde. Zu diesem Zeitpunkt war der griechische Zinsspread auf 1200 Basispunkte gestiegen – mit anderen Worten, der Zinssatz für Staatsanleihen war für Griechenland 12 % höher als für Deutschland. Obwohl das Defizit in nur einem Jahr von 15,4 auf 10,5 % reduziert werden konnte – eine erstaunliche Leistung –, waren 10,5 % immer noch ernüchternd. Schäuble plädierte für eine freiwillige Reprofilierung der Schulden, die sich in den Händen privater Investoren befanden. Papakonstantinou war gegen ein zweites Paket, unterstützte aber eine umfassende Umschuldung. Trichet hatte die Sitzung verlassen, sobald er erkannt hatte, dass ein Schuldenerlass auf der Tagesordnung stand; seiner Ansicht nach war ein solcher Schritt verhängnisvoll für die Eurozone. Wieder einmal war das offizielle Fazit, dass Griechenland neue Reformen als Gegenleistung für zinsgünstige Notfallkredite durchführen musste.

Trotz der Haushaltskürzungen und der ersten Reformen traute die Öffentlichkeit Griechenland kaum zu, sich selbst aus dem Sumpf herauszuziehen. Das lag unter anderem an der mangelnden politischen Unterstützung in Athen für die Veränderungen. Dabei spielten sowohl mangelnde Bereitschaft als auch Unvermögen eine Rolle. Die öffentlichen Institutionen waren schwach und in hohem Maße politisiert und unterlagen daher häufigen, willkürlichen Kursänderungen. Die Verabschiedung von Gesetzen war eine Sache, aber alle Beteiligten dazu zu bringen, die neuen Regeln in die Praxis umzusetzen, war etwas ganz anderes. Das Programm erforderte sehr viel in sehr kurzer Zeit, und das in einem Land mit einem sehr schwachen öffentlichen Sektor, in dem die Politik vielen Einzelinteressen gegenüberstand und nicht zur Zusammenarbeit bereit war.

Im Vorfeld des zweiten Programms hatten einige europäische Partner deutlich gemacht, dass diesmal auch das Einverständnis der griechischen Opposition erforderlich wäre – schon deshalb, weil das neue Programm wieder eine Laufzeit von drei Jahren hatte, die über die nächsten Wahlen hinausging. Der griechische Präsident versammelte alle politischen Parteien, um sie um ihre Unterstützung zu bitten. Antonis Samaras verweigerte seine Zustimmung, außer, Giorgos Papandreou lehnte das laufende Programm bis auf Weiteres ab. Der neue *Syriza*-Vorsitzende Alexis Tsipras forderte den Rücktritt der Regierung und sofortige Neuwahlen. Auf den Straßen gab es eine ebenso heftige Opposition. Menschen, die im Alter von fünfzig Jahren in den Ruhestand getreten waren, Immobilieneigentümer, die niemals Grundsteuern bezahlt hatten, Apotheker, denen die Gewinngarantien entzogen worden waren, Mediziner, üblicherweise nur einen winzigen Prozentsatz ihres Einkommens zu versteuern hatten – sie alle protestierten.

Der Syntagma-Platz zwischen dem griechischen Parlament und dem Finanzministerium war zum Schauplatz eines kontinuierlichen Protestes geworden, der dem in Madrid nachempfunden war. Dieser griechische Protest sollte sich später unter dem Namen Occupy ausweiten. In vielen europäischen Ländern löste die Situation immer mehr Unverständnis und Empörung aus, was es nicht einfacher machte, die dringend notwendigen Schritte zu unternehmen.

Mitte Juni hatte Papandreou keine andere Wahl mehr, als sein Kabinett neu zu ordnen. Papakonstantinou wurde durch einen neuen Finanzminister ersetzt, Evangelos Venizelos. Bei seinem ersten Euro-Gruppentreffen, wenige Tage später, sprach sich Venizelos für eine Neuverhandlung der Programmvereinbarung und die Verschiebung weiterer Maßnahmen aus. Er bekam eine eiskalte Abfuhr: Ein Deal ist ein Deal.

Die EZB, die den Zinssatz bereits zu Beginn des Jahres angehoben hatte, tat dies im Juli erneut. Die Zentralbanker befürchteten, dass die neuen nationalen Konjunkturprogramme zu Preissteigerungen führten. Obwohl die Inflation zu diesem Zeitpunkt nur 2,7 % betrug, wurden in Deutschland wieder Artikel über eine Hyperinflation veröffentlicht. Es gab zwar einen leichten Wachstumsschub im ersten Quartal 2011, doch die Erholung konnte sich nicht durchsetzen. Die Entscheidung der EZB wurde auch wegen ihrer negativen Auswirkungen auf die Peripherieländer kritisiert, die es bereits schwer genug hatten, an Kredite zu kommen. Wenige Monate später wurde die Entscheidung rückgängig gemacht.

Das zweite Programm für Griechenland wurde auf einem EU-Gipfel am 21. Juli 2011 verabschiedet. Dieses Mal waren es 109 Mrd. EUR bis 2014. Von da an konnten Griechenland, Irland und Portugal Geld zu niedrigeren Zinsen von rund 3,5 % aufnehmen. Die Laufzeit der griechischen Kredite wurde nochmals verlängert, auf nun 15 Jahre. Um dieses zweite Hilfsprogramm in Ländern wie den Niederlanden und Deutschland politisch durchzusetzen, war es an einen privaten Schuldenerlass gebunden, wie in Deauville vereinbart, trotz der Proteste der EZB und der Länder, die eine Ansteckung befürchteten, zum Beispiel Spanien und Portugal. Nach dem Gipfel folgte die Bekanntmachung: Die privaten Gläubiger Griechenlands sollten aufgefordert werden, einen „freiwilligen" Beitrag von rund 37 Mrd. EUR zu leisten. Hatten sie sich nicht bewusst dafür entschieden, mit diesen Anleihen ein Risiko einzugehen? Im Prinzip also ein sinnvoller Beschluss. Aber auch hier war unklar, wie das Ganze funktionieren sollte. Würde sich der Wert der Anleihen verringern oder würden sich die Laufzeiten erheblich verlängern? Wären Investoren verpflichtet, ihren Beitrag zu leisten? Schon einen Tag später war der anfängliche Enthusiasmus über die Entscheidungen der Regierungschefs verschwunden. Es sollte Monate dauern, die praktischen Details auszuarbeiten. In der Zwischenzeit war die Begeisterung der Mitgliedstaaten ausgedünnt, wenn es darum ging, den Griechen noch mehr Hilfe zu leisten. Finnland forderte Sicherheiten, was zu höchst emotionalen Reaktionen bezüglich griechischer Kunstschätze und Inseln führte. Glücklicherweise verlief dieser Vorstoß im Sande.

Auch bei der EZB kam es unterdessen zu großen Spannungen. Im August beschloss der EZB-Rat, die Ankäufe von Anleihen aus Portugal, Irland, Italien und Spanien wieder aufzunehmen. Für Jürgen Stark, deutsches Mitglied des EZB-Direktoriums, war dies der Tropfen, der das Fass zum Überlaufen brachte: Er trat aus Protest zurück. Sein Nachfolger wurde der Sozialdemokrat Jörg Asmussen, der bis dahin Staatssekretär im Finanzministerium von Schäuble in Berlin gewesen war. Asmussen war mir später in meiner Rolle als Präsident der Euro-Gruppe eine große Hilfe. Trichet genoss in Deutschland ein recht hohes Ansehen, aber nach Starks Rücktritt änderte sich das. Die immer größeren Beträge, die von EFSF/ESM und der EZB als Hilfen gewährt wurden, führten zu wachsender Unruhe im größten Land des Euroraums. Dieses Unbehagen sollte zu einer permanenten Sorge für den neuen EZB-Präsidenten werden, den Italiener Mario Draghi. Er war im Juni ernannt worden und trat sein Amt im November 2011 an. Draghi war zehn Jahre lang leitender Beamter im italienischen Finanzministerium und danach einige Jahre für Goldman Sachs tätig gewesen, ehe er als Gouverneur der italienischen Notenbank (Banca d'Italia) in den öffentlichen Dienst zurückkehrte. In der Endphase der Ereignisse gehörte er zu den wichtigsten Akteuren. Es gelang ihm, die Märkte im Euroraum durch Maßnahmen zu beruhigen, die in der europäischen Geldpolitik so noch nie dagewesen waren. Das hat natürlich stürmische Kritik ausgelöst.

Im August schrieb Jean-Claude Trichet einen weiteren Brief an eine nationale Regierung, diesmal zusammen mit Draghi. Adressat war der italienische Ministerpräsident Silvio Berlusconi. In dem Schreiben drängten Draghi und Trichet auf strukturelle Anpassungen „im Austausch gegen" Anleihenkäufe der EZB. Auf diese Weise sollte das Haushaltsdefizit bis 2013, also innerhalb von zwei Jahren, abgebaut werden. Zu den im Schreiben geforderten Maßnahmen gehörten eine Anhebung des Rentenalters für viele Personengruppen, eine Lockerung des Kündigungsrechts und die Dezentralisierung der Tarifverhandlungen. Diese Einmischung der Zentralbanker in den politischen Bereich führte zu verständlicher Kritik. Anderseits waren Trichet und Draghi der Überzeugung, dass die monetären Stützungsmaßnahmen nicht wirksam genug wären und noch mehr Kritik folgen würde, wenn allein die EZB Maßnahmen ergreifen würde. Als Antwort auf das Schreiben brachte Berlusconi im September ein Paket von rund 60 Mrd. EUR an Sparmaßnahmen durch das italienische Parlament. Außerdem bereitete sein Finanzminister Giulio Tremonti Privatisierungen vor, die noch einmal 25 bis 30 Mrd. EUR einbringen sollten.

Während der polnischen EU-Ratspräsidentschaft nahm US-Finanzminister Timothy Geithner im September in Breslau an einer informellen ECOFIN-Sitzung als

Gast teil. Das war zuvor noch nie geschehen. In seinen Memoiren *Stress Test* [4] beschreibt Geithner seinen dortigen Vortrag. Er befürwortete eine viel größere „Firewall" aus öffentlichen Geldern, die jeder Bedrohung des Euro-Währungsgebiets standhalten könne, einschließlich etwaiger Finanzierungsschwierigkeiten in Italien oder Spanien. Der zur Verfügung stehende Geldbetrag müsse größer sein als das wahrgenommene Ausmaß des Problems, argumentierte Geithner. Er war gegen übermäßige Budgetkürzungen und plädierte für eine Wachstumsagenda sowie für ausreichende Mittel zur Rekapitalisierung der Banken. Die Frage, wo man all diese Mittel hernehmen solle, ließ er unbeantwortet. Auch zur Bedeutung von Strukturanpassungen in den Volkswirtschaften der Mitgliedstaaten gab es verschiedene Ansichten.

Im Herbst 2011 musste Venizelos nach neuen Wegen suchen, um Geld einzusparen, da sich die Beitragsverhandlungen mit den privaten Parteien hinzogen. Mitten in diesem Prozess, während der informellen ECOFIN-Sitzung im polnischen Breslau, traf Venizelos mit Schäuble zusammen. In seinem Buch *Game Over* [2] schreibt Giorgios Papakonstantinou, der zwischenzeitlich Energieminister in Griechenland geworden war, dass Schäuble Venizelos einen „freundlichen griechischen Euro-Exit" vorschlug. Bis heute kann nicht mit Sicherheit gesagt werden, ob es sich um einen ernst gemeinten Vorschlag handelte oder um die implizite Botschaft, dass ein Grexit eine echte Alternative wäre, wenn sich die Situation nicht verbesserte. Auf jeden Fall wirkte es wie eine Warnung – und es sollte nicht die letzte derartige Warnung bleiben.

Auf der gleichen Sitzung Mitte September handelte der ECOFIN-Rat sechs neue Vereinbarungen rund um die nationale Haushaltspolitik aus, die als *Sixpack* bezeichnet wurden. Sie erleichterten Sanktionen gegen Länder zu verhängen, die konsequent gegen die Haushaltsregeln verstießen. So wurde beispielsweise das Abstimmungsverfahren für Entscheidungen über solche Sanktionen im ECOFIN-Rat grundlegend geändert: Ein Vorschlag der Kommission zur Verhängung von Sanktionen wird „automatisch" umgesetzt, es sei denn, eine qualifizierte Mehrheit der Mitgliedstaaten stimmt dagegen. Die Maßnahmen traten am 31. Dezember 2011 in Kraft. Bisher wurden noch keine Sanktionen verhängt.

Im Jahr 2013 wurde das Sixpack durch ein *Twopack* ergänzt. Dessen Hauptbestandteile waren die Verschärfung des Verfahrens zur Genehmigung der nationalen Haushaltsentwürfe durch die Kommission und die Euro-Gruppe sowie die Möglichkeit für die Kommission, die Mitgliedstaaten erforderlichenfalls einer strengeren Aufsicht zu unterstellen. Dies sollte zumindest für Länder gelten, die ein Hilfsprogramm in Anspruch nehmen oder nahmen, und zwar so lange, bis das Land 75 % seiner Schulden an den europäischen Notfallfonds zurückgezahlt hat.

Im Oktober 2011 fiel die slowakische Regierung, nachdem die Opposition erfolgreich eine Neuwahl als Gegenleistung für die parlamentarische Zustimmung zum neuen ESM-Vertrag gefordert hatte. In den Niederlanden überlegte die PvdA, damals in der Opposition, dasselbe zu tun, verzichtete aber schließlich darauf. Die niederländische Regierung, die erste unter der Leitung von Rutte (Rutte I), fiel dennoch sechs Monate später unter dem Druck der erforderlichen Sparmaßnahmen. Die Krise forderte viele politische Opfer.

Anfang Oktober kündigten Merkel und Sarkozy einen „endgültigen Plan" für die Krise im Euroraum an, gaben aber keine Details bekannt. Kommissionspräsident Barroso sah sich daraufhin gezwungen, die Initiative zu ergreifen, und stellte einige Tage später seinen eigenen

Plan vor. Am 26. Oktober wurde eine Einigung erzielt. Der bereits angekündigte *haircut* für Privatinvestoren in Griechenland sei unzureichend; Merkel und Sarkozy gaben vor, dass die privaten Schulden um ganze 50 % reduziert werden sollten. Während sich die Verantwortlichen in einem Obergeschoss des Justus-Lipsius-Gebäudes trafen, wurden im Untergeschoss Verhandlungen mit privaten Investoren geführt, vertreten vom Institute of International Finance (IIF). Es war ein historischer Moment, zum ersten Mal in der Euro-Krise wurden private Parteien mit den Folgen der Risiken konfrontiert, auf die sie sich eingelassen hatten. Die finanzielle Griechenland-Hilfe sollte sich schließlich auf insgesamt 240 Mrd. EUR belaufen, während im Gegenzug erneut weitreichendere Maßnahmen vereinbart wurden, um das Vertrauen der Außenwelt wieder herzustellen.

Als der griechische Premierminister nach Athen zurückkehrte, stieß er auf heftigen Widerstand, teilweise aus den eigenen Reihen. Daraufhin verkündete er die Absicht, ein Referendum über das neue Abkommen abzuhalten. Sein Parteigenosse und großer Rivale, Venizelos, nutzte die Gelegenheit für einen internen Putsch. Im übrigen Europa sorgte die unerwartete Ankündigung eines griechischen Referendums für Bestürzung. Teilweise wegen der Überraschung, teilweise, weil man erkannte, dass eine Ablehnung nicht nur zu einem Grexit führen, sondern auch für den gesamten Euroraum unabsehbare Folgen hätte. Andererseits war es auch nachvollziehbar. Immerhin ging es hier um sehr weitreichende Entscheidungen über die Zukunft Griechenlands. Lag es da nicht auf der Hand, die griechischen Wähler nach ihrer Meinung zu fragen? Dieses Dilemma sollte sich 2015 mit der Ankündigung eines weiteren Referendums noch einmal wiederholen.

Dennoch brachen die europäischen Staats- und Regierungschefs keinerlei Verständnis für die Entscheidung

Griechenlands auf. Am 3. und 4. November 2011 trafen sie sich zu einem G20-Gipfel in Cannes. Die dortigen Ereignisse, insbesondere die Gespräche zwischen Merkel, Sarkozy und Obama, wurden von Peter Spiegel von der *Financial Times* in einem ausführlichen Artikel mit dem Titel *How the Euro Was Saved* [5] beschrieben. Die Amerikaner nahmen an einem Treffen über die Euro-Krise teil, *„trying to help save Europe from itself"*, wie US-Finanzminister Geithner in *Stress Test* [4] schrieb. Nie zuvor hatten die Beziehungen zwischen den Mitgliedstaaten so stark unter Druck gestanden. Cannes beschrieb in vielerlei Hinsicht den Tiefpunkt der Krise. Die Debatte drehte sich hauptsächlich um die Frage der „großen Bazooka" – wie groß musste das Sicherheitsnetz Europas sein, um dem Druck des Marktes standzuhalten? Die Amerikaner glaubten schon lange, dass nur eine viel größere *wall of money* die Eurozone retten würde. Und dies war auch für die US-Wirtschaft wichtig. Sarkozy und Obama, die beide zur Wiederwahl standen und die Geduld mit Deutschland verloren, setzten Merkel unter enormen Druck. Der Vorschlag der USA sah vor, dass die Zentralbanken des Euroraums 140 Mrd. EUR an Sonderziehungsrechten in den Europäischen Rettungsfonds einbringen sollten. Sonderziehungsrechte (SZR) sind eine spezielle IWF-Währung, die von den Zentralbanken zur Verfügung gestellt wird. Aber der Präsident der Deutschen Bundesbank Jens Weidmann wollte nichts davon hören. Seiner Meinung nach war dies das Gleiche wie der Verkauf der deutschen Goldreserven. Die Bundesbank hatte nicht die Absicht, ihre Vermögenswerte zu verkaufen oder für die Rettung von anderen Ländern zur Verfügung zu stellen. Auch nach mehreren Telefonaten zwischen Cannes und Berlin blieb seine Antwort: „Nein".

Auch über Italien war man uneins. Man hatte keinerlei Vertrauen mehr in den italienischen Premierminister

Silvio Berlusconi. Wenn Italien seinen Zugang zu den Märkten verloren hätte, hätte ein Hilfsprogramm zu diesem Zeitpunkt 600 Mrd. EUR gekostet, eine untragbare Summe, die das Ende des Euroraums bedeutet hätte. Lagarde schlug daher ein sogenanntes Vorsorgeprogramm vor: eine Kreditlinie in Höhe von 80 Mrd. EUR, die auf Abruf bereitstand. Natürlich sollte dies mit tief greifenden Haushaltskürzungen und großen Reformen in Italien einhergehen. Berlusconi und sein Finanzminister Tremonti wehrten sich dagegen mit Händen und Füßen. Obama stellte sich schließlich auf die Seite Italiens. Berlusconi akzeptierte lediglich eine externe Aufsicht über die von ihm versprochenen Reformen. Das reichte, um der Bedrohung Herr zu werden. Innerhalb einer Woche sollten die Zinsen für Italien auf 6,2 % steigen.

Und dann war da noch die Frage des Referendums. Papandreou wurde nach Cannes eingeflogen und Sarkozy las ihm in einem Nebenraum die Leviten, unterstützt von Merkel, Barroso, Juncker und anderen. Sarkozy war wütend, es fiel das Wort Verrat. Er forderte mit Merkels Unterstützung, dass das Referendum zur Frage „drin oder raus aus dem Euro" stattfinden sollte. Papandreou machte dieses Zugeständnis. Als er später selbst die Geschichte erzählte, spielte Kommissionspräsident Barroso darin ein ganz anderes Spiel. Der griechische Finanzminister und stellvertretende Ministerpräsident Venizelos, der auch nach Cannes gekommen war, wurde – so berichtete es die Financial Times – von Barroso beiseitegenommen und bekam zu verstehen: *„We have to kill this referendum"*. Sobald das Flugzeug in Athen gelandet war, zog Venizelos öffentlich seine Unterstützung für das Referendum zurück. Unterdessen hatte der griechische Oppositionsführer Samaras, der möglicherweise den Ausgang des Referendums fürchtete, Barroso telefonisch bereits mitgeteilt, dass er im Falle eines Rücktritts der Regierung Papandreou die neuen Programmverpflichtungen unterstützen werde.

Der Plan für das Referendum war vom Tisch, Papandreou musste zurücktreten. Eine Übergangsregierung wurde gebildet, und die Zinsen stiegen auf mehr als 33 %, eine Zahl, die in einem westlichen Land noch nie da gewesen war. ND und PASOK konnten sich schließlich auf Loukas Papadimos als neuen Premierminister einigen. Papadimos hatte als Gouverneur der griechischen Notenbank die Einführung des Euro in Griechenland überwacht und war 2002 zum Vizepräsidenten der EZB geworden. Bei ihm war die Sache in guten Händen, er war ein neutraler Fachmann, der die europäischen Institutionen gut kannte. Die neue Absichtserklärung wurde nicht nur vom Premierminister, sondern auch von Antonis Samaras (ND) und dem neuen Führer der PASOK, Evangelos Venizelos, unterzeichnet. Die Euro-Gruppe ging keine Risiken mehr ein.

Fünf Tage später kündigte Silvio Berlusconi seine Abreise an. Das nationale und internationale Vertrauen in ihn war auf dem Tiefpunkt angelangt, was seine Position unhaltbar machte. Wieder forderte die Krise ein politisches Opfer. Die Kurse sanken auf neue Tiefststände, und die Zinsen zehnjähriger Anleihen stiegen auf 7,45 %. Berlusconi wurde durch Mario Monti ersetzt, auch er ein versierter Politiker mit langjähriger Erfahrung in Brüssel. Monti, der jahrelang als Kommissar in den Europäischen Kommissionen von Jacques Santer und Romano Prodi tätig gewesen war, wurde nicht nur Premierminister, sondern auch Finanzminister. Er legte sehr bald neue Haushaltsvorschläge und Reformpläne vor, die zu Massenprotesten auf der Straße führten. Das italienische Volk war sich der Schwere der Probleme noch nicht ausreichend bewusst – eine Situation, die sich unmittelbar auf das gesamte Euro-Währungsgebiet auswirkte. Eine Emission deutscher Staatsanleihen Ende November scheiterte und auch in den Niederlanden stiegen die Spreads.

Eine Woche nach dem Amtsantritt von Monti in Italien verlor José Zapatero, der Vorsitzende der Spanischen Sozialistischen Arbeiterpartei (PSOE), die Wahl in Spanien gegen Mariano Rajoy von der Volkspartei (PP). Das trug auch nicht dazu bei, die Zinsen zu senken. In Belgien verzögerte sich unterdessen seit der Wahl am 13. Juni 2010 die Regierungsbildung und dauerte länger als je zuvor. Erst 541 Tage später wurde Elio Di Rupo neuer Premierminister. In dieser Zeit blieb die zweite Regierung unter der Führung von Yves Leterme am Ruder und sorgte dafür, dass Belgien trotz seiner hohen Staatsverschuldung in sicheren Gewässern blieb. Leterme forderte das belgische Volk auf, sein Land durch die Zeichnung von speziellen Staatsanleihen, sogenannten *kasbons,* zu unterstützen. Diese Initiative brachte Kredite in Milliardenhöhe zu relativ niedrigen Zinsen ein.

Auf dem Eurozonen-Gipfel vom 8. und 9. Dezember wurde eine Einigung über einen neuen, strengeren, für alle Euroländer verbindlichen Haushaltspakt erzielt: der Vertrag über Stabilität, Koordinierung und Steuerung in der Wirtschafts- und Währungsunion. Letztlich waren die einzigen EU-Mitgliedstaaten, die ihn nicht unterzeichneten, das Vereinigte Königreich und die Tschechische Republik. Dieser Vertrag, der als Europäischer Fiskalpakt bekannt wurde, beinhaltete die Aufnahme der Forderung nach einem ausgeglichenen Haushalt in die nationalen Verfassungen. Darüber hinaus musste jedes Land einen automatischen Mechanismus zum Abbau übermäßiger Defizite einführen. Sanktionen konnten zu einem früheren Zeitpunkt verhängt und Länder sogar vor den Europäischen Gerichtshof gebracht werden, wenn sie die Haushaltsregeln nicht einhielten. Jedes Unterzeichnerland war zudem verpflichtet, eine unabhängige nationale

Haushaltsbehörde einzurichten, die die Einhaltung der Regeln überwacht. In den Niederlanden liegt diese Aufgabe mittlerweile beim Staatsrat. Der Vertrag sollte ein Jahr später, am 1. Januar 2013, in Kraft treten, danach hätten die Mitgliedstaaten ein weiteres Jahr Zeit, um die Bestimmungen in nationales Recht umzusetzen.

Der Fiskalpakt ist ein Vertrag der Länder untereinander und kein formaler Bestandteil der EU-Gesetzgebung. Er setzt die im Vertrag von Lissabon festgelegten Regeln auf der Grundlage des ursprünglichen Stabilitäts- und Wachstumspakts von 1997 weiter um. Es war beabsichtigt, den Fiskalpakt innerhalb von fünf Jahren in den Rechtsrahmen der Europäischen Union zu integrieren, aber dieser Schritt ist noch nicht getan.

Ende Dezember kündigte die EZB ein langfristiges Refinanzierungsgeschäft (Long-Term Refinancing Operations – LTRO) an, das es den Banken ermöglichte, über eine Laufzeit von drei Jahren Geld von der EZB zu einem Zinssatz von nur einem Prozent zu leihen. Eine breite Palette von Sicherheiten wurde akzeptiert. Die Banken nahmen im Rahmen dieser Operation Darlehen in Höhe von insgesamt 489 Mrd. EUR auf. Zwei Monate später folgte ein zweites Refinanzierungsgeschäft dieser Art in Höhe von 530 Mrd. EUR, für das 800 Banken zeichneten. Damit wurde die Ruhe an der Bankenfront wiederhergestellt.

Im Januar kamen die Verhandlungen über die Umschuldung und insbesondere die Wertminderung der Anleihen privater Gläubiger nur langsam voran. Dies führte zu einem weiteren Anstieg der Zinssätze für Portugal, da Anleger auch dort einen *haircut* befürchteten. Erst am 21. Februar 2012 war sich die Euro-Gruppe über alle Einzelheiten des zweiten Programms für Griechenland mit einem Volumen von 130 Mrd. EUR einig. Die privaten Gläubiger stimmten einem *haircut* von 53,5 % zu und tauschten ihre alten griechischen Anleihen gegen neue mit viel längeren Laufzeiten und niedrigeren Zinsen, die in Zukunft vielleicht stiegen. Letztlich wurden 96 % aller ausstehenden Anleihen auf diese Weise wertgemindert – mit einem Gesamtwert von 200 Mrd. EUR – und die betreffenden Schulden somit halbiert. Rechnet man auch die Verlängerung der Laufzeiten mit ein, so wurde dieser Teil der griechischen Staatsschulden um fast 80 % reduziert. Man erwartete, dass dadurch die Staatsverschuldung bis 2020 auf 120 % des griechischen BIP sank.

Investoren konnten das Ausfallrisiko ihrer Staatsanleihen durch sogenannte Credit Default Swaps (CDSs) absichern. Infolge des privaten Schuldenschnitts in Griechenland wurden aus diesen Swaps zwei Milliarden Euro ausgezahlt. Die gesamte Operation hatte viel Zeit in Anspruch genommen, die anhaltende Unsicherheit hatte die Finanzmärkte monatelang unter Druck gesetzt. Eineinhalb Jahre lang hatte es eine hitzige Debatte zwischen den Hauptakteuren der Euro-Krise, den Befürwortern und den Gegnern der Umschuldung gegeben. Die Gegner hatten einen wirtschaftlichen Super-GAU und dauerhafte Schäden an der „Marke Euro" prophezeit. Aber als der private Schuldenschnitt im März 2012 schließlich stattfand, blieben die vorhergesagten verheerenden Folgen aus. Der eigentliche Schaden für die Eurozone entstand durch die endlosen Verzögerungen und die mangelnde Klarheit darüber, wann und wie es geschehen sollte. Am Ende war es eine Erfolgsgeschichte für Griechenland. Doch diese Geschichte hatte auch eine Schattenseite. Sowohl die griechischen als auch die zyprischen Banken hatten viele griechische Staatspapiere in ihren Bilanzen. Eine Abwertung dieser Wertpapiere bedeutete, dass auch diese Banken erhebliche Verluste hinnehmen mussten. So wurden griechische Banken im Rahmen des Hilfsprogramms mit nicht weniger als 40 Mrd. EUR rekapitalisiert. Dieser

Betrag wurde zu den Schulden Griechenlands hinzugefügt. Damals wurde ein Bail-in der Investoren dieser Banken noch nicht in Betracht gezogen. Die zyprischen Banken hatten übrigens Ende 2011 noch kein nennenswertes Risiko durch griechische Staatsanleihen ausstehen, aber sie hatten in der ersten Jahreshälfte 2012 massiv darin investiert – und hatten sich verzockt. Die Rechnung dafür sollten sie ein Jahr später erhalten.

Die Regierung der nationalen Einheit in Griechenland wurde nach den Wahlen im Juni 2012 durch eine Koalition aus ND und PASOK unter der Leitung von Antonis Samaras ersetzt. linksradikale *Syriza* wurde überraschend zur zweitgrößten Partei des Landes. Samaras hatte sich dem Hilfsprogramm in populistischer Manier widersetzt. Haushaltskürzungen seien unnötig, das Defizit künstlich aufgebläht worden und in Wirklichkeit viel niedriger – das sind nur einige seiner oppositionellen Äußerungen. Brüssel machte Samaras gegenüber deutlich, dass die Vereinbarungen nicht neu verhandelbar waren. In der Hoffnung, der Grexit-Debatte zu entgehen, beschloss Samaras, das Programm durchzuführen – vorerst.

Unter höchster Geheimhaltung fanden im Sommer 2012 Gespräche zwischen Jörg Asmussen von der EZB, Thomas Wieser von der EWG, Marco Buti von der Europäischen Kommission und Poul Thomsen vom IWF über den „Plan Z" statt. Es war die erste ernsthafte Maßnahme zur Vorbereitung dessen, was nicht länger ausgeschlossen werden konnte: des griechischen Austritts aus der Eurozone. Bis Cannes, wo Sarkozy und Merkel der griechischen Regierung diese Option angeboten hatten, war ein Grexit nie offen als Möglichkeit akzeptiert worden. Rein oder raus? Aber die praktischen, wirtschaftlichen und politischen Konsequenzen waren nie geklärt und noch weniger vorbereitet worden. Angesichts der im Juni 2012 bevorstehenden Wahlen mit unsicherem Ausgang war es an der

Zeit, sich zu treffen und ernsthaft über die Angelegenheit nachzudenken. Allein die praktischen Folgen wären nahezu unüberschaubar, vor allem für die Griechen selbst. Die Schaffung und Einführung einer neuen Währung, die möglicherweise sofort auf die Hälfte des Euro-Werts fiel, war eine gewaltige logistische Aufgabe, die sehr viel Zeit- und Organisationsaufwand erforderte. Beides wäre in einem Grexit-Szenario nicht verfügbar. Griechische Banken würden sofort von TARGET2, dem Zahlungsverkehrssystem des Euroraums, ausgeschlossen. Aber Griechenland verfügte über kein eigenes entsprechendes System als Backup, sodass die Zahlungen von und zwischen den Banken abrupt zum Erliegen kämen. Eine massive Kapitalflucht würde stattfinden, die langfristige Kapitalverkehrskontrollen erforderlich macht. Die Banken des Landes, denen der Zugang zu Notfallkrediten der EZB verwehrt wäre, würden massenhaft zusammenbrechen. Und das wäre erst der Anfang. Die aus der Analyse resultierenden Szenarien waren meist erschreckend. Aber von da an waren zumindest die europäischen Institutionen technisch und vor allem theoretisch vorbereitet.

Besonders unsicher waren die breiteren wirtschaftlichen Auswirkungen auf die anderen Euroländer sowie die politischen Folgen für den Euroraum. Einige befürchteten einen Dominoeffekt: Das Vertrauen, dass die Politik den Euroraum intakt hielte, könnte schwinden, und die südlichen Euroländer wären die Verlierer. Andere vertraten die Auffassung, dass Griechenland vom Euroraum isoliert werden müsse, um ein Überspringen der Krise auf andere Länder zu verhindern. Eine Variante dieser Sichtweise war, dass sich die Disziplin in den Mitgliedstaaten nur wiederherstellen ließe, indem man ein Exempel statuierte. Diese Idee fand in Berlin Anklang. In Wahrheit konnte niemand die politischen Folgen vorhersagen – es war ein großes Glücksspiel. Und diejenigen, die für die

Entscheidung zur Verantwortung gezogen würden – allen voran Bundeskanzlerin Merkel – waren nicht bereit, dieses Risiko einzugehen. Die Eurozone musste intakt bleiben.

In den Niederlanden war inzwischen im April die umstrittene erste Rutte-Regierung nach anderthalb Jahren schon wieder zu Fall gekommen. Die Duldung der Minderheitsregierung durch die islamfeindliche und antieuropäische „Partei für die Freiheit" (PVV) unter Geert Wilders entfiel, schlicht, weil deren Populismus nicht mit der Unterstützung unpopulärer Maßnahmen zu vereinbaren war. Im Vorfeld der Neuwahlen und einer neuen Regierung verhandelte eine parlamentarische Gelegenheitskoalition das sogenannte Frühjahrsabkommen, ein radikales Maßnahmenpaket von rund zwölf Milliarden Euro. Dieser Betrag kam zu den bereits ergriffenen Maßnahmen in Höhe von 18 Mrd. EUR hinzu. Das Abkommen hielt die Niederlande unter der Drei-Prozent-Defizitnorm, zumindest im Entwurf des Haushaltsplans für 2013. Die Anhebung des Rentenalters wurde beschleunigt, die steuerliche Absetzbarkeit von Hypothekenzinsen eingeschränkt, die Mehrwertsteuer und die privaten Beiträge zu den Kosten der Gesundheitsversorgung wurden erheblich erhöht. Einige dieser umstrittenen Maßnahmen standen im Vorfeld der Parlamentswahlen, die am 12. September stattfinden sollten, zur Diskussion, aber fast alle Parteien hatten Budgetkürzungen in ihre Wahlprogramme aufgenommen, um das niederländische Haushaltsdefizit auf weniger als drei Prozent zu begrenzen.

Ab April 2012 verlagerte sich die europäische Aufmerksamkeit auf Spanien. Die schwere Bankenkrise und der Zusammenbruch des Immobilienmarktes – der Korken, der in den Jahren zuvor das vermeintliche Wirtschaftswunder Spaniens über Wasser gehalten hatte – hatten das Land in eine schwere Notlage gebracht. Hinzu kamen noch die großen Defizite der einzelnen Regionalregierungen. Ende Mai war der Zinssatz auf 6,5 % gestiegen. Ende Juni wurde Spanien ein Darlehen von bis zu 100 Mrd. EUR aus dem ESM zugesagt, das speziell für die Rekapitalisierung der Banken bestimmt war. Das Programm diente einzig der Sanierung und Umstrukturierung des Bankensektors. Die Amerikaner hatten sich, verärgert über den Umgang mit der Krise im Euroraum, gegen eine Beteiligung des IWF ausgesprochen. Die Entscheidung, die spanischen Banken wieder mit öffentlichen Mitteln zu stützen, diesmal mit europäischen Geldern, war umstritten. Die Hilfe sollte nicht direkt den Banken, sondern dem spanischen Staat gewährt werden, sodass in jedem Fall dieser für die Rückzahlung verantwortlich war.

Es wurde jedoch beschlossen, es dem ESM zukünftig zu ermöglichen, Banken direkt zu rekapitalisieren. Diese Frage der direkten Rekapitalisierung durch den ESM führte zu intensiven politischen Konflikten zwischen Nord- und Südeuropa. Der Vorteil dieser Vorgehensweise war, dass die Unterstützung der Banken nicht mehr zur Staatsverschuldung der Mitgliedstaaten hinzukam, der Nachteil jedoch, dass die Euroländer die kollektive Verantwortung für die Banken des jeweils anderen und das damit verbundene Risiko zu tragen hätten. Damit entfiele jeder Anreiz für eine strenge Bankenaufsicht auf nationaler Ebene. Die Entscheidung stieß daher in den nördlichen Ländern auf Protest. Die direkte Rekapitalisierung wurde zu einem dauerhaften Streitpunkt, und obwohl der ESM dieses Instrument schließlich erhielt, wurde es noch nie genutzt.

Um den Bedenken hinsichtlich einer unzureichenden nationalen Bankenaufsicht zu begegnen, wurde beschlossen, auf eine europäische Bankenaufsicht umzusteigen, den Single Supervisory Mechanism (SSM). Dies war der erste

Baustein der Bankenunion (mehr darüber in Kap. 6) und nach der Gründung des ESM auch der wichtigste Schritt zur strukturellen Verbesserung der Währungsunion.

Während des von Präsident Obama ausgerichteten G8-Gipfels in Camp David wurde erneut Druck auf Bundeskanzlerin Merkel ausgeübt, um mehr Schuldenbeteiligung im Euroraum zu ermöglichen, weniger Gewicht auf Ausgabenkürzungen zu legen und vor allem eine Bankenunion für den Euroraum zu unterstützen. Für den letzten Punkt hatte sich auch die EZB wiederholt eingesetzt. Beim EU-Gipfel im Juni 2012 wurde die Bankenunion definitiv angekündigt, um „den Teufelskreis zwischen Banken und Staatsanleihen zu durchbrechen". [6].

Die zweite grundlegende Wende in der Krise des Euroraums kam Mitte 2012, mit einer Ankündigung des neuen EZB-Präsidenten Mario Draghi. Auch nach der Ankündigung des Hilfsprogramms für Spanien klafften die Zinssätze in den sogenannten Kern- und Peripherieländern weiterhin stark auseinander. Deutschland nahm Kredite zu einem negativen Zinssatz auf – mit anderen Worten, es erhielt Zinsen von den Kreditgebern –, während Spanien sich eine Woche später wieder einem Zinssatz von sieben Prozent gegenübersah. Diese zunehmende Divergenz innerhalb des Euroraums führte zu anhaltenden Spekulationen über den Zerfall der Währungsunion. Der Sentix-Index (das Ergebnis einer wöchentlichen Umfrage unter Anlegern, die die Stimmung an den Kapitalmärkten wiedergeben soll) zeigte, dass im Juli 2012 75 % der Anleger ein Auseinanderbrechen des Euroraums erwarteten.

Der Wendepunkt kam, als Draghi bei einem öffentlichen Auftritt auf der Global Investment Conference am 26. Juli 2012 in London fast nebenbei sagte: *„Within* *our mandate, the ECB is ready to do whatever it takes to preserve the euro... And believe me, it will be enough.*"[4] Es waren spontan geäußerte Worte, eine starke, kämpferische Stellungnahme als Reaktion auf die sehr negative Stimmung unter den Investoren bei der Konferenz.

Zum Zeitpunkt dieser Ankündigung hatte der EZB-Rat noch keinen Plan oder Beschluss vorbereitet. Die Einzelheiten der neuen Strategie wurden erst im Oktober bekannt gegeben. Sie beinhaltete übrigens nicht die als QE *(quantitative easing)* bekannte gewordene expansive Geldpolitik – die später kam –, sondern geldpolitische Outright-Geschäfte *(outright monetary transactions –* OMT), bei denen Länder, die sich in einem Programm befanden und die Bedingungen erfüllten, kurzfristige Anleihen ankaufen konnten. Es handelte sich eigentlich um eine Garantie, die einen Mindestpreis für solche Anleihen gewährleistete. Das Instrument erwies sich als so effektiv, dass es gar nicht genutzt werden musste. Das deutsche EZB-Ratsmitglied Jens Weidmann stimmte dagegen, aber Merkel und Schäuble unterstützten Draghi öffentlich. Vor allem diese Unterstützung war es, die die Finanzmärkte beflügelte.

Finanzmärkte sind seltsame Wesen. Draghi war nicht der erste Bankenpräsident, der beruhigende öffentliche Erklärungen abgab, auch viele Regierungschefs waren ihm vorausgegangen. Aber an jenem Tag funktionierte es. Das war ein entscheidender Moment und wichtiger Bestandteil des Wandels, der sich im Laufe des Jahres 2012 abzuzeichnen begann.

---

[4] „Im Rahmen unseres Mandates ist die EZB bereit, alles zu tun, was nötig ist, um den Euro zu erhalten … Und glauben Sie mir, es wird reichen." (Anmkg. d. Red.).

Diese Wende wurde auch durch eine Reihe weitreichender Entscheidungen ermöglicht, die auf die Stärkung des Euroraums abzielten: allmählicher Haushaltsausgleich, Verbesserung der stark eingeschränkten Wettbewerbsfähigkeit, Anpassung nicht nachhaltiger kollektiver Systeme an die heutige Zeit und schließlich die endgültige Europäisierung des Bankensektors durch eine Bankenunion. Aber wir hatten noch einen langen Weg vor uns.

Literatur

1. Paulson HM (2010) On the brink. Headline, London
2. Papakonstantinou G (2019) Game over. Kolchis, Baden
3. o. Verf. (2010) Erklärung der Staats- und Regierungschefs der Europäischen Union. Pressemitteilung vom 11. Februar 2010. Europäischer Rat/Rat der Europäischen Union, Brüssel. https://www.consilium.europa.eu/de/european-council/euro-summit/documents-2010-2018/. Zugegriffen: 30. Mai 2019
4. Geithner T (2014) Stress test. CROWN, New York
5. Spiegel P (2014) How the Euro was saved. Financial Times, 11. Mai 2014. https://www.ft.com/content/f6f4d6b4-ca2e-11e3-ac05-00144feabdc0. Zugegriffen: 30. Mai 2019
6. o. Verf. (2012) Erklärung des Euro-Gipfels. Europäischer Rat/Rat der Europäischen Union, Brüssel, 29. Juni 2012. https://www.consilium.europa.eu/de/european-council/euro-summit/documents-2010-2018/. Zugegriffen: 30. Mai 2019

4

Ein unverhoffter Vorsitz

Ende 2012 schlugen die Niederlande ein neues politisches Kapitel auf. Die erste Regierung unter der Führung von Mark Rutte hatte sich nur 18 Monate an der Macht gehalten. Nach einer Periode voll politischer Turbulenzen hatten die Wahlen vom September 2012 zu einem neuen Kabinett mit der rechtsliberalen Volkspartei für Freiheit und Demokratie (VVD) und der sozialdemokratischen PvdA geführt, erneut unter der Führung von Mark Rutte. Die Mitte-links- und Mitte-rechts-Parteien begannen zusammenzuarbeiten und konnten dem Vormarsch der Populisten von links und rechts Einhalt gebieten. Der Prozess der Regierungsbildung war für niederländische Verhältnisse außergewöhnlich schnell verlaufen; Anfang November nahm die neue Regierungsmannschaft ihre Tätigkeit auf. Ich wurde zum Finanzminister ernannt. Das kam für viele überraschend, wenn auch für mich selbst etwas weniger, denn Wouter Bos, der ehemalige

Vorsitzende der PvdA, hatte meinen Namen schon einmal auf eine Kandidatenliste für diese Position gesetzt.

Ab 2002 war meine Karriere parallel zu der von Diederik Samsom verlaufen, der im Februar 2012 Parteiführer der niederländischen sozialdemokratischen PvdA geworden war. Zwischenzeitlich waren wir beide und Staf Depla als die „roten Ingenieure" bekannt geworden und hatten unsere Energien der Suche nach „wirksamen Lösungen für wirkliche Probleme" gewidmet. Sechs Jahre lang hatte ich als stellvertretender Fraktionsvorsitzender der Partei für drei aufeinanderfolgende Fraktionsvorsitzende in der Zweiten Kammer das tägliche politische Geschäft abgewickelt. Als Freund und Vertrauter Samsoms hatte ich geholfen, das Wahlprogramm zu schreiben und die Kampagne zu leiten. Der Erfolg dieser Kampagne war letztlich auf eine einzige Person zurückzuführen, Samsom selbst. Er setzte sich für seine Überzeugungen ein und machte dem Wähler gegenüber nur Versprechen, die in diesen Krisenzeiten auch eingehalten werden konnten. Er versprach nicht das Blaue vom Himmel herunter, sondern bot einen zuverlässigen sozialen und moralischen Kompass. Diese Haltung wurde von den Wählern belohnt.

Als das Wahlergebnis gegen alle Trends auf zwei große Parteien fiel, die PvdA und die VVD, war schnell klar, dass sie damit zu einer großen gemeinsamen Koalition verurteilt waren. Rutte und Samsom übernahmen diese Verantwortung inmitten eines wirtschaftlichen Abschwungs und schmiedeten in Rekordzeit eine Regierung, die fünf Jahre lang im Amt bleiben sollte. Ich war einer der PvdA-Verhandlungsführer bei der Regierungsbildung.

Schon vor meiner offiziellen Ernennung zum Minister durch die Königin schickte man mich ins Finanzministerium, damit mich die Beamten dort in aller Eile informierten. So kam es zu meiner ersten Begegnung mit meinem Generalschatzmeister Hans Vijlbrief. In einigen wenigen, jeweils mehrstündigen Sitzungen wurde ich in Sachen Euro-Krise auf den neuesten Stand gebracht. Die Informationen erwiesen sich bald als wertvoll. Nach meiner Vereidigung am 5. November 2012 war ich innerhalb von drei Wochen dreimal in Brüssel, um über Griechenland zu sprechen. Einerseits ging es um die von den Griechen noch durchzuführenden Reformen, andererseits um die Nachhaltigkeit der griechischen Schulden. Das zweite Rettungsprogramm für Griechenland war zum Erliegen gekommen.

Als wir am 26. November zum dritten Mal innerhalb von zwei Wochen nach Brüssel fuhren, geschah das untern ungünstigen Vorzeichen: Der IWF bestand auf einer Umstrukturierung der offiziellen griechischen Schulden (d. h., der griechischen Staatsschulden bei anderen Regierungen und internationalen Organisationen), während die meisten Euroländer dagegen waren. Nach drei schwierigen Sitzungen hatte die Euro-Gruppe unter der Leitung von Jean-Claude Juncker ein Maßnahmenpaket ausgearbeitet, das dem zweiten Programm neues Leben einhauchen, die griechischen Schulden nachhaltig machen und den IWF an Bord halten sollte. Ich hatte keine andere Wahl, als sofort in die Materie einzutauchen und mir eine eigene Meinung zu bilden. In den Niederlanden war man wenig enthusiastisch, wenn es um noch mehr Finanzhilfen für Griechenland ging. Auf der anderen Seite konnte es für die Griechen so nicht weitergehen.

Seit einiger Zeit schon war die Euro-Gruppe auf der Suche nach einem neuen Präsidenten. Jean-Claude Juncker, der luxemburgische Premierminister, hatte das Amt acht Jahre lang inne. Jean-Claude war das politische Schwergewicht Luxemburgs, im Alter von 28 Jahren war er Staatssekretär und nur sieben Jahre später Finanzminister geworden. Weitere sechs Jahre später war er Premierminister geworden, ein Amt, das er achtzehn Jahre lang innehatte. Jean-Claude ist ein facettenreicher und unabhängig denkender Politiker, ein erfahrener politischer Veteran mit einem grandiosen Sinn für Humor. Er führte die Euro-Gruppe durch eine sehr schwierige Zeit, in der die Finanzmärkte regelmäßig die Entscheidungen der Politiker bestimmten. Seine Erfahrung war in dieser Zeit unverzichtbar. Doch war die Belastung als Premierminister zusammen mit den endlos intensiven Treffen der Euro-Gruppe zu groß geworden. Schon länger hatte er angedeutet, dass er einen Nachfolger suchte. Mehrere Minister, darunter der Franzose Pierre Moscovici, hatten ihr Interesse bekundet, aber keiner hatte die notwendige breite Unterstützung erhalten. Die Suche nach einem neuen Präsidenten dauerte noch einige Zeit.

Es muss bei einem dieser Treffen der Euro-Gruppe im November gewesen sein, dass Carsten Pillath, Generaldirektor des ECOFIN-Rates, Hans Vijlbrief fragte, ob ein ehemaliger niederländischer Minister – als Beispiele nannte er Wouter Bos oder Gerrit Zalm – daran interessiert sei, den Vorsitz der Euro-Gruppe zu übernehmen. Dahinter stand der Gedanke, dass der neue Präsident kein amtierender Finanz- oder Premierminister sein sollte, sondern ein Experte mit politischer Erfahrung. Das war möglich, denn das Protokoll zum AEUV verlangt nicht, dass der Präsident der Euro-Gruppe Finanzminister sein muss. Während der November-Treffen zum Thema Griechenland kam das Gespräch immer wieder darauf zurück, denn Junckers Abschied schien nahe. Gegen Monatsende schlug Thomas Wieser Hans Vijlbrief vor, dass ich den Vorsitz übernehmen könnte. Als Hans am nächsten Tag in mein Büro kam und mir das erzählte, habe ich herzhaft gelacht. Nach weniger als einem Monat als Finanzminister sollte ich Präsident der Euro-Gruppe werden? Aber zu meiner Überraschung nahmen immer mehr Menschen die Idee offenbar ernst.

4 Ein unverhoffter Vorsitz

In den Niederlanden hat die Aussicht auf die Präsidentschaft der Euro-Gruppe wenig Enthusiasmus hervorgerufen – gelinde gesagt. Was solche Dinge angeht, sind die Niederlande ein sehr ungewöhnliches Land. In jedem anderen Land würden die Korken knallen, wenn einem Landsmann eine so einflussreiche Position in Brüssel angeboten wird. In unserem Land erforderte meine Kandidatur in der ersten Dezemberwoche 2012 schwierige Gespräche im Büro von Ministerpräsident Rutte im *Torentje*. Die Hauptsorge war, dass ich die niederländischen Interessen als Präsident nicht mehr effektiv vertreten konnte. Man war der Meinung, dass die Niederlande immer freie Hand haben müssten, um klare und feste Positionen in der Euro-Gruppe zu behaupten, wie es mein Vorgänger Jan Kees de Jager stets getan hatte. Ein Vorsitzender muss jedoch immer nach Kompromissen suchen. Beides schien unvereinbar, so jedenfalls lautete die schlichte Argumentation. Dass auch de Jager wie jedes andere Mitglied der Euro-Gruppe hinter den Kulissen letztlich seinen Beitrag dazu leisten musste, akzeptable Kompromisse zu finden, wurde dabei vergessen. So hatte er beispielsweise für das Förderprogramm für Griechenland gestimmt, ebenso wie Wouter Bos vor ihm.

Die Vorteile der Präsidentschaft wurden weit unterschätzt. Der Präsident spielt eine zentrale Rolle bei der Festlegung der Tagesordnung und der Vorbereitung von Sitzungen sowie bei der Erarbeitung solider, politisch durchführbarer Lösungen. Schließlich sollte der stellvertende Finanzminister, Frans Weekers, regelmäßig an den Treffen teilnehmen, um die niederländischen Interessen zu vertreten. Das beruhigte die VVD, wäre aber eigentlich nicht nötig gewesen.

Diese Debatte wiederholte sich in der Zweiten Kammer des niederländischen Parlaments noch einmal. Dort lehnten die bekannten Eurokritiker die Ernennung ab, während die rechtsextreme PVV wieder einmal ein Misstrauensvotum forderte – allerdings ohne große Unterstützung. Derartige Einwände gegen eine – zusammenfassend ausgedrückt – „doppelte Loyalität" sollten in den Niederlanden nach meinem Amtsantritt schnell verstummen und waren nur noch selten zu hören.

Am darauffolgenden Montag, dem 10. Dezember, begleitete Hans Vijlbrief Ministerpräsident Rutte und dessen Berater Ronald van Roeden an Bord des niederländischen Regierungsflugzeugs nach Berlin, um ihn für die später in der Woche angesetzte Tagung des Europäischen Rates auf den neuesten Stand zu bringen. Der Generaldirektor für europäische Angelegenheiten, Robert de Groot, war ebenfalls dabei. Von Berlin aus sollte Rutte weiter nach Oslo fliegen, um der Verleihung des Friedensnobelpreises an die Europäische Union gemeinsam mit Bundeskanzlerin Merkel beizuwohnen. Unterwegs diskutierten sie ausführlich über meine mögliche Kandidatur. Hans Vijlbrief und Robert de Groot flogen anschließend sofort zurück in die Niederlande. Rutte sprach dann auf dem Flug nach Oslo mit Merkel über den Vorschlag, und sie war begeistert. Dijsselbloem sei zwar ein Sozialdemokrat, aber nach niederländischer Façon, so waren ungefähr ihre Worte. In der Zwischenzeit rief Schäuble Jan Kees de Jager an, um meine Vorgeschichte zu überprüfen. Jan Kees sagte nur Gutes über mich, wie mir Schäuble später erzählte.

Während der ECOFIN-Tagung am 12. Dezember fand meine eigentliche Einführung statt. Unter zyprischem EU-Ratsvorsitz diskutierten die 28 EU-Finanzminister über die künftige zentrale Bankenaufsicht. Während dieses scheinbar endlosen Treffens im Lex-Gebäude gab es eine lange Unterbrechung, ohne dass der Vorsitzende uns den Grund oder die voraussichtliche Dauer mitteilte. Von uns allen wurde erwartet, dass wir auf das Ergebnis der bilateralen Konsultationen warteten – Dutzende von Ministern und Hunderte von Beamten, die stundenlang ausharren, ohne Klarheit über das Verfahren oder die Inhalte. Ich war an diese Brüsseler Rituale nicht gewöhnt und wurde bald ungeduldig. Also fragte ich Focco Vijselaar, einen meiner besten Mitarbeiter, damals Direktor für Auslandsfinanzbeziehungen in Den Haag, was denn los war.

Focco erklärte, dass sich mehrere Entscheidungsträger in einen separaten Raum zurückgezogen hätten, und wies den Flur hinunter auf eine geschlossene Tür. „Darf ich mich ihnen anschließen?", fragte ich naiv. „Warum nicht", antwortete Focco. Gesagt, getan: Ich ging in den Raum, der nicht größer als zehn Quadratmeter und nur schwach beleuchtet war. Neben dem damaligen zyprischen ECOFIN-Präsidenten Vassos Shiarly traf ich dort die deutschen und französischen Minister Schäuble und Moscovici sowie den EU-Kommissar für den Finanzsektor, Michel Barnier, und EZB-Präsident Mario Draghi an. Alle Stühle in dem kleinen Raum waren besetzt. Ich stand stundenlang an der Wand, fand allmählich den Weg in die Diskussionen und schlug Lösungen vor, während ich zwischendurch die für die Niederlande wichtigen Punkte hervorhob. Im Rückblick war diese stundenlange Sitzung meine Feuerprobe.

Gab es denn nicht mehr Anwärter auf diese Position als einen unerfahrenen Niederländer? Nun, Schäuble und Moscovici waren beide interessiert, aber dem Vernehmen nach standen sie sich gegenseitig im Weg. Andere Minister aus kleineren Ländern waren aus verschiedenen Gründen aus dem Rennen oder kamen einfach aus dem falschen Land – wie zum Beispiel der sehr kompetente Minister Luc Frieden aus Luxemburg (ein weiterer Luxemburger direkt nach Juncker wäre wohl zu viel des Guten gewesen). Ein anderer qualifizierter Kandidat, der finnische Premierminister und ehemalige Finanzminister Jyrki Katainen, wollte den Job nicht haben, außerdem kam er aus dem gleichen Land wie der EU-Kommissar für Wirtschaft und Währung, Olli Rehn.

Am Rande der Tagung des Europäischen Rates entschieden Merkel, Hollande und Van Rompuy am Freitag, dem 14. Dezember, dass ich der beste Kandidat für die Nachfolge von Juncker sei. Einige Journalisten deuteten an, dass meine Ernennung im Zusammenhang mit der Kandidatur von Danièle Nouy von der französischen Zentralbank für die Leitung der neuen europäischen Bankenaufsichtsbehörde stand. Aber es gab nie einen Beleg dafür. Ich war an diesem Tag in Brüssel geblieben für den Fall, dass weitere Gespräche notwendig würden, aber das erwies sich als unnötig. Juncker selbst hatte Mark Rutte bereits gesagt, dass auch er meine Kandidatur unterstützt. Am Montag, dem 17. Dezember, flog ich als mutmaßlicher designierter Präsident der Euro-Gruppe mit Hans Vijlbrief, meiner Pressesprecherin Simone Boitelle und Focco Vijselaar nach Deutschland. Dort bestätigte Schäuble, dass Deutschland den niederländischen Kandidaten aktiv unterstützten würde.

Allerdings hatte ich die Präsidentschaft noch gar nicht inne. Wir mussten zunächst eine Reihe führender politischer Akteure besuchen, um uns ihrer Unterstützung zu versichern. Es war Sonntagabend am 6. Januar 2013, als wir die Lobby des Brüsseler Sofitel-Hotels betraten. Brüssel wirkte verlassen, noch lag die Feiertagsruhe über der Stadt. Die nächsten Wochen sollten den Höhepunkt einer Kampagne für die Präsidentschaft der Euro-Gruppe bilden, die nie wirklich eine Kampagne war.

Unser erstes Treffen fand früh am nächsten Morgen mit Herman Van Rompuy statt, dem ehemaligen belgischen Premierminister, der nun Präsident des Europäischen Rates der Staats- und Regierungschefs war. Er empfing uns in seinem Flügel des Ratsgebäudes. Neben seinem

Büro befand sich ein großer Empfangsbereich, der damals mit einer eindrucksvollen Anzahl weißer Ledersessel ausgestattet war, von denen zwei vor der europäischen Flagge standen. Van Rompuy begrüßte uns sehr herzlich. Das war der Beginn unserer harmonischen und teilweise intensiven Zusammenarbeit in den folgenden Jahren. Van Rompuy war viel gesprächiger, als wir an diesem frühen Montagmorgen erwartet hatten. Er ging praktisch die gesamte Agenda der Euro-Gruppe mit mir durch und behandelte mich so, als wäre ich schon der neue Präsident.

Anschließend fuhren wir zu unserem nächsten Treffen in Brüssel, zum belgischen Finanzministerium, wo uns der Politiker und Akademiker Steven Vanackere von der christdemokratischen CD&V erwartete. Er war 2011 als Teil der Regierung Di Rupo belgischer Finanzminister geworden und sollte 2013 zurücktreten, nachdem er wegen eines Abkommens zwischen dem christlichen belgischen Gewerkschaftsverbund (ACW) und der Belfius Bank, die seit 2011 im Staatsbesitz war, in die Kritik geraten war. Vanackere wurde später von jeglichem Fehlverhalten freigesprochen. Unser Gespräch mit ihm an diesem Tag war freundlich. Beim anschließenden Mittagessen mit Luxemburgs Finanzminister Luc Frieden erfuhr ich, dass dieser gerne selbst Präsident der Euro-Gruppe geworden wäre. Er hätte gute Arbeit geleistet, das steht außer Frage. Der Vorschlag, es gemeinsam zu tun, schien mir nicht praktikabel. Meine Kollegen aus den Benelux-Ländern sicherten mir daraufhin ihre Unterstützung zu, und von da an konnte ich immer auf sie und auch auf ihre Nachfolger zählen.

Am Dienstag, dem 8. Januar, brachte uns das niederländische Regierungsflugzeug, die Koningin Beatrix, in den Niederlanden bekannt als KBX, nach Rom. Bei unserer Ankunft machten wir Bekanntschaft mit der römischen Motorradpolizei, die uns mit Blaulicht, heulenden

Sirenen, lautem Geschrei und wütenden Gesten rasend schnell durch den dichten Verkehr der italienischen Hauptstadt führte. Das brauchte zwar starke Nerven, war aber ein spektakuläres Erlebnis. Ich hatte ein langes Gespräch mit Minister Vittorio Grilli, einem ehemaligen Kollegen von Hans Vijlbrief, der als Generaldirektor des Schatzamtes in der technokratischen Regierung von Mario Monti zum Minister befördert worden war. Grilli hatte keine Einwände gegen meine Ernennung zum Präsidenten der Euro-Gruppe. Unser persönliches Gespräch und auch die anschließende Diskussion zwischen den Delegationen waren freundschaftlich und sachbezogen.

Am nächsten Tag flogen wir nach Paris zu meinem anspruchsvollsten Treffen – mit Pierre Moscovici. Mir war gesagt worden, dass der französische Minister die Präsidentschaft der Euro-Gruppe selbst angestrebt hatte und sich nicht sehr für die Idee eines niederländischen Kandidaten begeistern konnte. Die Niederlande hatten sich stets stark für die Haushaltsdisziplin ausgesprochen, die für Frankreich nach wie vor ein Problem darstellte. Wir haben zahlreiche Themen angesprochen, darunter die Ausweitung der Eurozone auf die baltischen Staaten. Zu meiner Überraschung war Moscovici diesbezüglich sehr zurückhaltend. Dennoch verlief auch dieses Gespräch gut, und Moscovici sagte mir, er werde meine Kandidatur unterstützen. Er war allerdings der Meinung, dass der neue Präsident in der Euro-Gruppe auch zur Zukunft des Euroraums Stellung nehmen sollte. Eine Bitte, der ich gerne nachkam.

In der folgenden Woche, am Donnerstag, dem 17. Januar, flogen wir nach Madrid, um Luis de Guindos unsere Aufwartung zu machen. Es war ein lebhaftes Abendessen. De Guindos war Anfang des Jahres Finanzminister in der Regierung Rajoy geworden, nachdem er bis 2004 als hoher Beamter in diesem Ministerium gearbeitet hatte. Von 2004 bis 2012 hatte auch Lehman Brothers Europe zu seinen Arbeitgebern gehört. De Guindos teilte mir während unseres Gesprächs mit, dass er nichts gegen meine Ernennung einzuwenden habe, sein Premierminister ihm jedoch nicht erlaubte, dafür zu stimmen. Seit geraumer Zeit beklagte die spanische Regierung, dass das Land in den europäischen Spitzenpositionen unterrepräsentiert sei. Da war etwas Wahres dran, denn im Mai 2012 hatte Spanien seinen Sitz im EZB-Direktorium an den Luxemburger Yves Mersch verloren. Die Ambitionen der Spanier sollten später noch zu vielen Komplikationen führen, aber Anfang 2013 waren wir uns dessen glücklicherweise noch nicht bewusst.

Auf dem Heimweg von unserer „Tour durch Europa" machten wir Station in Luxemburg, um auch Jean-Claude Juncker um seinen Segen zu bitten. Es war ein kalter, regnerischer Tag, aber die Atmosphäre war herzlich. Ich sprach mit Jean-Claude in seinem Büro in der Villa, in der auch der Premierminister des Großherzogtums arbeitet. Er gab mir noch einige wertvolle Ratschläge: Achte auf die kleinen Länder, sie werden allzu oft vergessen. Und: Halte engen Kontakt zu Frankreich, aber lass niemals die Franzosen oder die Deutschen das Ruder übernehmen. Wir sprachen gemeinsam vor dem Gebäude mit der Presse und die Angelegenheit wurde öffentlich besiegelt. Dann gingen wir durch das Stadtzentrum in ein Restaurant, in dem die beiden Delegationen gemeinsam speisten.

Am Montag, dem 21. Januar 2013, wurde ich zum Präsidenten der Euro-Gruppe gewählt. Es gab keine Misstöne. Lediglich Luis de Guindos erhob wie angekündigt einen formellen Einwand, ohne jedoch gegen die Ernennung zu stimmen. Es wurde viel darüber geschrieben, warum ich plötzlich in diese Position kam. Einige Journalisten sprachen von purem Glück – niemand sonst sei bereit und in der Lage gewesen, es zu tun. Andere betrachteten es als Ergebnis raffinierter diplomatischer Manöver. Die Wahrheit ist komplex. Ich vermute, dass meine ersten Auftritte überzeugend waren. Anstatt mit der Faust auf den Tisch zu schlagen, verließ ich mich auf die Kraft der Argumente und der Vernunft und suchte nach Lösungen, die wirklich für uns alle funktionierten.

Bemerkenswert ist zudem, wie die Niederlande mit der Macht umgehen, die eine solche Position mit sich bringt. Dann kommen einige typisch niederländische Eigenschaften zum Vorschein. Bei uns besagt ein Sprichwort: „Mach es einfach, das ist verrückt genug."[1] Nur wenige Monate später befanden wir uns in der Zypern-Krise und es wurde fleißig an meinem Stuhl gesägt. In solchen Situationen ist es hilfreich, einen kühlen Kopf zu bewahren. Eine zweite niederländische Eigenart – „Manchmal muss man die Dinge einfach beim Namen nennen"[2] – wird durch die oben beschriebenen Ereignisse bereits ausreichend veranschaulicht. In den Niederlanden war man vor allem besorgt, dass unsere eigene Stimme nicht mehr zu hören wäre, dass Kompromissbereitschaft dominierte. Für mich eine unbegründete Sorge: Während meiner Amtszeit als Präsident habe ich meinen Standpunkt bei vielen Gelegenheiten klar zum Ausdruck gebracht und bin dabei so manchem auf die Füße getreten. Aber die ganze Zeit über habe ich unermüdlich nach Lösungen gesucht und Brücken zwischen gegensätzlichen Ansichten gebaut, um uns alle voranzubringen. Und natürlich kenne ich auch die Sensibilitäten in Den Haag.

Damit komme ich zu einem dritten Punkt: dem Team. Kurz nach meiner Ernennung zum Präsidenten wurde Hans Vijlbrief von einem Kollegen aus einem großen

---

[1] Im Original: „Doe maar gewoon dan doe je gek genoeg". (Anmkg. d. Red.).
[2] Im Original: „Je moet soms zeggen waar het op staat". (Anmkg. d. Red.).

Mitgliedsstaat im Osten unseres Landes gefragt, wie viele niederländische Beamte er für nötig hielt, um die Präsidentschaft zu unterstützen: um die 60 oder 70? Tatsächlich waren dem Team der Euro-Gruppe in Den Haag nur zwei oder drei hauptamtliche Beamte zugeordnet. Erst ein, dann später zwei Berater – Niels Redeker und Evelien Wind –, unsere Sprecherin Simone Boitelle und später Michel Reijns. Die anderen Mitglieder des Unterstützungsteams, der Generalschatzmeister, der Direktor für Auslandsfinanzbeziehungen (BFB) und der Leiter der Abteilung für europäische Angelegenheiten der Direktion BFB, haben ihre Tätigkeit alle zusätzlich zu ihren regulären Aufgaben ausgeführt – genau wie ich. Sie erhielten, genau wie ich, keine zusätzliche Vergütung dafür. Das war das Team, mit dem ich mich an die Arbeit machte.

5

Krise in Zypern: die Blaupause

Das Hotel Silken Berlaymont ist nur einen Katzensprung vom Hauptsitz der wichtigsten europäischen Institutionen entfernt: dem Hauptsitz der Europäischen Kommission, dem Berlaymont, dem alten und dem neuen Ratsgebäude, dem Justus-Lipsius-Gebäude, dem Europa-Gebäude und, in unmittelbarer Nähe, dem Europäischen Parlament. Das Silken Berlaymont verfügt über eine ausgezeichnete Kaffeebar, in der ich am Montag, dem 25. März 2013, gegen elf Uhr morgens mit Hans Vijlbrief und Simone Boitelle zusammensaß.

Wir hatten gerade die zweite Runde der Rettungsaktion für Zypern abgeschlossen, die mitten in der Nacht mit einer Erklärung der Euro-Gruppe und einem neuen Hilfspaket von bis zu zehn Milliarden Euro endete. Dies war das zweite Paket, denn das erste, das am 16. März angekündigt worden war, war in der darauffolgenden Woche vorzeitig beendet worden.

In der Kaffeebar des Hotels sollte ich mit Philippe Ricard von *Le Monde,* Marc Peeperkorn von *de Volkskrant,* Peter Spiegel von der *Financial Times* und Luke Baker von Reuters sprechen. Nach dem Fehlschlag in der Woche davor, den viele teilweise auf die zurückhaltende Kommunikation des Präsidenten der Euro-Gruppe zurückführten, war es an der Zeit, eine klare Botschaft zu unserem Vorgehen bei künftigen Bankenkrisen in Europa zu vermitteln. Zypern bedeutete einen Kurswechsel und würde viele Dinge in Bewegung setzen.

Das Land besitzt eine der kleinsten Volkswirtschaften im Euroraum. Die finanziellen Schwierigkeiten auf der Insel – genauer gesagt im südlichen Teil der Insel – waren auf eine ungesunde Mischung aus einem viel zu großen Finanzsektor und außer Kontrolle geratenen öffentlichen Finanzen zurückzuführen. Von allen Problemländern zeigte sich in Zypern das Phänomen eines aufgeblähten Finanzsektors am deutlichsten: Zwischen 2004 und 2010 hatte sich der Bankensektor mit 953 % des BIP der Insel mehr als verdoppelt. Die beiden im Verhältnis zu den Volkswirtschaften ihrer Länder größten Banken Europas waren die Bank of Cyprus und die Laiki Bank. Die ausstehenden Kredite an den Privatsektor beliefen sich auf 286 % des BIP. Auch in dieser Hinsicht lag Zypern weit vorn. Die großen zyprischen Banken zeigten noch eine Besonderheit: Ein Großteil des Geldes, das den Weg auf die Insel fand, stammte von (wohlhabenden) Russen. Warum? Die geografische Lage und die kulturelle Verwandtschaft durch die orthodoxe Kirche haben sicher dazu beigetragen. Ein weiterer Grund ist das Rechtssystem, das die Briten als Kolonialherren von 1878 bis 1960 hinterlassen hatten. Zudem hatte die Finanzdienstleistungsbranche der Insel viel Energie eingesetzt, um russische Kunden anzuziehen, die einen sicheren Hafen für ihren Besitz und manchmal auch für sich selbst suchten.

5 Krise in Zypern: die Blaupause

Die zyprischen Banken haben sich nicht allzu genau angesehen, woher das Geld kam, der Zinssatz war hoch (zehn Prozent fest auf fünf Jahre) und die Steuern waren vernachlässigbar. Mit zehn Prozent war die Körperschaftsteuer so niedrig wie nirgendwo sonst in der Eurozone. Ein sehr engmaschiges Netzwerk von Anwälten war sowohl im Finanzdienstleistungsbereich als auch in der Politik tätig. Die Verflechtung der Banken mit der politischen Welt war ebenfalls offensichtlich und eine der Ursachen für die ernsthaften Schwierigkeiten, in denen sich Zypern befand.

Da Zypern dem allgemeinen Trend zur Liberalisierung des Finanzsektors gefolgt war, hatten die dadurch angezogenen Bankeinlagen ein rasantes Wachstum bei der Kreditvergabe ausgelöst. Bis heute hat Zypern das im Vergleich zur Größe der Volkswirtschaft größte Portfolio an ausstehenden Darlehen an den Privatsektor im Euroraum. Darüber hinaus hat die Insel auch die höchste Zahlungsausfallrate. Ein Großteil des Kreditbooms verschwand in Bauprojekten. Doch niemand wollte die Party verderben. Als die Zentralbank versuchte, den Beleihungsauslauf (das maximale Darlehen im Verhältnis zum Wert der Immobilie) zu senken, um den Boom auf dem Immobilienmarkt zu bremsen, stieß sie auf heftige Proteste von Projektentwicklern und Banken sowie später auch von Politikern. Und der „Boom" setzte sich fort.

Auf dem EU-Gipfel vom 26. Oktober 2011 hatten die Mitgliedstaaten zugesagt, ausreichende Mittel für die Rekapitalisierung ihrer Banken bereitzustellen, falls die Ergebnisse des in diesem Jahr europaweit durchgeführten Stresstests dies erforderlich machten. Das Problem auf Zypern war, dass das Land bereits im Mai 2011 seinen Zugang zu den Finanzmärkten verloren hatte, so dass es keinen glaubwürdigen Backstop aufweisen konnte. Zwar konnte die zyprische Regierung dank eines Darlehens von

Russland in Höhe von 2,5 Mrd. EUR ihr Haushaltsdefizit vorläufig ausgleichen, aber es blieben keine freien Mittel, um Banken zu retten. Man hoffte – nicht zum letzten Mal – darauf, dass Russland wieder zur Hilfe eilen würde. Im Jahr 2011 meldeten die großen Banken, allen voran Laiki, erneut enorme Verluste. Ihre eigenen Versuche, neues Kapital von Investoren zu gewinnen, waren zum Scheitern verurteilt gewesen.

Im Laufe des Jahres 2012 wuchs die Sorge um die Gesundheit der zyprischen Banken und die zyprische Wirtschaft weiter an. Die Banken bluteten langsam aus, die Kreditwürdigkeit der zyprischen Regierung sank. Im Juni wurden zyprische Staatsanleihen von Fitch, der einzigen Ratingagentur, die Zypern bis dahin noch als kreditwürdig eingestuft hatte, auf „Junk"-Status herabgestuft. Der *haircut* für griechische Staatsanleihen im Mai war ein weiterer Schlag für die zyprischen Banken gewesen, eine unbeabsichtigte Nebenwirkung dieser wichtigen Maßnahme, um die griechische Schuldenlast nachhaltiger zu machen. Aber die zyprischen Banken waren keine unschuldigen Opfer. Sie hatten im ersten Halbjahr 2012 noch in großem Stil Investitionen in griechische Regierungspapiere getätigt. Die Bank of Cyprus hatte einen Betrag, der ihrem gesamten Eigenkapital entsprach, in griechische Staatsanleihen investiert. Und dies in einer Zeit, in der bereits ausführlich über die Notwendigkeit einer Umschuldung und damit über eine Abschreibung auf den Wert griechischer Staatsanleihen diskutiert wurde. Die Banker hatten das enorme Risiko ignoriert und wollten die hohen Renditen einstreichen, die gerade aufgrund dieses großen Risikos geboten wurden.

Von da an war es unvermeidlich: Zypern brauchte eine eigene Rettungsaktion. Die Europäische Kommission drängte ebenfalls stark darauf. Panicos Demetriades, den man damals gerade erst zum Gouverneur der Zentralbank

5 Krise in Zypern: die Blaupause

des Landes ernannt hatte, schildert in seinem 2017 veröffentlichten „Tagebuch" über die Euro-Krise, wie er Präsident Dimitris Christofias anrief und ihm mitteilte, dass er die Notfall-Liquiditätshilfe für Banken (*Emergency Liquidity Assistance* – ELA) einstellen müsse, wenn die Regierung kein Rettungspaket beantragt. Der kommunistische Präsident hatte sich lange gegen Unterstützung aus Brüssel gewehrt. Er wollte sich nicht den „Imperialisten in Washington" – dem IWF – ausliefern. Er widersetzte sich dem Gedanken, dass Haushaltskürzungen nötig waren, um die öffentlichen Finanzen in Ordnung zu bringen, und lehnte auch Arbeitsmarktreformen ab, die man zweifelsohne von Zypern erwartete. Aber nach der Herabstufung von Fitch gab es keine Alternative mehr: Am 25. Juni 2012 beantragte Zypern ein Hilfsprogramm.

Zu jener Zeit versank Griechenland im politischen Chaos, nachdem eine Parlamentswahl keinen klaren Sieger hervorgebracht hatte. Das führte zu großer Unsicherheit. Zyprische Banken waren in Griechenland sehr aktiv, mit einem Engagement im Gesamtwert von 25 Mrd. EUR, 140 % des zyprischen BIP.

Bei der Laiki Bank, die viele griechische Kontoinhaber hatte, schmolzen die Bankguthaben innerhalb kurzer Zeit um zehn Prozent. Das verschlimmerte die Probleme noch. Nachdem Zypern ein Programm beantragt hatte, kam die Troika nach Nikosia. Eine der ersten Fragen war, wie groß die Finanzlücke der Banken wirklich war. Das Beratungsunternehmen PIMCO kam nach eingehender Prüfung der Bilanzen auf einen Wert von 10 Mrd. EUR.

Die Gespräche über das Programm setzten sich bis in die zweite Jahreshälfte 2012 fort. Der Präsident hatte seine ablehnende Haltung noch nicht überwunden, während der Finanzminister Vassos Shiarly, früher tätig bei der Bank of Cyprus, konstruktiv mitwirkte. Sparmaßnahmen jeglicher Art waren umstritten, das Thema

Steuererhöhungen war tabu. Im Sommer 2012 versuchte Christofias erneut, ein Darlehen von Wladimir Putin zu erhalten, aber der reagierte nicht eben begeistert.

Auch die Euro-Gruppe war wenig begeistert. Bei meinem ersten Euro-Gruppentreffen nach meiner Ernennung zum niederländischen Finanzminister im November sprachen wir über Zypern. Der *Spiegel* hatte gerade einen Artikel mit dem Titel *Hering und Wodka* [1] veröffentlicht und gefragt, warum die europäischen Steuerzahler „russische Oligarchen, Geschäftsleute und Mafiosi, die ihr Schwarzgeld in Zypern angelegt haben", retten sollten. In die hitzige Debatte der Euro-Gruppe floss dieser Artikel mit ein. Teilweise auf meinen Vorschlag hin sollten die Bemühungen zur Bekämpfung der Geldwäsche in Zypern unter die Lupe genommen und ein Plan zu ihrer Verbesserung entworfen werden – unabhängig von einem eventuellen Rettungspaket. Der zyprische Finanzminister Shiarly protestierte heftig und behauptete, dass Zypern kein Geldwäscheproblem habe, wie auch der Expertenausschuss Moneyval bestätigt hätte, der für die Kontrolle zuständig sei. Im Jahr 2011 war ein Moneyval-Bericht über Zypern erschienen, der erläuterte, dass Zypern keinen Anlass zu einer Risikobewertung sehe, da „das Risiko der Geldwäsche gering ist". Es gab keinerlei Aufsicht über Treuhandgesellschaften, Finanzdienstleister oder Anwälte. Derartige Berichte werden oft vorgeschoben; wenn man sie jedoch beiseite lässt oder sie genau genug liest, kann man das Ausmaß der Probleme erkennen. Schließlich wurden verbesserte Maßnahmen zur Bekämpfung der Geldwäsche in das Rettungsprogramm aufgenommen.

Ende November konnten die zyprische Regierung und die Troika eine Einigung über das Programm erreichen. Doch zu jenem Zeitpunkt hatte die Euro-Gruppe beschlossen, zunächst das Ergebnis der Wahl abzuwarten. Es hatte keinen Sinn, einen Deal mit einem Präsidenten

5 Krise in Zypern: die Blaupause

zu machen, der bald ersetzt wurde. Zypern hat ein Präsidialsystem, der Präsident setzt seine eigene Regierung ein. Es war klar, dass wir mit einer politischen Wende zu rechnen hatten.

Neuer Präsident wurde Nikos Anastasiades, ein pro-europäischer Politiker, Anwalt und Miteigentümer einer der größten Anwaltskanzleien, sehr erfahren im Gewinnen wohlhabender russischer Kundschaft. Anastasiades war Vorsitzender der konservativen Partei Dimokratikos Synagermos (DISY), die mit den Christdemokraten auf europäischer Ebene verbunden ist. Während des Wahlkampfes war Merkel nach Zypern gereist, um ihn zu unterstützen. Der neue Finanzminister war Michael Sarris, ein ruhiger, freundlicher Mann, der diese Position bereits im Vorfeld des Beitritts Zyperns zum Euroraum innehatte und dann Vorsitzender der Laiki Bank geworden war. Die neue Regierung trat ihr Amt am 1. März 2013 an. Seit dem Antrag auf ein Hilfsprogramm waren acht Monate vergangen und es gab immer noch kein Programm.

So fand ich die Lage in Zypern vor, als ich die Präsidentschaft der Euro-Gruppe übernahm: eine Wirtschaft am Rande des Zusammenbruchs, was insbesondere für den aufgeblähten Bankensektor galt, ein großes Staatsdefizit, eine steigende Staatsverschuldung und strukturell ungesunde Banken, die bereits seit einiger Zeit auf Liquiditätshilfen angewiesen waren. Diese Probleme waren durch Aufschub und Verzögerungen noch größer geworden.

Ich wurde am Ende der Sitzung vom 21. Januar 2013 ernannt. Das Thema Zypern wurde während dieser Sitzung zwar besprochen, aber wir verschoben unsere Entscheidung auf die Zeit nach den Wahlen. Es wurde diskutiert, ob es notwendig war, die Banken zu retten. Waren die zyprischen Banken wirklich systemrelevant? Mit anderen Worten: Wenn sie zusammenbrächen, welche

Auswirkungen hätte das außerhalb Zyperns, im übrigen Euroraum? Und könnten die anderen Euroländer den Schock abfedern? Der griechische Minister war diesbezüglich natürlich sehr besorgt, ebenso wie sein portugiesischer Amtskollege. Es war offensichtlich, dass die Banken für Zypern selbst „systemrelevant" waren. Die Wirtschaft des Landes würde bei einem Sturz der Großbanken zusammenbrechen. Dann wäre die Regierung nicht mehr in der Lage, ihren Verpflichtungen nachzukommen. Wolfgang Schäuble, der das alles natürlich wusste, stellte dennoch die Frage, ob ein Rettungspaket wirklich notwendig sei. Damit sprach er implizit die Option an, Zypern dazu zu zwingen, sich selbst zu retten, also in Konkurs zu gehen.

Bereits am 10. Februar zeichneten sich Schwierigkeiten ab. Die Financial Times berichtete, dass Brüssel über einen radikal neuen Vorschlag diskutierte, nämlich, die nicht versicherten Einleger und Anleihegläubiger der angeschlagenen Banken für die Verluste aufkommen zu lassen. Das stimmte zwar, hätte aber selbstverständlich nicht an die Öffentlichkeit gelangen dürfen. Meine Vermutung war, dass Gegner dieser Maßnahme die Information hatten durchsickern lassen. Natürlich führten die Nachrichten zu einer Kapitalflucht aus Zypern und die Bank of Cyprus musste noch mehr Liquiditätshilfen beantragen. Zu diesem Zeitpunkt hatte Laiki bereits Liquiditätshilfen in Höhe von 9,2 Mrd. EUR von der Zentralbank aufgenommen.

Anastasiades hatte sich während des Wahlkampfes für die weitere Verfügbarkeit von Liquiditätshilfen für die Banken ausgesprochen. Er hatte auch die geschätzte Kapitalunterdeckung der Banken thematisiert, die, wie er behauptete, von der unabhängigen Beratungsfirma PIMCO stark überbewertet worden war. Aber sowohl die Methode als auch die Resultate waren von einem

5 Krise in Zypern: die Blaupause

Lenkungsausschuss mit Vertretern der zyprischen Finanz- und Handelsministerien, der Zentralbank Zyperns, des IWF, der EZB, der Europäischen Kommission, der Europäischen Bankenaufsicht (EBA) und des ESM gebilligt worden. Die Bank of Cyprus und die kirchliche Hellenic Bank ließen dennoch ein eigenes Gegengutachten erstellen. Mit diesen Zahlen bewaffnet nahm Anastasiades am 14. März an seinem ersten europäischen Gipfel teil. Aber seine Beteuerung, die Probleme mit den Banken wären nur halb so schlimm, stieß auf taube Ohren. Die Antwort von Bundeskanzlerin Merkel war knapp: Uns interessieren allein die PIMCO-Zahlen.

Wie immer wurden die Vorbereitungen für ein Hilfsprogramm in der EWG unter der Leitung von Thomas Wieser ausführlich diskutiert. Dort brach eine heftige Debatte über den möglichen Preis für die Rettung Zyperns aus. Eine Gruppe von Ländern, darunter Deutschland und die Niederlande, war der Ansicht, dass wir Zypern nicht mit einem großen Hilfspaket überlasten sollten, um vor allem den Banken aus ihrer misslichen Lage zu helfen. Schließlich hatten uns unsere Erfahrungen in Griechenland gelehrt, dass ein solcher Ansatz das Land zwar zahlungsfähig hält, es aber mit einer enormen Staatsverschuldung belastet. Diese Gruppe machte geltend, dass der maximale Umfang des Programms im Hinblick auf die Schuldennachhaltigkeit 10 Mrd. EUR betragen sollte – das waren immer noch etwa 55 % des BIP. Was darüber hinausging, müsste anderweitig beschafft werden. Bei dieser Vorgehensweise müssten die Gläubiger der Banken zwangsläufig an den Verlusten beteiligt werden. Mit anderen Worten, die beiden Großbanken waren *too big to save*. Auch der IWF unterstützte nachdrücklich einen solchen Bail-in. Gemäß den IWF-Regeln können Länder nur dann Finanzhilfen erhalten, wenn ihre Schulden langfristig tragbar sind. Das heißt, dass in diesem Fall die

Verluste der Banken nicht auf den Staat übertragen werden konnten.

Private Risiken sollten von privaten Beteiligten getragen werden. Das war eine wichtige Lektion, die ich aus den vorangegangenen Krisenjahren gelernt hatte. Dieses „Bail-in-Prinzip" ist sowohl wirtschaftlich als auch politisch sinnvoll. Wer in den guten Jahren von Dividenden und garantierten hohen Zinsen profitiert hatte, musste in schlechten Zeiten auch die Verluste tragen können. Es war auf Dauer politisch inakzeptabel, diese Verluste über höhere Staatsschulden und Haushaltskürzungen auf die normalen Steuerzahler abzuwälzen. Dieser Grundsatz führt auch zu einer gesünderen wirtschaftlichen Situation, in der die Anleger bei der Investitionsentscheidung die Risiken in die Preise einbeziehen. Wenn einer Bank, in die sie investiert haben, der Zusammenbruch droht, werden die Gläubiger in der Reihenfolge ihres Ranges herangezogen: zuerst die Aktionäre, dann die nachrangigen Anleihegläubiger, dann die gewöhnlichen Anleihegläubiger und schließlich, falls erforderlich, auch die Einleger, deren Einlagen über dem europäischen Garantiebetrag von 100.000 EUR[1] liegen.

Die Auseinandersetzung wurde auf der einen Seite von den Ländern geführt, die bei diesem Ansatz eine Ansteckung anderer Länder befürchteten. Diese Gruppe wird traditionell von der Europäischen Kommission angeführt. Die andere Gruppe wird von Deutschland angeführt und vom IWF stark unterstützt. In früheren Krisen, insbesondere in den Jahren 2010 und 2011, hatte sich die Ansteckung in der Tat als echte Gefahr erwiesen,

---

[1] Zur Europäischen Einlagensicherung siehe BMF: „Fragen und Antworten zur harmonisierten europäischen Einlagensicherung", https://www.bundesfinanzministerium.de/Content/DE/FAQ/2014-10-22-harmonisierte-europaeische-einlagensicherung.html. Zugriff 01.06.2019 (Anmkg. d. Red.).

aber sie ließ sich nur zu einem sehr hohen Preis abwenden. In ganz Europa hatten Bankenrettungsaktionen mit öffentlichen Geldern die Staatsschulden noch weiter in die Höhe getrieben. Ziel meiner Bemühungen war es, dies in Zypern zu verhindern und damit einen Präzedenzfall zu schaffen.

Die Sitzung der Euro-Gruppe am 10. Februar war die erste unter meiner Leitung, und wir hatten gleich ein großes Problem zu bewältigen. Der zyprische Finanzminister Shiarly beschwerte sich in der Presse über die ungerechte Behandlung, die Zypern seiner Ansicht nach erfuhr. Der EU-Kommissar Rehn hatte der Öffentlichkeit versichert, dass weder Anleger noch Einleger Angst vor Abschreibungen haben müssten. Wer die Spielregeln kannte, wusste jedoch, dass dieses Versprechen nicht einzuhalten war. In den ersten Krisenjahren waren Juncker, Rehn und andere wiederholt der Wahrheit ausgewichen, um eine weitere Eskalation der Panik auf den Märkten zu verhindern. Während der Griechenlandkrise 2011 hatte Juncker gesagt: *"When it becomes serious, you have to lie"*[2]. Eine verständliche Vorgehensweise in einer akuten Krisensituation. Aber es fragt sich, ob man mit Erklärungen und Versprechungen, die anschließend wieder zurückgenommen werden, langfristig das Vertrauen der Öffentlichkeit zurückgewinnt. Auf der Pressekonferenz sagte ich die ungeschminkte Wahrheit: Alle Optionen waren offen. Das war ein erster Hinweis auf meinen Stil, der anders war als der meines Vorgängers. Zugleich war es ein bewusster Warnschuss. Der Druck sollte steigen.

Erst zehn Tage zuvor hatte ich in meiner Funktion als niederländischer Finanzminister eine einzigartige Maßnahme in Bezug auf das Finanzinstitut SNS Reaal

---

[2] „Wenn es ernst wird, muss man lügen." (Anmkg. d. Red.).

ergriffen. Noch eine weitere niederländische Bank – die viertgrößte – wurde verstaatlicht, aber diesmal wurde eine große Gruppe von Investoren beteiligt und hatte alles verloren. Die Rechtsstreitigkeiten über Schadenersatz sind noch im Gange. Auch die anderen niederländischen Banken wurden verpflichtet, sich durch eine hohe Einmalbelastung an der Rettungsaktion zu beteiligen. Hierdurch sparten die niederländischen Steuerzahler Milliarden. Es war das erste Signal dafür, dass nun ein anderer Wind wehte. Aber weil die Katastrophe verhindert worden war, erregte dieser neue Ansatz keine internationale Aufmerksamkeit.

Am 4. März folgte eine weitere Sitzung der Euro-Gruppe. Dort wurde dem zyprischen Finanzminister mitgeteilt, dass das Hilfspaket für sein Land aus Gründen der Schuldennachhaltigkeit nicht mehr als 10 Mrd. EUR betragen würde. Es war klar, dass dieser Betrag keinen Bail-out der Großbanken zuließ. Er antwortete, dass er vom Präsidenten kein Mandat habe, auf den Vorschlag zu reagieren. An diesem Abend wurde keine Entscheidung getroffen.

Zu diesem Zeitpunkt hatten die zunehmenden Spannungen die höchste politische Ebene erreicht. Die Tagung des Europäischen Rates vom 14. und 15. März hatte eine wenig aufregende Tagesordnung, aber in Wirklichkeit stand die ganze Zeit über ein wichtiges Thema im Raum: Zypern. Ich war vom Ratspräsidenten Herman Van Rompuy zum Gipfel des Euro-Währungsgebiets eingeladen worden, der am Rande der Ratstagung stattfand. Ich hatte erwartet, dass entweder der zyprische Präsident, Nikos Anastasiades, oder der Präsident der Europäischen Kommission, José Barroso, das Thema Zypern während des Gipfels ansprechen würden. Schließlich hielt der zyprische Präsident die Ablehnung seines Antrags auf ein größeres Darlehen an Zypern für ungerecht und Barroso fürchtete ein Überspringen der Krise auf andere Länder – nicht zuletzt Portugal. Aber die Regierungschefs der Euroländer hielten sich an die Tagesordnung: Draghi hielt einen Vortrag über wirtschaftliche Belange und Zypern wurde nicht erwähnt.

Schon am nächsten Tag, dem 16. März, folgte die entscheidende Sitzung der Euro-Gruppe, bei der wir tief in der Nacht eine Einigung erzielten. Wichtigstes Element war eine einmalige Abgabe aller Einleger: 9,9 % auf Einlagen über 100.000 EUR und 6,5 % auf kleinere Einlagen. Faktisch handelte es sich um eine Vermögenssteuer, die die hohen Renditen, die zyprische Banken in den Vorjahren angeboten hatten, rückwirkend senkte. Obwohl die Abgabe eine leicht progressive Struktur hatte, betraf sie alle Einlagen, einschließlich die der Kleinsparer. Das machte diese Lösung sehr umstritten. Die Abgabe war in den Wochen vor der entscheidenden Sitzung der Euro-Gruppe als Alternative zum Bail-in der Gläubiger in den Vordergrund gerückt.

Der Weg zu dieser Entscheidung war nicht einfach gewesen. Vor und während der Sitzung der Euro-Gruppe gab es kontinuierlich Diskussionen im kleinen Kreis, die unter meiner Leitung stattfanden. Hauptakteure waren Anastasiades, Rehn, Lagarde, Schäuble und das EZB-Direktoriumsmitglied Asmussen. Anastasiades selbst nahm nicht an der Sitzung der Euro-Gruppe teil, hielt sich aber im Ratsgebäude bereit. Während der Sitzungsunterbrechungen verbrachten wir am Abend und in der Nacht viele Stunden am Besprechungstisch in meinem Brüsseler Büro. Anastasiades versuchte, die Gruppe von einer Erhöhung des Darlehens auf 17 Mrd. EUR zu überzeugen, trotz der Warnungen vor der untragbaren Schuldenlast, die er seiner Insel damit aufbürdete. Er bestritt dies und verwies auf die von ihm erwarteten Einnahmen aus der zukünftigen Gasförderung vor der Küste

Zyperns. Das von ihm beantragte Darlehen in Höhe von 17 Mrd. EUR bestand aus zwei Teilen: zehn Mrd. Euro zur vollständigen Abdeckung der Probleme im Bankensektor und sieben Mrd. Euro zur Aufrechterhaltung der Liquidität der Regierung.

Auch die EZB verfolgte eine harte Linie. Inzwischen hatte die Zentralbank von Zypern den großen zyprischen Banken sehr hohe Summen an Liquiditätshilfe zur Verfügung gestellt. Die Unzufriedenheit des EZB-Rates mit diesem Ansatz wuchs, da er ein immer größeres Risiko für das europäische Zentralbanksystem darstellte. Die EZB drohte, den Geldhahn zuzudrehen, es sei denn, Anastasiades akzeptierte ein Programm und restrukturierte den Bankensektor drastisch.

Anastasiades lehnte es entschieden ab, von den Gläubigern der Bank of Cyprus und der Laiki Bank einen Beitrag in Form eines Bail-in zu verlangen. Er zog deshalb eine Abgabe für alle Einleger in Zypern vor, aber eine, die die großen Einlagen relativ gesehen weniger belastete. Letzteres sorgte für großes Erstaunen bei den anderen Beteiligten. Offensichtlich hatte sich der Präsident noch nicht von dem gescheiterten Geschäftsmodell der zyprischen Banken verabschiedet. Demetriades, damals Gouverneur der Zentralbank Zyperns, schrieb später in seinem Buch, dass Anastasiades nach Rücksprache mit wichtigen russischen Bankkunden zu dem Schluss kam, dass die Abgabe auf große Vermögen keinesfalls mehr als zehn Prozent betragen dürfe. Bei Werten darüber würden die ausländischen Einleger ihre Vermögenswerte aus Zypern abziehen. Während der gesamten Verhandlungen um den 16. März herum bestand Anastasiades in der Tat auf dieser Zehn-Prozent-Grenze. In der Konsequenz mussten angesichts des Ausmaßes der Bankenverluste auch normale Sparer einen Beitrag leisten.

5 Krise in Zypern: die Blaupause

Dieses Paket war eine erste Lösung, aber nicht die endgültige. Als es öffentlich bekannt wurde, stieß es auf wütende Proteste – angefangen bei der Pressekonferenz nach der Sitzung, bei der ich von Lagarde, Rehn, Asmussen und Klaus Regling begleitet wurde. Die Einführungen verliefen angesichts der späten – oder besser gesagt frühen – Stunde recht reibungslos, aber der Frage-Antwort-Teil war ein Gemetzel. Die Journalisten ahnten, dass das Euro-Währungsgebiet seinen Ansatz, Ländern in Schwierigkeiten zu helfen, grundlegend verändern wollte, und sie hatten Recht. Erstmals wurden die Einleger aufgefordert, zur Rettung von Banken beizutragen. Die Medienkommentatoren missbilligten das Ergebnis unisono, weil sie der Meinung waren, dass dies die europäische Einlagensicherung gefährdete. Das war natürlich unzutreffend, es gab keine europäische Garantie. Nach dem Icesave-Skandal in Island wurde in der Einlagensicherungsrichtlinie 2011 ausdrücklich festgelegt, dass die europäischen Mitgliedsländer für die Gewährleistung gegenüber den Sparern verantwortlich sind. Von jedem Mitgliedstaat wurde erwartet, dass er die Spareinlagen selbstständig bis zu 100.000 EUR pro Einlage garantierte. In Zypern erwies sich diese Garantie in der Stunde der Wahrheit als völlige Fiktion. Der Fonds für diesen Zweck umfasste 130 Mio. EUR, aber es ging um ein Vielfaches davon. Zypern hatte keine Möglichkeit, sich die enorme benötigte Summe auf den Finanzmärkten zu leihen, da es keinen Zugang mehr zu ihnen hatte. Zyperns ruinöses Bankenmodell hatte die Ersparnisse der einfachen Zyprer der Gefahr ausgesetzt.

Die Lösung war eine einmalige Vermögensteuer für jeden, der Geld bei einer Bank in Zypern angelegt hatte. Diese Krisenabgabe war nicht einzigartig; eine Reihe von Ländern hatte ähnliche Abgaben in verschiedenen Formen eingeführt, aber die meisten waren sehr progressiv.

Die Kritik, dass wir, also die Euro-Gruppe, die Kleinsparer gezwungen hatten, zur Lösung beizutragen, richtete sich oft in erster Linie an den Präsidenten der Euro-Gruppe, obwohl es eine einstimmige Entscheidung aller Minister gewesen war. Tatsächlich habe ich die Verantwortung auch ausdrücklich auf mich genommen und dazu gesagt: „Wenn es nicht taugt, bin ich derjenige, mit dem man reden sollte." Die unangenehmste Tatsache – dass die zyprische Regierung selbst auf der Abgabe für alle Einleger bestanden hatte, damit der Satz für große Einlagen unter zehn Prozent gehalten werden konnte – wurde von der österreichischen Ministerin Maria Fekter öffentlich bekannt gegeben, um uns zu verteidigen. Aber externe Beobachter waren der Meinung, dass die Euro-Gruppe diese Bedingung nicht hätte akzeptieren sollen. Sogar meinem Vorgänger, Jean-Claude Juncker, rutschte gegenüber einem Journalisten heraus, es wäre unter seiner Führung nicht passiert. Als das auf die Titelseiten kam, rief Juncker mich umgehend an, um sich zu entschuldigen. Er hatte es im Scherz gesagt. Unschön, aber so etwas passiert uns allen hin und wieder … Ich äußerte Anfang 2014 selbst einen unpassenden Scherz über Juncker und nannte ihn einen starken Raucher und Trinker. Diese Bemerkung verfolgte ihn während seiner Kampagne als Spitzenkandidat der EVP-Fraktion für das Europäische Parlament im selben Jahr. Glücklicherweise konnten wir uns auch darüber aussprechen und dieses Missverständnis schnell aufklären.

Der Aufruhr um Zypern spiegelte vor allem die Nervosität wider, die seit geraumer Zeit im Euroraum herrschte. Da die Medien berichteten, dass die gewählte Lösung das Ende der Einlagensicherung bedeutete, hätte dies zu einem Run auf die Banken und damit zu deren massenhaftem Zusammenbrechen führen können, was den Euroraum in eine noch tiefere Krise gestürzt hätte. Der bekannte Kolumnist der *Financial Times* Wolfgang Münchau ver-

5 Krise in Zypern: die Blaupause

fasste einen Artikel, der den irreversiblen Zerfall der Währungsunion voraussagte und unter dem Titel „Danke, Dijsselbloem!" [2] erschien. Nun machte er ziemlich regelmäßig derart apokalyptische Vorhersagen – und er war nicht der Einzige. Die Angst, dass das Vertrauen in den Euro schwinden könnte, war so groß, dass sie der Planung langfristiger Lösungen im Wege stand. Aber wenn Politiker ihre Entscheidungen von den Finanzmärkten bestimmen lassen, ist eines sicher: Die Regierung muss die Zeche zahlen. So weit sollte es im Falle Zyperns nicht kommen. Unsere dortige Vorgehensweise hat keine neue Euro-Krise ausgelöst und Zypern hat sich im Rahmen von Rettungsprogrammen schneller erholt als viele andere Länder. Aber noch war es nicht so weit.

Wie von Anastasiades vorausgesagt, stimmte das zyprische Parlament am 19. März gegen die Abgabe, obwohl ich nach einer Telefonkonferenz am Vortag eine Erklärung veröffentlicht hatte, in der Zypern eine weitere Möglichkeit geboten wurde, Einlagen unter 100.000 EUR freizustellen. Angesichts des Sturms der Entrüstung in Nikosia hatte sich Anastasiades sofort öffentlich von dem Vorschlag distanziert. Die Regierung schlug eine weitere Änderung vor: Die ersten 20.000 EUR sollten von der Steuer befreit werden, während die Abgabe auf große Einlagen bei 9,9 % blieb. Das Parlament einschließlich der Partei des Präsidenten weigerte sich, diesen Vorschlag zu unterstützen. Es wurde keine Alternative diskutiert, da man davon ausging, dass die Euro-Gruppe nach all der internationalen Kritik am Ende doch noch den vollen Betrag auf den Tisch legen würde.

Die Banken in Nikosia blieben geschlossen, um einen Run zu verhindern, der ihre Tresore leeren würde. Die Finanzmärkte reagierten nervös. In einer Telefonkonferenz am 21. März spielte die Euro-Gruppe den Ball an Zypern zurück: Die Bedingungen waren bekannt. Es standen maximal zehn Milliarden Euro zur Verfügung. Wenn sie die Abgabe nicht akzeptierten, was wollten sie dann?

Bei der nächsten Sitzung der Euro-Gruppe am 24. und 25. März haben wir uns auf eine andere Lösung geeinigt. Dies war das berühmte *template,* die Vorlage, wie es die *Financial Times* einen Tag später bezeichnete. Der Finanzsektor in Zypern würde sich selbst retten müssen, mit einem Bail-in für Gläubiger, der sich nicht auf Aktionäre und Inhaber nachrangiger Darlehen beschränkte, sondern, falls nötig, auch Einlagen von mehr als 100.000 EUR umfasste.

Bei diesem „tiefen" Bail-in handelte es sich um eine der zuvor diskutierten Alternativen. Vor allem der IWF war ein großer Verfechter dieser Option, und das aus gutem Grund: Sie war an einen Plan für eine tiefgreifende Reform des zyprischen Bankensystems gebunden. Die zweitgrößte Bank Zyperns, die Laiki Bank, sollte ihre Pforten schließen und die versicherten Einlagen an die größte Bank, die Bank of Cyprus, überweisen. Anschließend sollte diese Bank saniert werden, und zwar mit ausreichend Kapital, das durch den Bail-in zur Verfügung stünde. In der Vereinbarung war ausdrücklich festgelegt, dass die Programmmittel in Höhe von zehn Mrd. Euro nicht zur Unterstützung dieser Banken verwendet werden durften.

Das war eine völlige Kehrtwende gegenüber der früheren Vorgehensweise in Griechenland, Portugal und Irland, bei der man die Finanzmittel in großen Teilen zur Bankenrettung verwendet hatte. Der neue Ansatz stieß auf Widerstand von vielen Seiten, zum einen aufgrund der bekannten Angst vor einer Ansteckung anderer Länder, zum anderen, weil der Vorschlag vorsah, dass die Banken erst nach der Einführung von Kapitalverkehrskontrollen in Zypern wieder geöffnet werden konnten. Schließlich hätten die Gläubiger beider Banken sich sonst einfach mit ihrem Kapital davongemacht. Aber diese Kapitalverkehrskontrollen stellten eine eigene Schwierigkeit dar: In den extremsten Kommentaren war vom „Auseinanderbrechen der Währungsunion" die Rede. Solche dramatischen Äußerungen gab es in den Krisenjahren häufig.

In den Tagen nach der parlamentarischen Ablehnung in Nikosia reiste der zyprische Finanzminister Michael Sarris auf Unterstützung hoffend nach Russland. In den Hauptstädten auf beiden Seiten des Atlantiks verfolgte man diesen Besuch aus geopolitischen Gründen mit großer Sorge. Der russische Premierminister Medwedew hatte die Abgabe für die russischen „Sparer" stark kritisiert. Präsident Putin zitierte später Lenins Worte von 1917 und nannte den Beschluss der Euro-Gruppe „das Stehlen des zuvor Gestohlenen" – allerdings hatte Lenin damit sagen wollen, dass es rechtens wäre, das Eigentum von Kapitalisten zu beschlagnahmen. Ein großer Teil der russischen Vermögenswerte wurde von Zypern aus wieder in Russland reinvestiert. Die russische Regierung hatte also gemischte Gefühle bezüglich der Zypern-Krise. Sie war nicht bereit, Zypern mit einem neuen Darlehen zu retten, auch nicht im Gegenzug für einen Anspruch auf zyprische Gasreserven, die gleichzeitig von den türkischen Zyprern beansprucht wurden. Ich habe mich immer gefragt, ob sich Sarris bewusst war, dass man ein Darlehen aus Russland von den zehn Milliarden Euro europäischer Notfalldarlehen abgezogen hätte, da der Schuldenstand des Landes sonst unhaltbar geworden wäre. Mit anderen Worten: Selbst mit einem russischen Darlehen wäre ein Bail-in unvermeidlich gewesen. Und das russische Darlehen wäre viel teurer gewesen als das der Euro-Gruppe. Nachdem er eine Woche lang vergeblich in Moskau auf einen Termin mit Finanzminister Anton Siluanow gewartet hatte, kehrte Sarris mit leeren Händen nach Hause zurück. Später, im April, hatte ich eine Begegnung mit Siluanow am Rande der IWF-Treffen in Washington. Es fiel kein Wort über die Verluste, die den vermögenden Russen entstünden. Siluanow plädierte lediglich für eine rasche Aufhebung der Kapitalverkehrskontrollen für die verbleibenden russischen Guthaben. Nachdem Zypern und die Eurozone eine Einigung erzielt hatten, machte Putin seine Zustimmung zum Deal deutlich. Die Laufzeit eines alten Darlehens von 2,5 Mrd. EUR an Zypern wurde um ein Jahr verlängert.

Während Sarris in Moskau war, besuchte ich das Europäische Parlament. Es war der erste meiner vielen Auftritte dort als Präsident der Euro-Gruppe. Der Empfang war frostig. Die Mitglieder des Parlaments fragten, wie es um alles in der Welt sein konnte, dass wir trotz der Einlagensicherung eine Vermögensabgabe auf kleine Sparguthaben eingeführt hatten. Wessen Idee war das gewesen? Warum wurde es nicht nachvollziehbarer erklärt? Ich beschloss, den Fragen nicht auszuweichen, und sagte: „Ich übernehme die volle Verantwortung als Präsident der Euro-Gruppe." Es fielen Begriffe wie „inkompetent" und „Betrug". Ich räumte ein, dass die Kommunikation hätte klarer sein müssen und erklärte, dass diese einmalige Vermögensabgabe nichts mit der Einlagensicherung zu tun hätte. Auch ich hätte mir gewünscht, dass die großen Einleger stärker herangezogen würden und die kleineren vollständig verschont blieben. Andere sagten in den Medien, dass der zyprische Präsident dies verhindert hätte. „Wir suchen nun nach Möglichkeiten, um das Paket fairer zu gestalten." Am Ende gab es eine gewisse Wertschätzung, weil ich die Verantwortung übernahm und Rechenschaft ablegte.

Auf dem Weg zur endgültigen Lösung wurden noch alle möglichen Vorschläge aus dem Hut gezaubert. Die Regierung schlug einen Solidaritätsfonds vor, in den alle Vermögenswerte der zyprischen Pensionsfonds eingezahlt werden sollten. Diese Lösung hätte Verluste für ausländische Investoren vollständig verhindert, während die normalen Arbeitnehmer und Rentner die Verluste der Banken hätten finanzieren müssen, nur auf das Versprechen hin, dass alles auf lange Sicht gut gehen würde. Wir haben diesen Vorschlag nie ernsthaft diskutiert. Es gab keine einfachen Lösungen. Am 21. März beschloss der EZB-Rat, dass die ELA-Liquiditätshilfe für die zyprischen Banken am 25. März, einen Tag nach der nächsten geplanten Sitzung der Euro-Gruppe, eingestellt werden würde, sofern man sich nicht auf ein Programm einigte. Die EZB hat diese Entscheidung sofort veröffentlicht. In Nikosia wurde dies als Erpressung seitens der EZB aufgefasst. Doch so war es nicht. Die EZB war bereits enorme Risiken eingegangen, indem sie die Unterstützung für Banken so lange Zeit hatte weiterlaufen lassen. Ihre Vorschriften erlaubten ihr das eigentlich nicht, wenn die betreffenden Banken nicht mehr wirklich zahlungsfähig waren. Nun waren keine Ausflüchte mehr möglich.

Die Situation im unruhigen Bankensektor verschlechterte sich von tagtäglich. Jeden Augenblick konnten die Geldautomaten der Laiki Bank leer werden. Dramatische Bilder von langen Warteschlangen vor der Bank gingen um die Welt. Zu diesem Zeitpunkt war allgemein bekannt, dass sowohl Zypern als auch die Banken zahlungsunfähig wären, wenn kein Abkommen zustande käme, und dass Zypern den Euroraum in diesem Fall verlassen müsste. Der IWF hatte bereits technische Hilfe für dieses Szenario angeboten, würde aber keine finanzielle Hilfe leisten. Im Einvernehmen mit der Euro-Gruppe wurden die Niederlassungen der Laiki Bank und der Bank of Cyprus in Griechenland von ihren zyprischen Muttergesellschaften getrennt und an die griechische Piräus Bank übertragen. Auch für die 94 kleinen Genossenschaftsbanken der Insel wurde eine Lösung gesucht und gefunden: Sie wurden einer neuen Aufsichtsbehörde unterstellt. Die Gesetzgebung für die „Abwicklung" der anderen, größeren Banken war bereits vorbereitet und wurde von Tag zu Tag zwingender. Am 22. März legte die zyprische Regierung dieses neue Gesetz zur Bankenabwicklung vor, das die Umstrukturierung oder gar Auflösung von Banken ermöglichte. Aber der Präsident des Landes war noch nicht bereit, das neue Gesetz anzuwenden, insbesondere nicht bei der Bank of Cyprus.

Angesichts der rasend schnellen Eskalation der Probleme bei den beiden Großbanken, insbesondere bei der Laiki Bank, blieb nur noch eine Lösung: Laiki musste in eine „gute" und eine „schlechte" Bank aufgeteilt werden. Die gesunden Vermögenswerte und Einlagen unter 100.000 EUR würden an die Bank of Cyprus übertragen, die ihrerseits durch einen tiefen Bail-in von Aktionären, Anleihegläubigern und professionellen Einlegern sowie, falls erforderlich, für nicht versicherte Einlagen rekapitalisiert werden sollte. Letztere sollten in Aktien umgewandelt werden. Die Schulden der Laiki Bank gegenüber der zyprischen Zentralbank für die Liquiditätshilfe (ELA) wurden ebenfalls an die Bank of Cyprus übertragen. Es gab heftigen Widerstand, insbesondere gegen die Übertragung der ELA-Schulden. Die Vorstellung hatte sich festgesetzt, dass die ELA eine untragbare Belastung wäre, die unweigerlich zum Zusammenbruch der Bank of Cyprus führte. Dafür gab es keine logische Begründung, denn ELA-Kredite waren eine viel günstigere und stabilere Finanzierungsform als Kundeneinlagen, geschweige denn Kredite von den Finanzmärkten. Aber was der Vorsitzende der Troika, der niederländische Beamte der Europäischen Kommission Maarten Verwey, auch sagte – Anastasiades bestand darauf, dass beide Banken zu erhalten waren.

Kurz vor dem entscheidenden Treffen der Euro-Gruppe fand eine intensive Diskussion statt. Anastasiades war ein erfahrener Insider in der Europäischen Volkspartei

(EVP), der christlich-demokratischen Fraktion auf europäischer Ebene, und hatte wahrscheinlich die ganze Woche nach dem ersten Abkommen damit verbracht, bei seinen politischen Verbündeten in Europa um Unterstützung zu ersuchen. Er glaubte aufrichtig, dass Zypern ungerecht behandelt würde, weil die Euro-Gruppe andere Bedingungen auferlegte als bei früheren Rettungsprogrammen. Er hatte Recht mit dem Kurswechsel, aber dieser war das Ergebnis einer hart erkämpften Erfahrung.

Anastasiades hatte auch den Präsidenten des Europäischen Rates, Herman Van Rompuy, davon überzeugt, dass Zypern nicht der Euro-Gruppe überlassen werden durfte. Van Rompuy arrangierte unmittelbar vor dem Treffen der Euro-Gruppe ein Gespräch mit Anastasiades und den bekannten Hauptakteuren. Diese Zusammenkunft dauerte bis spät in die Nacht, unter Beteiligung von Lagarde, Draghi, Barroso und mir. Die Finanzminister mussten lange im nahegelegenen Sitzungssaal der Euro-Gruppe warten. Wir redeten endlos auf Anastasiades ein, um ihm den Ernst der Situation vor Augen zu führen. An diesem Abend habe ich mich stets an den Grundsatz der Euro-Gruppe gehalten: nicht mehr als zehn Milliarden Euro Gesamtkredit und die Gläubiger und die Vermögenswerte – die Kontoinhaber müssen die Verluste tragen. Der IWF muss einbezogen werden und die Schulden müssen nachhaltig bleiben. Eine Reihe von Lösungsvorschlägen musste ich an diesem Abend ablehnen, weil ich wusste, dass sie für die Euro-Gruppe politisch nicht akzeptabel waren. Im Laufe des Abends wurde auch Anastasiades bewusst, dass der Bankensektor, wie Zypern ihn kannte, von Grund auf neu gestaltet werden musste und dass große Opfer unvermeidlich waren, wenn er sein Land vor dem wirtschaftlichen Zusammenbruch bewahren wollte. Gegen zwei Uhr morgens öffnete dieses neue Verständnis den Weg zu einer Einigung in der Euro-Gruppe.

Die Pressekonferenz war überfüllt. Wir konnten ein positives Ergebnis vermelden, aber Zypern hatte noch einen langen, schwierigen Weg vor sich. Christine Lagarde bezeichnete die Lösung als „einen dauerhaften und nachhaltigen Weg zu einer Erholung".

Bereits während der Sitzung der Euro-Gruppe hatten wir beschlossen, der europäischen Presse die neue Vereinbarung am nächsten Tag ausführlich zu erläutern, auch, weil wir nach der letzten Sitzung gemeinhin wegen schlechter Kommunikation kritisiert worden waren. Es gab drei Interviews: eins mit der *Financial Times* und *Reuters,* eins mit *Le Monde* und eines mit der niederländischen Zeitung *de Volkskrant.* Hatte die Kritik beim letzten Mal noch gelautet, wir wären nicht deutlich genug gewesen, so hieß es jetzt, wir seien zu deutlich.

Wenn man diese Zeitungsartikel heute liest, kann man sich kaum vorstellen, dass sie damals eine solche Schockwelle auf den Märkten und in den Medien ausgelöst haben. Hans Vijlbrief war am Montag, dem 25. März, gerade nach Hause gekommen und am Nachmittag in ein wohlverdientes Bad getaucht, als sein Telefon mit SMS-Nachrichten bombardiert wurde. Die beunruhigendste Nachricht kam von Klaus Regling, der wichtigste Satz darin war: *„Your minister is moving the markets."*[3] Die Schlagzeile auf der Website der *Financial Times* lautete, dass Dijsselbloem die Zypern-Rettung als Blaupause *(template)* für künftige Fälle betrachtete. *Le Monde* titelte anders: „Zypern ist ein Sonderfall". In den Stunden und Tagen danach sollte eine hitzige Diskussion über das Wort *template* entstehen, aber das wusste ich zu diesem Zeitpunkt noch nicht. Die Börsen reagierten

---

[3] Wörtlich: „Ihr Minister bewegt die Märkte." ‚Bewegen' evtl. im Sinne von ‚aufmischen'. (Anmg. d. Red.).

erwartungsgemäß negativ. Meine Botschaft in allen drei Interviews, dass Investoren von nun an in solchen Fällen Verluste tragen mussten, wurde dort zwar verstanden, aber nicht begrüßt. Thomas Wiesers riet uns, eine ergänzende Erklärung zu veröffentlichen und noch einmal zu betonen, dass es kein *template* gebe und dass in Zypern spezielle Faktoren zu dem sehr tiefen Bail-in geführt hatten. Zwar stimmt es, dass jeder Fall anders ist, aber ich hielt nichts davon, meine Aussage in den drei Zeitungsinterviews zurückzuziehen: dass meiner Meinung nach private Bankinvestoren ab sofort an vorderster Front stehen sollten, wenn diese Banken in Schwierigkeiten gerieten.

Die Märkte erholen sich bald von diesem – im Nachhinein betrachtet nicht allzu großen – Beben, aber inzwischen hatte auch die niederländische Presse von dem Krawall gehört. Auf der Website der Financial Times forderte ein Kolumnist meinen Rücktritt, und die niederländischen Medien stürzten sich begierig auf die Geschichte. Tagelang ging es um nichts anderes.

An diesem Montagabend war ich in der niederländischen TV-Talkshow *Pauw en Witteman* zu Gast. Sie kamen wieder auf das Wort *template* zurück und ich sagte wahrheitsgemäß, dass ich das Wort nicht gebraucht hatte und es noch nicht einmal kannte. Es war auch nie von einer Blaupause die Rede gewesen. Ich weigerte mich jedoch, Bedauern auszudrücken oder meine Worte zurückzunehmen.

Stattdessen stand ich zu meiner Botschaft: Von nun an werden auch die Anleger mit herangezogen. Der RTL-Berichterstatter Frits Wester ging im wöchentlichen Interview mit dem Finanzminister auf mich los: „Die Euro-Gruppe ist doch sicher keine Praktikumsstelle?" Mir wurde nahegelegt, einen Englischkurs zu belegen. Martin Visser, damals Europakommentator der niederländischen Wirtschaftszeitung *Het Financieele Dagblad,* bezeichnete es als „unglaublich dumm". Twan Huys, Moderator der Fernsehsendung *Nieuwsuur*, verwendete das Wort „*geblunder*"[4] in mehreren Sendungen. Frénk van der Linden und Humberto Tan, zwei für ihre Hartnäckigkeit bekannte Journalisten, sagten in der Talkshow *De Wereld Draait Door*, dass der Minister besser den Mund gehalten hätte, dass er ein Medientraining bräuchte und bei Bedarf lügen sollte – eine überraschende Ansicht für Journalisten.

Die internationalen Medien betonten den grundlegenden Kurswechsel. Die Staats- und Regierungschefs der EU hatten schon vorher über die Errichtung einer Bankenunion gesprochen, aber diese Diskussionen waren an der Frage gescheitert, wer die Rechnung für die Bankenverluste zahlen sollte. Die strittige Frage war, ob die nationalen Regierungen zur Verantwortung gezogen werden oder ob die Euroländer gemeinsam die Rechnung zahlen sollten, um die Länder vor dem Bankrott zu bewahren – eine Wahl zwischen dem Einsatz nationaler und europäischer öffentlicher Mittel. Im Fall Zypern hatten wir einen Paradigmenwechsel vorgenommen. Die Risiken waren grundsätzlich nicht öffentlicher, sondern privater Natur. Nach Jahren des Bail-outs von Banken mussten wir also den Wechsel zu einem Bail-in derjenigen vollziehen, die ihr Geld in die Banken investiert hatten.

Die Finanzmärkte hatten sich daran gewöhnt, mit Investitionen in große, „systemrelevante" Banken Geld zu verdienen und sich dabei auf eine implizite Staatsgarantie zu verlassen. Schließlich waren diese Banken *too big to fail*, sie würden niemals zusammenbrechen, so das Dogma. Es wurde vorausgesetzt, dass die Regierungen immer versuchten, die Großbanken zu retten, um die Einleger zu schützen und Schäden für die Wirtschaft zu vermeiden. Diese implizite Staatsgarantie hatte im

---

[4]Im Deutschen etwa: „grober Schnitzer".

gesamten Finanzsektor zur völligen Vernachlässigung von Risiken und zur Verlagerung dieser Risiken von den Großinvestoren auf den einfachen Steuerzahler geführt.

Das Bail-in-Prinzip sollte zur Grundlage der Bankenunion werden. Es ermöglichte uns, den Euroländern, eine breite politische Einigung über unsere Herangehensweise an unsere Banken zu erzielen. Dieser Ansatz basierte auf Präventivmaßnahmen wie einer unabhängigen Aufsichtsbehörde *(Single Supervisory Mechanism, SSM)* und soliden Eigenkapitalanforderungen *(Capital Requirements Directive, CRD)*. Die Vereinbarung umfasste auch eine für alle Euroländer geltende Methode zur Rettung oder Abwicklung von Banken: den Bankenabwicklungsmechanismus. Hinzu kamen ein von den Banken selbst zu speisender Einlagensicherungsfonds (vorerst national) und ein gemeinsamer Abwicklungsfonds *(Bank Recovery and Resolution Directive, BRRD)*. All dies ist in den anderthalb Jahren nach der Zypern-Krise entstanden.

Es war ausgerechnet die *Financial Times,* die als eine der Ersten bereits kurz nach dem Interview die Bedeutung dieses Durchbruchs erkannte. Die Zeitung veröffentlichte zwei Artikel mit den Titeln *Europe Gets Real – Not Before Time* und *A Road to Freedom for European Taxpayers* [3], die argumentativ bestätigten, dass nicht weiterhin die Steuerzahler die Banken retten konnten.

Am Dienstag, dem 26. März, erschien ich abends in der Zweiten Kammer des niederländischen Parlaments, um noch einmal die genaue Bedeutung meiner Erklärungen als Präsident der Euro-Gruppe zu erläutern. Ich ging mit einem unguten Gefühl dorthin; die Kritik in der Presse war außerordentlich hart gewesen. Aber während dieser Debatte gab es eine Wende. In der ersten Hälfte der

Debatte fielen scharfe Worte. Teun Van Dijck, ein Vertreter der PVV, bezeichnete meinen Auftritt als Trauerspiel und Fehler von historischem Ausmaß. Wouter Koolmees, der Finanzsprecher der Partei D66 (Democraten 66), bemerkte, der Minister habe „eine gute Gelegenheit verpasst, seinen Mund zu halten". Aber noch im Laufe der Debatte änderte sich die Stimmung. Ich wiederholte, dass ich meine Äußerungen nicht bereute und dass sie meine Position wiedergaben und ich dafür einstand. Vielleicht war es der Leitartikel der Financial Times, der unumwunden die Zustimmung der Zeitung zu meinem Ansatz zum Ausdruck brachte und damit das Blatt wendete. Die Stimmung in den sozialen Medien änderte sich von „Was für ein Trottel" hin zu „Finger weg von unserem Minister". Es war eine wundersame Wandlung: vom Looser zum Helden in gerade mal drei Tagen.

Die Herangehensweise an die Banken und die im Programm vorgesehenen Reformen waren weitreichend. Um Präsident Anastasiades' Gesicht zu wahren, wurde in die Erklärung der Euro-Gruppe nicht ausdrücklich aufgenommen, dass die Bank of Cyprus abgewickelt wird. Aber das war unvermeidlich und auch so vereinbart. Auch dort fand ein Bail-in statt. Die Laiki Bank wurde liquidiert, die Bank of Cyprus hingegen grundlegend umstrukturiert. Demetriades, der Gouverneur der zyprischen Zentralbank, wurde ohne jegliche politische Rückendeckung seitens der Regierung mit dieser schwierigen Aufgabe betraut. Schlimmer noch, er wurde zum Sündenbock gemacht und Anfang 2014 zum Rücktritt gezwungen. Die Griechisch-orthodoxe Kirche, eine Großaktionärin der Bank of Cyprus, sollte den Bail-in noch vor Gericht anfechten, jedoch erfolglos. Wenig überraschend

5 Krise in Zypern: die Blaupause

vertrat der Erzbischof die Ansicht, dass Zypern die Eurozone verlassen sollte. Aber nur wenige teilten diese Meinung.

Im Lauf der Zeit sollte es in Zypern genau wie 2012 in Griechenland zu einer privaten Schuldenabschreibung[5] kommen. In Zypern wurde diese Maßnahme einfach durchgeführt, ohne langwierige öffentliche Verhandlungen. Die Laufzeiten für ausstehende Staatsschulden bei inländischen Gläubigern wurden verlängert. In diesem Fall waren die Hauptinvestoren die Rentenversicherer[6] und die Banken. Auch dies machte die Staatsverschuldung nachhaltiger und trug dazu bei, den Aufschwung des Landes zu beschleunigen.

Die Krise forderte etliche Opfer, darunter auch einige Amtsträger. Michael Sarris verließ das Finanzministerium. In den kommenden vier Jahren sollte ich mit seinem Nachfolger Harris Georgiades ganz hervorragend zusammenarbeiten. Ein Jahr nach der Zypern-Krise besuchte ich Nikosia noch einmal. Ich erinnere mich an das konstruktive Gespräch mit Anastasiades, in dem wir auf den schwierigen Prozess zurückblickten, aber auch unsere gute Zusammenarbeit würdigten. Zypern befand sich auf dem Weg aus der Krise. Der Orangensaft, der mir serviert wurde, stammte von Früchten aus dem Garten des Präsidenten. Auch mein Besuch im Parlament verlief gut. Aber der schönste Moment war mein Gespräch mit hundert Studenten an der Universität von Nikosia – eine neue Generation mit einem realistischen Blick auf die Vergangenheit und Vertrauen in die Zukunft.

---

[5]Gemeint ist die Verschuldung der zyprischen Regierung bei privaten Investoren (Anmkg. d. Red.).
[6]„pensioenfondsen" im Original (Anmkg. d. Red.).

Literatur

1. Dettmer M Reiermann C (2012) Hering und Wodka. Der Spiegel 45/2012. SPIEGEL-Verlag Rudolf Augstein, Hamburg. https://www.spiegel.de/spiegel/print/d-89470517.html. Zugegriffen: 05. Juli 2019
2. Münchau W (2013) S.P.O.N. – Die Spur des Geldes: Danke, Dijsselbloem. Spiegel online, 27. März 2013. https://www.spiegel.de/wirtschaft/soziales/s-p-o-n-die-spur-des-geldes-die-konsequenzen-der-zypern-rettung-a-891260.html. Zugegriffen: 01. Juni 2019
3. o. Verf. (2013) A road to freedom for euro taxpayers. Financial Times, 26. März 2013. https://www.ft.com/content/e6b31e96-961d-11e2-b8dd-00144feabdc0. Zugegriffen: 02. Juni 2019

6

Die Bankenunion: vom Bail-out zum Bail-in

In den Jahren 2011 und 2012 kam man immer mehr zu dem Schluss, dass sich die Krise im Euroraum aufgrund der Verflechtungen zwischen Regierungen und Banken in den einzelnen Ländern verschärft hatte. Denn wenn eine Bank in Schwierigkeiten geriet, musste sie mit öffentlichen Mitteln rekapitalisiert werden, dies setzte die Staatsfinanzen unter Druck. Umgekehrt mussten die Banken bei schlechtem Zustand der öffentlichen Finanzen höhere Zinsen zahlen. Nicht selten wurden die Banken unter dem politischen Druck zu den Hauptabnehmern der Staatsanleihen eines Landes, wenn dessen Regierung auf den internationalen Märkten nur noch schwer Kredite erhielt. Kurz: Es war ein Teufelskreis. Dieser Mechanismus trat in jedem Euroland in Erscheinung, am deutlichsten dort, wo es Hilfsprogramme gab, also in Ländern wie Griechenland, Irland und Spanien. Tatsächlich traten in Irland und

Spanien die Haushaltsprobleme erst auf, als die Banken übermäßige Anforderungen an die Staatskasse stellten.

Dieses Problem wurzelte in der Befürchtung, dass eine gescheiterte Bank das Finanzsystem destabilisieren könnte. Natürlich war diese Befürchtung keineswegs irrational. Die Geschichte hatte die Gefahren eines Bank Runs gezeigt. Als 2008 die Bankenkrise ausgebrochen war, sahen sich die Regierungen gezwungen, die Banken zu stützen, um eine Panik zu verhindern. Inmitten des intensiven, akuten systemischen Schocks von 2008 war diese Reaktion sowohl wirtschaftlich als auch politisch durchaus vertretbar. Aber die Art und Weise, wie das geschah, war für den Steuerzahler kostspielig und führte nicht zu strukturell soliden Banken. Folglich hatte diese Politik eine unbestreitbare Schattenseite: Die Staatsverschuldung stieg in allen Euroländern sprunghaft an – dank der Bankenrettungsaktionen und aufgrund der schnell wachsenden Defizite infolge der Rezession, wie Kap. 3 über die europäische Finanzkrise ausführlich darlegt. Staaten, die Notfallkredite von den anderen Euroländern erhielten, mussten große Teile dieser Kredite unmittelbar in die Rekapitalisierung der Banken weiterleiten.

Im Jahr 2012 wurde deutlich, dass der Teufelskreis zwischen Banken und nationalen Regierungen durchbrochen werden musste. Im Jahr darauf, nach der Zypern-Krise, sollte die Philosophie des Bail-in zum zentralen Bestandteil unseres Ansatzes werden, aber so weit waren wir damals noch nicht. Eine andere Lösung wurde vorgeschlagen: die direkte Rekapitalisierung von Banken aus dem ESM-Notfallfonds. Nicht die nationale Regierung, sondern der gemeinschaftliche ESM sollte direkt Anteile an einer Bank erwerben. So hätte nicht die jeweilige nationale Regierung die Kosten der Rekapitalisierung zu tragen, stattdessen sollten die Kosten von den ESM-Mitgliedstaaten – also den Euroländern – gemeinsam getragen

6 Die Bankenunion: vom Bail-out zum Bail-in

werden. Die Verstaatlichung würde durch Europäisierung ersetzt, die Kosten geteilt und der Teufelskreis durchbrochen.

Gegen Letzteres gab es den üblichen Widerstand. Die Niederlande mit damals Jan Kees de Jager als Finanzminister und andere wie Deutschland und Finnland hielten das für keine gute Idee. Der Vorschlag hatte sicherlich einige Schwächen: Was war mit den „strikten Auflagen" in Artikel 3 des ESM-Vertrags [1], den Anforderungen, die wir immer an die Empfängerregierung stellten, wenn eine Unterstützung aus dem ESM gewährt wurde? Und musste der niederländische Steuerzahler jetzt dafür aufkommen, die Löcher in italienischen Banken zu stopfen, die durch eine Kultur der politischen Einmischung und eine über Jahre hinweg schlampig geführte Aufsicht entstanden waren?

Ein Problem für die kleineren Euroländer war, dass sie im Frühjahr 2012 nicht an der Vorbereitung der Beschlussfassung beteiligt waren. Diese fand in der Washingtoner Gruppe statt: das waren die vier größten Euroländer mit der Europäischen Kommission und der EZB. Die Niederlande gehörten damals nicht zu dieser Gruppe, aber eine Insider-Quelle hielt uns via Hans Vijlbrief über die Besprechungen auf dem neuesten Stand. Im Juni 2012 zeichnete sich am Vorabend der Tagung des Europäischen Rates in der Washingtoner Gruppe ein Konsens über die direkte Rekapitalisierung ab; den Regierungschefs wurden entsprechende Vorschläge unterbreitet.

Merkel hatte Anfang Juni signalisiert, dass man ihrer Ansicht nach prüfen sollte, ob systemrelevante Banken einer zentralen europäischen Aufsicht zu unterstellen wären. Drei Tage vor dem Gipfel präsentierte Herman Van Rompuy Vorschläge, die die Grundlage für den „Bericht der vier Präsidenten" vom Dezember 2012 bilden sollten. Letzerer wurde von Van Rompuy (Rat), Barroso (Kommission), Juncker (Euro-Gruppe) und Draghi (EZB) verfasst und trug den Titel *Auf dem Weg zu einer echten Wirtschafts- und Währungsunion* [2]. Van Rompuy plädierte – ermutigt vor allem von Draghi – für eine Bankenunion, die es möglich machen sollte, den Banken neues Kapital direkt aus dem ESM zur Verfügung zu stellen. Dafür brauchte man eine gemeinsame Aufsichtsbehörde, einheitliche Regeln für die Abwicklung ausfallender Banken und ein gemeinschaftliches Einlagensicherungssystem. Die Vorschläge umfassten außerdem eine Haushaltsunion, mittelfristig auch mit Eurobonds, sowie eine politische Union, einschließlich einer Aufsicht über die WWU durch das Europäische Parlament. Die Bankenunion war eindeutig der dringlichste und damit aussichtsreichste Vorschlag.

Die Tagung des Europäischen Rates dauerte die ganze Nacht lang vom 28. auf den 29. Juni. Die anschließend veröffentlichte Abschlusserklärung unterstrich, wie wichtig der Ausbruch aus dem Teufelskreis von Banken und Staaten war. Die Regierungschefs hatten beschlossen, eine einheitliche Aufsicht für Großbanken einzuführen und – sobald dies erfolgt war – dem ESM die Möglichkeit zur direkten Rekapitalisierung der Banken zu geben. Sie fügten hinzu, dass diese direkte Rekapitalisierung „möglicherweise" auch rückwirkend für Spanien und Irland gelten könnte. Insbesondere Irland hatte seine Staatsverschuldung infolge der Bankenkrise auf hochgeschraubt und begrüßte die Vorstellung, diese Last auf den ESM zu übertragen.

Deutschland, die Niederlande und ein paar gleichgesinnte Länder hatten aus Angst vor unerwünschten Effekten während des gesamten Gipfels Anstrengungen unternommen, um die direkte Rekapitalisierung an strenge Bedingungen zu knüpfen. Zu diesem Zeitpunkt stand Merkel einem erfahrenen und gefürchteten Kontrahenten

6 Die Bankenunion: vom Bail-out zum Bail-in

gegenüber: dem italienischen Ministerpräsidenten Mario Monti, der Berlusconi Ende 2011 abgelöst hatte. Monti spürte, dass er ein bedeutendes Zugeständnis erhalten hatte. Ein Haupteinwand der Gegner war, dass die direkte Rekapitalisierung jeden Anreiz für eine ordentliche Beaufsichtigung durch die nationalen Behörden zunichte machte. Letzere wären ja nicht mehr verpflichtet, ihre eigenen Banken zu retten, wenn es schiefging. Dies erwies sich als Hauptargument für einen Vorschlag, der schon Jahre zuvor häufig diskutiert, aber stets von einigen Mitgliedstaaten blockiert worden war, nämlich eine einheitliche europäische Bankenaufsicht. Das erwies sich als der richtige Weg: Bevor Mittel aus dem ESM in die direkten Hilfsmittel für notleidende Banken flossen, sollte die EZB die Aufsicht über diese Banken übernehmen. So also entstand die Bankenunion: als Reaktion auf den Vorschlag der direkten Rekapitalisierung.

Die Nacht endete, wie so viele Gipfel in den Jahren 2011 und 2012, mit verwirrenden Äußerungen. Diesmal zwischen Monti, der erklärte, dass das Euro-Währungsgebiet durch die Einführung der direkten Rekapitalisierung gerettet worden sei, und Merkel, die erklärte, dass bis dahin noch ein langer Weg zurückzulegen sei. Auch der nächste Morgen brachte Unruhe, vor allem in den Niederlanden. In meinem Land gab es ernsthafte Bedenken, ob wir nicht in die falsche Bankenunion „hineinrutschen" und uns die Probleme anderer Länder „heim ins Reich" holen würden. So begann die Sommpause 2012. Die Märkte wurden natürlich wieder unruhig, nachdem sie enttäuscht festgestellt hatten, dass der Europäische Rat nicht beschlossen hatte, umgehend Milliarden aus dem ESM in die Banken zu pumpen.

Ende Juli hielt Draghi dann seine berühmte „*Whatever it takes*"-Rede und das Programm *Outright Monetary Transactions* (OMT) war geboren, ein Schutzschirm für

Euroländer in Rettungsprogrammen mit wirtschaftlichen und staatlichen Reformen als Bedingung. Es ist anzunehmen, dass die EZB diesen Schritt ohne den Beschluss des Europäischen Rates vom Juni zur Gründung der Bankenunion nie hätte tun können.

Hauptziel von Schäuble und de Jager war es, die durch den Beschluss des Europäischen Rates verursachten Schäden zu begrenzen. Am 25. September reiste de Jager nach Helsinki, um vor allem die direkte Rekapitalisierung mit seinen Amtskollegen Jutta Urpilainen und Wolfgang Schäuble zu besprechen. Bei diesem Treffen wurde die berüchtigte Helsinki-Erklärung verfasst, die eine Reihe einschränkender Bedingungen für den Anwendungsbereich der neuen Bankenunion festlegt. Die erste Bedingung war, dass der ESM die Banken nur als letztes Mittel direkt rekapitalisieren sollte. Zuvor musste versucht werden, das Geld über den privaten Sektor zu beschaffen. Anschließend mussten die Möglichkeiten eines Bankenprogramms nach spanischem Vorbild – also über den Staat – geprüft werden. Nur, wenn diese beiden Optionen unzureichend waren, durfte eine direkte Rekapitalisierung stattfinden. Die zweite von den drei Ministern festgelegte Bedingung betraf die so genannten *legacy assets*, also die Altbestände von Darlehen und Investitionen, bei denen noch Verluste zu tragen waren. Solche in der Vergangenheit entstandenen Verluste sollten nicht für eine direkte ESM-Unterstützung in Frage kommen.

Viele Euroländer waren mit dieser Erklärung unzufrieden. Sie reduzierte deutlich die Durchschlagskraft des Instruments, das man extra geschaffen hatte, um den Teufelskreis zu durchbrechen. Aber der gedankliche Ansatz, zunächst private Parteien zur Rettung der Banken heranzuziehen und bereits in der Vergangenheit aufgelaufene Schulden nicht rückwirkend auf alle Länder der Eurozone zu verteilen, war alles andere als unvernünftig.

6 Die Bankenunion: vom Bail-out zum Bail-in

In Kap. 5 über die Zypern-Krise habe ich beschrieben, wie sie einen Paradigmenwechsel einleitete. Die Diskussion über den Umgang mit Problembanken hatte sich seit einiger Zeit an der Frage festgefahren, wer die Rechnung für die Bankenrettungen bezahlen sollte. Sollte man das weiterhin in der nationalen Verantwortung belassen oder sollten die Kosten auf europäischer Ebene, sprich gemeinsam, getragen werden? Es handelte sich um eine klassische Meinungsverschiedenheit zwischen Nord und Süd. Zypern brachte die Wende – vor allem die Entscheidung, die Investoren so viel wie möglich von der Rechnung begleichen zu lassen. Zuvor hatte sich die Diskussion vor allem um die Frage gedreht, auf welcher Ebene das Problem anzugehen wäre, auf nationaler oder europäischer Ebene. Nach Zypern ging es hauptsächlich darum, welche Investoren in welcher Reihenfolge einen Beitrag zu leisten hatten. Zypern war sicherlich keine perfekte Vorlage, denn das Ausmaß der Probleme im zyprischen Bankensektor hatte uns zu einer einzigartigen Lösung geführt. Aber innerhalb weniger Monate hatten wir uns von dem vorherrschenden Modell eines Bail-outs von Banken und der Verteilung öffentlicher Gelder mit der „Bazooka" zu der Idee hinentwickelt, dass private Risikobereitschaft auch ihren Preis haben sollte.

In der ersten Jahreshälfte 2013 sollte diese Kehrtwende zum Schlüsselereignis werden, das die festgefahrenen Verhandlungen des Rates über die *Bank Recovery and Resolution Directive* BRRD wieder in Gang brachte.

Im Juni 2013 traf der ECOFIN-Rat schließlich in zwei Akten eine Entscheidung über die Richtlinie, die die Abwicklung von Banken regelte. Die Ereignisse des ersten Tages und der ersten Nacht fanden am Freitag, dem 21. Juni, in Luxemburg statt. Es handelte sich um eine der längsten Sitzungen, an denen ich je teilgenommen habe: Sie dauerte von etwa neun Uhr morgens bis vier Uhr am nächsten Morgen. Und in diesen 19 Stunden haben wir nichts erreicht. Die Kontroverse drehte sich um das Ausmaß des Bail-in, das immer noch von einigen Nicht-Euro-Ländern erschwert wurde, die versuchten, ganz bestimmte Dinge für den Finanzsektor in ihrem Land durchzusetzen. Im Mittelpunkt stand jedoch die Kontroverse zwischen den Franzosen einerseits und Deutschland andererseits über die Frage: Wie viel müssen die Bankgläubiger beitragen, bevor staatliche Gelder eine Bank retten dürfen? Es war schlussendlich die Zypern-Frage, die uns hier wieder einholte.

Die Verhandlungen des Rates über die Bankenunion fanden oft im Lex-Gebäude statt. Die drei wichtigsten Entscheidungen über die Bankenunion (Bankenaufsicht im Dezember 2012, Abwicklungsordnung im Juni 2013, Abwicklungsmechanismus und Fonds im Dezember 2013) wurden sämtlich in diesem Gebäude getroffen. Das war kein Zufall: Wir erreichten die Einigung stets am Vorabend einer Tagung des Europäischen Rates. Das Justus-Lipsius-Gebäude wird dann für den nächsten Tag gereinigt und kann nicht für Versammlungen genutzt werden.

In der Woche vor dem zweiten Treffen zum Thema BRRD fanden zwei wichtige Ereignisse statt. Das erste war das erfolglose Treffen in Luxemburg, das aber schließlich doch noch zu etwas nützte. Als Hans Vijlbrief und ich gegen vier Uhr morgens durch Luxemburg gingen, um zu unserem Hotel zurückzukehren, diskutierten wir über eine Lösung für das Bail-in-Verfahren. Im Hotel standen wir noch eine ganze Weile in einer kleinen Kammer, in der sich ein Bügelbrett befand, und unterhielten uns weiter. Dort entstand die Idee einer gestaffelten Regelung, die die Reihenfolge des Bail-in festlegen sollte.

Zweitens erhielt Hans in derselben Woche einen Anruf von seinem Amtskollegen Thomas Steffen in Berlin, der

6 Die Bankenunion: vom Bail-out zum Bail-in

fragte, ob ich die Initiative ergreifen würde, Deutschland und Frankreich vor dem bevorstehenden, entscheidenden ECOFIN-Treffen zusammenzubringen. Unsicher, wie ich reagieren würde, rief Hans mich an. Ich hätte die Gelegenheit zwar gern genutzt, aber das war eine Aufgabe für den ECOFIN-Rat und nicht für die Euro-Gruppe. In jenem Halbjahr hatten die Iren die ECOFIN-Präsidentschaft inne, und ich legte großen Wert auf meine Beziehung zu Dublin. Hans rief den irischen Schatzmeister Jim O'Brien an, der das in seiner vertraut freundlich-irischen Art weder als gute Idee bestätigte noch ablehnte. Infolgedessen hielten wir vor dem ECOFIN-Rat tatsächlich ein Treffen ab mit Schäuble und Steffen, Moscovici und seinem hochrangigen Beamten Ramon Fernandez, dem irischen Minister Michael Noonan und Jim O'Brien sowie EU-Kommissar Barnier in Begleitung seines Kabinettschefs Olivier Guersent. Nachdem wir eine Weile diskutiert hatten, legte ich den von uns vorbereiteten Kompromiss auf den Tisch. Es zeigte sich, dass dieser sowohl für Schäuble als auch für Moscovici akzeptabel war. Das darauffolgende ECOFIN-Treffen wurde somit nicht wieder zum deutsch-französischen Schlachtfeld. Aber es zog sich auch wieder in die Länge, vor allem, weil eine Reihe von Nicht-Euroländern (vor allem Polen und das Vereinigte Königreich) weiterhin Forderungen stellten. Ich habe an der Lösung der von den Briten angesprochenen Probleme mitgewirkt, konnte aber die Einwände Polens ehrlich gesagt nicht verstehen.

In der Zwischenzeit wurde unter der Leitung Litauens, das für die zweite Jahreshälfte 2013 den Ratsvorsitz übernommen hatte, an der nächsten Komponente der Bankenunion gearbeitet, dem einheitlichen Bankenabwicklungsmechanismus (*Single Resolution Mechanism* – SRM). Das ist „Brüsseler Sprache" für die Vereinbarungen zur neuen europäischen Behörde, die sich in Zukunft mit allen angeschlagenen Banken befassen und den neuen Fonds für bedürftige Banken verwalten sollte. Gleichzeitig wurden mit dem Europäischen Parlament Verhandlungen über die BRRD, die Regeln für den Umgang mit unsoliden Banken, geführt. Der Rat hatte zwar im Juni einen Kompromiss darüber erzielt, aber das Europäische Parlament musste noch seine Stellungnahme zu diesen Rechtsvorschriften abgeben. Diese Verhandlungen waren nicht einfach, da die Delegation des Parlaments von einem Schweden geleitet wurde, der an den Bail-outs der 90er Jahre in Schweden selbst beteiligt gewesen war. Im Dezember würde dies noch zu einer bemerkenswerten Begegnung zwischen dem schwedischen Minister Anders Borg und mir führen – aber dazu später mehr.

Die Vorbereitungen für die entscheidenden ECOFIN-Treffen markierten, wie alle Entscheidungsfindungen in Europa, einen weiteren Sprung. Die Litauer hatten eine Arbeitsgruppe aus hochrangigen Beamten eingesetzt, die alle zwei Wochen in Brüssel zusammenkamen, um den Vorschlag für den Abwicklungsmechanismus und den gemeinsamen Abwicklungsfonds (Single Resolution Fund – SRF) zu diskutieren. Die Komplexität dieses Vorschlags sollte nicht unterschätzt werden. Schließlich ging es auf den vielen vollgeschriebenen Seiten um die Frage, wer entscheidet, ob eine Bank abgewickelt wird (Umstrukturierung oder Konkurs), und wie der Fonds organisiert wird, der den Abwicklungsprozess (einschließlich einer möglichen Rekapitalisierung) vorfinanziert. Der Fonds sollte letztendlich 55 Mrd. EUR enthalten, eingebracht von den Banken selbst. Einige glaubten, dass dies bei einer sehr großen Bankenkrise nicht ausreiche. Doch ich war mir sicher, dass der Abwicklungsfonds unter Berücksichtigung einer strengeren Aufsicht, hoher Eigenkapitalanforderungen und der Bail-in-Regeln der BRRD nicht so bald genutzt werden musste. Um das Vertrauen der Öffentlichkeit zu gewinnen, hatten wir dennoch die Frage zu beantworten: „Was passiert, wenn der Fonds aufgebraucht ist?" Frankreich gehörte zu den starken Befürwortern eines Backstop für den Fonds, einer staatlichen Bürgschaft oder Kreditlinie, die die kurzfristige Verfügbarkeit ausreichender Mittel für Maßnahmen sicherstellen würde.

Von September bis November gab es in der von Litauen geleiteten Arbeitsgruppe eine intensive Diskussion, die jedoch keine echten Lösungen brachte. Kurz nach dem Sommerende hatte ich mit in Schiphol mit Michel Barnier gesprochen. Daraus war ein Vorschlag zur Überwindung einer der größten Stolpersteine erwachsen. Die Franzosen stimmten mit Kommissar Barnier darin überein, dass wir von Anfang an einen vollständig auf Gegenseitigkeit beruhenden – mit anderen Worten: gemeinsamen – Abwicklungsfonds benötigten. Die Risiken der Banken in den teilnehmenden Ländern würden dann vom ersten Tag an geteilt, dank der uneingeschränkten Verfügbarkeit des Abwicklungsfonds. Die Deutschen hingegen präferierten die Vorstellung von einem Netzwerk aus nationalen Fonds. Berlin hatte zwei Einwände. Der erste war der sogenannte *Moral Hazard*, also die moralische Versuchung: Wenn es zu einfach wäre, Probleme über einen gemeinsamen Fonds zu lösen, gäbe es keinen Anreiz, Probleme zu verhindern oder selbst frühzeitig anzugehen. Der andere Einwand war juristischer Natur: Die Rechtsgrundlage für den Fonds, Artikel 114 AEUV, würde nicht standhalten. Artikel 114 war ein umfassender Rahmenartikel des Vertrags, der es der Kommission und dem Parlament ermöglichte, jede Initiative zu ergreifen, die an anderer Stelle des Vertrags noch nicht geregelt war, um den Binnenmarkt zu optimieren. Ehrlich gesagt standen die Deutschen mit ihren juristischen Bedenken in Europa ziemlich alleine da. In meinem Heimatland gab es Stimmen, die wegen des moralischen Problems hinsichtlich des

Kollektivfonds ebenso besorgt waren wie die Deutschen, die Finnen und die Österreicher hatten Verständnis dafür, aber das war es auch schon. Beide Einwände mussten jedoch beantwortet werden.

Die Lösung, die wir schließlich gefunden haben, wurde nach dem Quotensystem für nationale Beiträge zum IWF konzipiert: Man gibt sein Geld an eine Institution weiter, aber es bleibt als eigene Einlage erkennbar. Die Beiträge aller europäischen Banken flossen zwar in einen gemeinsamen Fonds, die einzelnen nationalen Anteile blieben jedoch vorläufig identifizierbar. Bei einem Mittagessen im Finanzministerium in Den Haag mit Jonathan Faull, Barniers Generaldirektor für Binnenmarkt und Dienstleistungen, stellten Gita Salden und Hans Vijlbrief diese Idee vor, und zu unserer Überraschung ließ Jonathan sich auf den Vorschlag ein. Später kombinierten wir dies noch mit einem Konzept, das wir in einem Memorandum der EZB gefunden hatten, nämlich mit der „schrittweisen Mutualisierung". Son entstand die Idee von nationalen Teilfonds, die schrittweise auslaufen und schließlich vollständig zu einem gemeinsamen Fonds verschmelzen sollten. Die nationalen Regierungen würden die Beiträge ihrer jeweiligen Banken selbst erheben und an den Gemeinschaftsfonds weiterleiten. Während der achtjährigen Übergangszeit würden die Beiträge jedoch als nationale Teilfonds im Gesamtfonds verbleiben. Im Verlauf der acht Jahre würden die Beiträge und somit auch die Risiken allmählich immer umfassender geteilt. Nach acht Jahren würden die 55 Mrd. EUR des gemeinsamen Fonds allen beteiligten Banken, unabhängig von ihrer Nationalität, als letztes Mittel zur Verfügung stehen. Von entscheidender Bedeutung war und ist, dass die Risiken viel genauer als bisher bewertet werden und die Gläubiger an erster Stelle stehen, wenn es darum geht, die Verluste mit einem Bail-in auszugleichen.

6 Die Bankenunion: vom Bail-out zum Bail-in

War es elegant? Nein. War es komplex? Ja. Würde es funktionieren? Vielleicht.

Die Idee bewies ihre politische Machbarkeit im Dezember 2013, als der Rat – in einigen mühsamen Sitzungen, von denen die letzte am Vortag der Tagung des Europäischen Rates wiederum im Lex-Gebäude stattfand – eine Einigung über den SRM erzielte. Der Weg dahin war voller Zufälle und glücklicher Fügungen.

Am 6. Dezember flogen Hans und ich mit einigen anderen Mitgliedern meines Euro-Gruppenteams in einer Piaggio, einem sehr kleinen Flugzeug mit Druckpropellern des bekannten italienischen Rollerherstellers, nach Berlin. Das Wetter war in ganz Europa schlecht, vor allem in Deutschland. Wir waren auf dem Weg zu einem Treffen der sogenannten Washingtoner Gruppe, das in Berlin stattfinden sollte: mit Deutschland, Frankreich, Italien und Spanien, mit mir als dem Präsidenten der Euro-Gruppe und Vertretern der Europäischen Kommission (Barnier) und der EZB (Asmussen). Den Vorsitz bei diesem Treffen sollte Rimantas Šadžius führen, der litauische Finanzminister und damalige ECOFIN-Präsident. Nach einem turbulenten Flug stiegen wir am Flughafen Tegel aus und fuhren durch einen heftigen Schneesturm zum Bundesfinanzministerium, wo Schäuble uns mit der Nachricht begrüßte, dass Šadžius wegen des Schnees in Frankfurt festsaß. Ob vielleicht ich das Treffen leiten könnte?

In einem der Sitzungssäle des Bundesfinanzministeriums setzten wir uns an einem langen Tisch mit unbequemen Stühlen zusammen. Ich übernahm den Vorsitz und arbeitete nach und nach alle Themen ab, und es lief überraschend gut. Ein charmantes Detail: Unsere aufmerksamen deutschen Gastgeber hatten neben jedem Teller einen Schokoladen-Weihnachtsmann platziert.

Während wir auf Ratsebene an der europäischen Gesetzgebung zur Bankenabwicklung arbeiteten, erzielte der litauische Ratsvorsitz Anfang Dezember eine grundsätzliche Einigung über die BRRD mit dem schwedischen Verhandlungsführer Gunnar Hökmark im Europäischen Parlament. Damit drohte ein Rückschritt.

Hökmark hatte darauf gedrungen, dass den Ländern mehr Spielraum für die Verstaatlichung von Banken mit Steuergeldern eingeräumt werden sollte. Die Schwelle drohte gesenkt zu werden, um dieses Vorgehen in „Ausnahmesituationen" zu ermöglichen. Diese Formulierung war viel zu allgemein. Zudem war die erforderliche vorherige Zustimmung der Europäischen Kommission aus dem Text verschwunden. Ich erkannte darin die schwedische Position, über die ich lange und hart mit meinem schwedischen Amtskollegen Anders Borg verhandelt hatte. Die Schweden versuchten nun, durch die Verhandlungen mit dem Europäischen Parlament die Bedingungen des Bail-in doch noch zu umschiffen. Damit würde die gesamte Bankenunion erneut zur Diskussion gestellt. Mein Aufeinandertreffen mit Borg wurde gefilmt und von einem Journalisten so dargestellt, als hätte der Schwede einen niederländischen Holzschuh an den Kopf bekommen. Da ich von einer Sperrminorität unterstützt wurde, konnten wir das Problem lösen, indem wir die Passage wieder schärfer formulierten.

Im Frühjahr 2014 sollte ich mehrere Nächte im Europäischen Parlament verbringen. Das Ergebnis von Besprechungen hängt oft entscheidend von ihrem Umfeld ab. Der ECON-Ausschuss hatte mich zu einer Trilog-Sitzung in Straßburg (Verhandlungen über Legislativvorschläge mit Delegationen der Europäischen Kommission, des Europäischen Parlaments und des Ministerrates) zur Gesetzgebung der Bankenunion eingeladen, mit EU-Kommissar Michel Barnier und dem griechischen Minister Giannis Stournaras.

Die Mitglieder des Ausschusses für Wirtschaft und Währung unter der Leitung der britischen Präsidentin

6 Die Bankenunion: vom Bail-out zum Bail-in

Sharon Bowles saßen auf einem Podium hinter einem Rednerpult. Wir saßen wie die Schulkinder davor und schauten von unten hinauf. Ich war formell eingeladen worden, weil das Europäische Parlament nachdrücklich betont hatte, dass seine Zustimmung zur Gesetzgebung für den einheitlichen Bankenabwicklungsmechanismus (SRM) an die zwischenstaatliche Vereinbarung (IGA) geknüpft war, die die Mitgliedstaaten untereinander abgeschlossen hatten. Das Europäische Parlament war nie erfreut über derartige gesonderte Vereinbarungen zwischen den Mitgliedstaaten. Aber ohne diese IGA gab es keinen Deal. Die Deutschen, die in juristischen Fragen sehr genau sind, waren der Ansicht, dass Artikel 114 AEUV eine unzureichende Rechtsgrundlage für einen mutualisierten europäischen Abwicklungsfonds darstellte. Wenn die Bundesregierung Beiträge von Banken erheben müsste, würden diese Beiträge zu nationalen öffentlichen Mitteln, die dem Haushaltsrecht des Deutschen Bundestages unterstünden. Die Bundesregierung könnte diese Mittel dann für einen bestimmten Zweck in einen gemeinsamen Fonds einstellen. Die zwischenstaatliche Vereinbarung ermöglichte dies. Berlin duldete keine juristischen Winkelzüge.

Das Europäische Parlament wollte wegen der IGA kräftig Ärger machen, weshalb ich zum Trilog eingeladen worden war. Es war außerdem allgemein bekannt, dass Stournaras schnell nach Athen zurückkehren musste, um mit der Troika zu sprechen. Der Trilog hatte inzwischen eine kritische Phase erreicht. Deshalb hatte ich Stournaras vorgeschlagen, ihn zu den Verhandlungen ins Europäische Parlament zu begleiten, ein Angebot, das er gerne annahm.

Die Abgeordneten des Europäischen Parlaments befanden sich auf einem Podium, fast einen Meter über den einfachen Vertretern des Rates und der Europäischen Kommission, und stritten miteinander über unsere Köpfe hinweg. Sie waren sich über absolut nichts einig: wer an der Reihe war zu sprechen, worüber, was das eigentliche Problem war und so weiter. Die britische Ausschussvorsitzende Sharon Bowles war konstruktiv; die Berichterstatterin des Europäischen Parlaments, die Portugiesin Elisa Ferreira, schien vor allem besorgt. Die Britin Vicky Ford und die Niederländerin Corien Wortmann (CDA[1]) waren zwar kritisch, wollten aber das Vorhaben nicht vereiteln, während Sylvie Goulard und Sven Giegold von den Liberalen bzw. den Grünen nichts als Kritik dafür übrig hatten. Stournaras sagte in den ersten zwei Stunden nicht viel und ging um vier Uhr morgens. Ich habe alle Register gezogen, um die Abgeordneten zu überzeugen. Hans war zunehmend irritiert über den Mangel an Respekt, den die Abgeordneten seiner Meinung nach zeigten. Als wir um sieben Uhr morgens abbrachen, war er der Verzweiflung nahe. Er hatte bereits während der Versammlung vor lauter Ärger geräuschvoll knisternd versucht, eine Tüte Chips zu öffnen, und hielt einen Misserfolg für sicher. Wir teilten der Presse anschließend mit, dass es ein konstruktives Treffen gewesen war. Hans war zwar vom Gegenteil überzeugt, aber ich war bei meiner Abreise recht optimistisch und gut gelaunt.

Die Tortur – denn das war es wirklich gewesen – hatte ihren Zweck erfüllt. Die Presse gab unsere Äußerungen weiter, dass alles sehr konstruktiv gewesen war, die Abgeordneten des Europäischen Parlaments zeigten sich öffentlich begeistert darüber, dass sich der Präsident der Euro-Gruppe die Mühe gemacht hatte, ihnen den Sachverhalt zu erklären, und wir atmeten erleichtert auf. Aber wir hatten noch einen langen Weg vor uns. Erstens waren die Meinungsverschiedenheiten immer noch sehr groß,

---

[1]Christen-Democratisch Appèl, eine christlich-demokratische Partei in den Niederlanden (Anmkg. d. Red.).

6 Die Bankenunion: vom Bail-out zum Bail-in

zweitens hatten die Franzosen wie immer ihre ganz eigenen Ansichten über Taktiken, und dann war da natürlich noch die VVD. Diese Partei schien offenbar endlich erkannt zu haben, was wir in Brüssel wirklich vorhatten – nämlich die Schaffung einer Bankenunion. Besorgte Fraktionsmitglieder, Parteimitarbeiter und Rechtsexperten belagerten den unglücklichen Focco Vijselaar, den Experten meines Ministeriums für dieses Thema, der zu Recht stolz auf den Entwurf der IGA war.

Die Meinungsverschiedenheiten waren, wie ich bereits sagte, ernstlicher Natur. Das Europäische Parlament wollte eine viel schnellere Mutualisierung, also Risikoteilung, eine möglichst geringe Einflussnahme seitens der Minister und eine möglichst geringe nationale Beteiligung an der Verwaltung des europäischen Abwicklungsgremiums (*Single Resolution Board*, SRB). Dieser letzte Punkt war absolut richtig. Unser Mandat ließ etwas Verhandlungsspielraum zu, aber nicht viel. In der Zwischenzeit hatte mein französischer Kollege Ramon Fernandez einen schlauen Plan für eine zusätzliche ECOFIN-Tagung ausgearbeitet, damit wir mehr Druck auf die Deutschen ausüben konnten, sich uns anzunähern. Wir versuchten unseren französischen Kollegen zu erklären, dass Schäuble unter Druck in der Regel weniger statt mehr Flexibilität zeigte, aber natürlich war Bercy (das französische Finanzministerium) nicht davon zu überzeugen. Am Ende konnten wir dieses Szenario mit Mühe und Not verhindern, aber wir hatten noch die niederländische VVD.

Im Herbst 2013 hatte der VVD-Wortführer in Sachen Finanzen in der Zweiten Kammer, Mark Harbers, einen Antrag gestellt, den ich teilweise zwar angenommen, von dem ich aber auch gesagt hatte, dass manche Teile nicht umgesetzt werden konnten. Letzteres betraf vor allem die Organisation des Fonds, der nach Ansicht der VVD so weit wie möglich national bleiben sollte. Das war die ursprüngliche Position der Deutschen gewesen, die sich als nicht haltbar erwiesen hatte und sich obendrein auch nur sehr schwer als Bankenunion interpretieren ließe. Um die Pille, die die VVD zu schlucken hatte, zu versüßen, wurde fest zugesagt, die Bail-in-Bedingungen vollständig in den ergänzenden Vertrag (IGA) zu übernehmen. Bei den Verhandlungen im Rat kurz vor Weihnachten hatte ich mich hierfür sehr stark gemacht. Als es an der Zeit war, diesen Kompromiss des Rates im Januar und Februar im Einzelnen auszuarbeiten, stieß dieser Punkt auf ernsthafte rechtliche Bedenken. Aber am Ende lief alles glimpflich ab, und die VVD akzeptierte den Kompromiss mit dem Europäischen Parlament.

Am Mittwoch, dem 19. März, betraten wir um 15 Uhr einen Raum im Europäischen Parlament in Brüssel, wo wir die abschließenden Verhandlungen über den SRM und indirekt auch die IGA führen sollten. Wenn ich sage „wir", meine ich Barnier, Stournaras mit seiner Beamtin Maria Mavridou und mich selbst. Dieses Mal hatte ich mein ganzes Expertenteam aus Den Haag mitgebracht: Hans, Niels Redeker, Irene Linthorst, Focco Vijselaar und Coen Gelinck. Diesmal waren die Sitze nicht mehr im Stil einer Inquisition angeordnet, aber die Abgeordneten des Europäischen Parlaments waren in dem Saal mindestens 30 oder 40 m weit von uns entfernt. Das hatte nur einen Vorteil – wir konnten uns nicht bei Sharon Bowles anstecken, die offensichtlich eine schwere Grippe hatte. Ansonsten war es geradezu absurd unpraktisch.

Wir verließen den Raum am nächsten Morgen gegen halb acht – mit einer Vereinbarung. Lange Zeit hatte es nicht danach ausgesehen. Die Verhandlungen hatten sich immer weiter hingezogen. Manchmal bewegten wir uns vorwärts, oft rückwärts. Die Abgeordneten wechselten zwischen Politik und Theater einerseits sowie Momenten klaren Denkens und konstruktiver Vorschläge andererseits. Die beiden Berichterstatter, Ferreira und Wortmann, waren

6 Die Bankenunion: vom Bail-out zum Bail-in

ernsthaft, konstruktiv und am aktivsten in der Diskussion, Goulard ging nach ein paar Stunden, Ford sagte wenig und Giegold versuchte vor allem, uns Steine in den Weg zu legen. Ich versuchte geduldig, das Ganze voranzutreiben, manchmal unterstützt von den Griechen, manchmal nicht. Die Griechen kannten die Positionen Deutschlands sehr gut und waren darauf bedacht, nicht zu sehr davon abzuweichen. Manchmal flüsterten sie unseren Mitarbeitern etwas zu wie: *„Does your minister know what he is doing? Germany won't like this."* Aber ich brauchte etwas Verhandlungsspielraum.

In den Stunden dieser langen Nacht folgte der Prozess einem vertrauten Muster: Zu Beginn ging es nur langsam voran; die Abgeordneten waren sehr kritisch und blockierten viele Elemente des Vorschlags. Ich redete mir den Mund fusselig, um ein Ergebnis zu erzielen, und mein Vorschlag, dass der Fonds während der Übergangszeit selbstständig Kredite vergeben können sollte, half dabei ein wenig. Elisa Ferreira stellte eine Forderung nach der anderen und lehnte jeden Kompromiss ab. Gegen 23 Uhr verlor ich die Beherrschung und fragte, ob sie nicht einfach einmal „Ja" zu einem unserer Vorschläge sagen könne. Auf die ein oder andere Art war dies hilfreich, und nach Unterbrechungen, bilateralen Konsultationen, flehentlichen Bitten, guten und schlechten Ideen näherten wir uns schließlich gegen vier Uhr morgens einer Einigung. Das Europäische Parlament akzeptierte die IGA und die strengen Bedingungen. Wir mussten ein höheres Tempo für eine schrittweise Risikoteilung während der Übergangszeit akzeptieren.

Aber wir hatten noch ein kleines Problem: Wie würden wir den Kompromiss Schäuble in Berlin erklären? Das war einer von den Momenten, die ich nicht so schnell vergessen werde – um halb fünf morgens. Ich hatte Schäuble schon vorgewarnt, dass ich ihn möglicherweise während der Verhandlungen anrufen würde, wenn ich über die genauen Bedingungen des Mandats hinausginge. Er hatte deswegen einen Kinobesuch mit seiner Frau abgesagt und den ganzen Abend darauf gewartet, dass das Telefon klingelte. Aber natürlich war er irgendwann ins Bett gegangen. Ich rief ihn um halb fünf morgens an. Wolfgang nahm den Anruf nicht an – was wenig überraschend war –, aber nach etwa fünfzehn Minuten rief er zurück, hörte sehr ruhig zu und bat mich, wegen einem der Diskussionspunkte Levin Holle zu kontaktieren, den Leiter der Abteilung Finanzmarktpolitik in seinem Ministerium. Hans übernahm das für mich und in den nächsten anderthalb Stunden geschah nichts. Wir saßen auf ein paar in der Lobby verstreuten Sofas vor dem Konferenzraum und warteten. Es war einer dieser denkwürdigen Momente, in denen uns Musik über den toten Punkt hinweghalf. Ich begann mit dem Klassiker *„I've Been Waiting ... for a Girl Like You" (Foreigner)* und wir endeten mit *„If You Leave Me Now"* von *Chicago*, das Barniers Kabinettschef Olivier Guersent für angemessen hielt.

Schäuble rief zurück, stellte noch ein paar Fragen und gab seine Zustimmung. Zumindest glaubten wir das. Es war gegen sechs oder halb sieben Uhr morgens, und es wurde langsam hell im Gebäude des Europäischen Parlaments. Ich ging zurück in den Konferenzraum und schloss den Deal mit den Abgeordneten, wir sprachen noch eine Weile miteinander und dann kehrten wir in die Niederlande zurück. Im Auto, während Niels und Coen schon fast schliefen, rief ich Diederik Samsom an und sprach ihm in einem ausführlichen Telefonat ermutigende Worte zu nach dem schlechten Abschneiden unserer Partei bei den Kommunalwahlen.

In der Zwischenzeit begann Wolfgang bei näherer Betrachtung an der Vereinbarung zu zweifeln. Er rief mich noch am selben Morgen an, kurz nach meiner Ankunft in den Niederlanden. Nach einigem Hin und Her konnten wir die letzten Missverständnisse ausräumen und die Deutschen waren wieder mit an Bord. Auf der Tagung des Europäischen Rates am Abend wurde mir dafür in Abwesenheit Beifall gezollt.

Mit den Vereinbarungen zwischen dem Rat und dem Parlament über die Gesetzgebung zur europäischen Bankenaufsicht, gemeinsame strengere Eigenkapitalanforderungen, den Abwicklungsfonds und die neue Abwicklungsbehörde war die Bankenunion zumindest auf dem Papier beschlossen. Im November 2013 nahm die gemeinsame Aufsichtsbehörde – das *Single Supervisory Board* (SSB) – unter dem Vorsitz von Danièle Nouy ihre Tätigkeit auf. Die rund 130 größten Banken des Euroraums, welche 85 % aller europäischen Bankguthaben halten, stehen damit unter direkter Aufsicht. Dazu gehören alle Banken mit einer Bilanzsumme von mehr als 30 Mrd. EUR sowie die drei größten Banken in jedem Land. Andere, kleinere Banken werden von nationalen Behörden beaufsichtigt, die wiederum vom SSB beaufsichtigt werden. Treten bei kleineren Banken Probleme auf, kann das SSB die direkte Aufsicht übernehmen. Das wäre sicherlich der Fall, wenn eine kleinere Bank Unterstützung aus dem Abwicklungsfonds beantragen würde, was allerdings sehr unwahrscheinlich ist.

Bei der Einführung der zentralen Aufsicht fanden ein *Asset Quality Review* (AQR) – eine Bilanzprüfung – der Banken statt sowie ein Stresstest, um die Risiken und die Qualität der Bilanzen gründlich zu bewerten. In Vorbereitung auf diesen Prozess gingen viele Banken an den Kapitalmarkt, um mehr Kapital aufzunehmen. Dennoch waren 25 Banken nach wie vor unterkapitalisiert, und zwölf brauchten mehr Zeit, um ihre Bilanzen weiter zu konsolidieren. Der Stresstest muss regelmäßig neu durchgeführt werden, da sich die Bankbilanzen ständig ändern – so steigt beispielsweise die Zahl der notleidenden Kredite tendenziell an, wenn sich die Wirtschaft längere Zeit in einer Rezession befindet. Italien war ein Beispiel dafür. Alle Euroländer müssen der Bankenunion angehören, andere EU-Mitgliedstaaten können ihr beitreten. Sowohl in Dänemark als auch in Schweden wächst zurzeit das Interesse daran, denn eine Mitgliedschaft in der Bankenunion stärkt das Vertrauen externer Parteien.

Wir befinden uns in einer Übergangsphase, in der die Bankenunion schrittweise umgesetzt wird. Die mehr als 100 nationalen Ausnahmen und Optionsmöglichkeiten werden im Rahmen der europäischen Gesetzgebung allmählich abgebaut oder auf die Ebene der zentralen Aufsichtsbehörde SSM verlagert. Seit kurzem gibt es endgültige Regeln für das Halten eines MREL-Puffers *(minimum requirement for own funds and eligible liabilities),* also eines Kapitalpuffers, auf den ein Bail-in angewendet werden kann, falls die Bank in Schwierigkeiten gerät. Diese Regeln werden für jede einzelne Bank vorgegeben und umgesetzt. Dies ist ein wichtiges Element, um der Risiken in den Banken Herr zu werden.

Die jüngsten Eigenkapitalanforderungen, die sich zum Teil aus der letzten Baseler Vereinbarung vom Dezember 2017 ergeben, müssen in den kommenden Jahren auf die Bankbilanzen angewendet werden. Und wieder werden viele Banken zusätzliches Kapital zur Deckung der Risiken ihrer Kreditportfolios vorhalten müssen. In all diesen Punkten darf das Europäische Parlament der stets starken Bankenlobby nicht nachgeben.

Der gemeinsame Abwicklungsfonds für Banken wird in diesen Jahren schrittweise auf insgesamt 55 Mrd. EUR aufgestockt. Für den Fall, dass sich das jemals als unzureichend erweist, gibt es noch keinen Backstop. Es wurde vereinbart, dass der Backstop für den Abwicklungsfonds lange vor 2024, dem Ende der Übergangszeit, eingerichtet sein muss. Die naheliegendste Option wäre eine Kreditlinie vonseiten des ESM, bei der die Banken verpflichtet wären, das Geld innerhalb weniger Jahre an den Fonds zurückzuzahlen. Im Jahr 2013 stieß dieser Vorschlag noch auf viele Einwände – auch in den Niederlanden. Aber beim letzten Treffen der Euro-Gruppe, an dem ich teilnahm, erhielt er große Zustimmung.

Auch im Bereich der Einlagensicherung haben wir deutliche Fortschritte erzielt. Vor der Krise waren die Versicherungssummen pro Sparkonto in den verschiedenen europäischen Ländern niedrig und sehr unterschiedlich. Ab 2010 wurde sie in allen europäischen Ländern auf 100.000 EUR gleichgezogen, nachdem Irland hier zunächst einen Alleingang unternommen hatte. In Zypern haben wir eine weitere harte Lektion gelernt. Man kann den Kontoinhabern zwar versprechen, dass ihre Ersparnisse geschützt sind, aber wenn man gar nicht über die entsprechenden finanziellen Mittel verfügt, bleibt das ein leeres Versprechen. Deshalb haben wir beschlossen, dass ab 2015 jedes EU-Land einen eigenen Einlagensicherungsfonds aufbaut, in den die Banken Prämien einzahlen. Diese nationalen Einlagensicherungsfonds werden über einen Zeitraum von acht Jahren aufgefüllt. Zu einem späteren Zeitpunkt, wenn die Banken bestehende Bilanzprobleme behoben haben, wird es sich anbieten, die Fonds dieses Einlagensicherungssystems (*Deposit Guarantee Scheme* – DGS) innerhalb der Bankenunion zu bündeln. Im Brüsseler Sprachgebrauch heißt es EDIS, *European Deposit Insurance Scheme*. Die Stärke eines Versicherungssystems steigt mit dem Umfang seiner gebündelten finanziellen Mittel, aber dieses System verliert an Attraktivität, wenn die Versicherten in ihrem Risikoniveau stark auseinanderdriften. Deshalb war die politische Entscheidung naheliegend, dass die Risikoteilung mit einer Risikominderung einhergehen muss.

Ich habe diesen Grundsatz zum zentralen Bestandteil der *Roadmap to Complete the Banking Union* gemacht, über die der ECOFIN-Rat im Juni 2016 einen Konsens erzielte. Da die Niederlande damals die Ratspräsidentschaft innehatten, hatten wir die Möglichkeit, die Bankenunion wieder ein paar Schritte voranzubringen. In die Roadmap nahmen wir alle notwendigen Schritte auf, die wir damals für die nahe Zukunft planten. Diese zielten zum einen auf die Verringerung der Risiken in den Bankbilanzen und zum anderen auf eine schrittweise Risikoteilung. Beides sollte die finanzielle Stabilität in der Währungsunion befördern. Risikominderung und Risikoteilung sollten im gleichen Tempo vorangetrieben werden. Nur im Fall von EDIS wurde ausdrücklich vereinbart, dass erst weitere Fortschritte bei der Risikominderung erzielt werden mussten, ehe politisch über das gemeinsame Einlagensicherungssystem verhandelt werden konnte. Um das politische Gleichgewicht zu wahren, sah die Roadmap zudem vor, dass die Risikogewichte für Staatsanleihen erst weiter diskutiert werden sollten, wenn eine Baseler Arbeitsgruppe ihre Empfehlungen vorgestellt hatte. Meines Erachtens sind diese beiden Bedingungen inzwischen erfüllt.

Es gibt auch inhaltlich einen wesentlichen Zusammenhang zwischen diesen beiden heiklen Themen. EDIS war in Deutschland ein sensibles Thema, weil man dort befürchtete, die Rechnung für angeschlagene Banken in anderen Ländern begleichen zu müssen. Man verwies dabei unter anderem auf die Risiken, die sich durch große Bestände an Staatsanleihen in den Bankbilanzen ergeben. Staatsanleihen, die unabhängig vom Herkunftsland bislang von den Banken stets als risikolos eingestuft worden waren, nun mit Risikogewichten zu versehen, war vor allem für Italien besonders heikel. Die italienische Staatsverschuldung beträgt rund 130 % des BIP und ein

6 Die Bankenunion: vom Bail-out zum Bail-in

großer Teil der Staatsanleihen wird von italienischen Banken gehalten. Wenn die Banken diesen Anleihen nun ein höheres Risiko beimessen – das natürlich auch existiert –, dann müssen sie dafür mehr Eigenkapital halten. Das ist zwar eine willkommene Entwicklung, aber natürlich ist sie mit Kosten verbunden. Als Lösung bietet sich an, schrittweise vorzugehen und dann das Risikogewicht zu erhöhen, wenn die Konzentration an Staatsanleihen aus einem einzigen Land zunimmt. Gelegentlich wird auch die Schaffung eines europäischen *safe-asset* als Lösung vorgeschlagen. Um die Banken dazu anzureizen, ihre Anlagen in Staatsanleihen aus verschiedenen Ländern zu diversifizieren, hat sich der Europäische Ausschuss für Systemrisiken *(European Systemic Risk Board)* erst kürzlich für *Sovereign Bond-backed Securities* (SBBS) ausgesprochen. Bei diesen Wertpapieren handelt es sich um einen vielfältigen Mix aus Staatsanleihen; verschiedene Tranchen weisen unterschiedliche Risiken auf. Aber dieser Ansatz hat einen unangenehmen Beigeschmack von *Financial Engineering*, wo mit komplexen Finanzprodukten die Risiken weniger transparent gemacht werden.

Aber die italienischen Banken hatten ein viel dringenderes Problem: ihren stark angestiegenen Bestand an notleidenden Krediten *(Non-Performing Loans* – NPLs). Im Juni 2016 wies der gesamte Euroraum insgesamt rund eine Billion[2] Euro an NPLs auf. Diese Zahl sinkt nun deutlich. Im Durchschnitt sind fünf Prozent der Kredite notleidend, aber die Unterschiede zwischen Ländern und Banken sind beträchtlich. In Italien sind es 15 %, in Zypern und Griechenland sogar noch 45 %. Verglichen mit den Vereinigten Staaten mit 1,5 % ist das sehr viel. Auch in dieser Hinsicht hat Europa im Vergleich zu den

---

[2] „1.000 Milliarden" im Original (Anmkg. d. Red.).

USA seine krisenbedingten Verluste nur langsam akzeptiert. Aber der Umgang mit NPLs hat für die Euro-Gruppe, die Europäische Kommission, die EZB und die nationalen Regierungen mittlerweile höchste Priorität. Noch vor zwei Jahren lag der Durchschnitt nicht bei fünf, sondern bei sieben Prozent.

Vor diesem Hintergrund wurden die Anstrengungen zur Problemlösung bei den italienischen Banken im Jahr 2017 beschleunigt. Im Gegensatz zu vielen anderen europäischen Ländern hatte Italien nach 2008 keine größere Bankenkrise erlebt, sodass die Banken ihre Probleme noch länger vor sich herschieben konnten. Der größten Bank, Unicredit, war es in den Jahren zuvor nicht weniger als drei Mal gelungen, neues Kapital an den Kapitalmärkten aufzunehmen. Aber viele kleine und mittlere Banken sind gescheitert. Die Reaktion der nationalen Behörden war unzureichend, aber das änderte sich als Reaktion auf die neuen europäischen Vorschriften und Aufsichtsbehörden sowie die sich träge dahinschleppende italienische Wirtschaft. Die Zahl der notleidenden Kredite stieg weiter an. Aber jetzt werden die Bankbilanzen endlich bereinigt.

Mehrere Fälle sorgten für viel Aufmerksamkeit, denn es waren die ersten Testfälle für die Bankenunion. Auf einmal hatte jeder von der Banca Monte dei Paschi di Siena (MPS), der Veneto Banca und der Banca Populare di Vicenza gehört. MPS beantragte bei den italienischen Behörden staatliche Beihilfen, was den Ansatz umstritten machte. Es fand ein Bail-in für Aktionäre und nachrangige Anleihegläubiger statt, und die Europäische Kommission sorgte in ihrer Rolle als Wettbewerbsbehörde dafür, dass keine unerlaubten staatlichen Beihilfen gewährt wurden. Die Kommission gab schließlich grünes Licht für eine präventive Rekapitalisierung unter den strengen Bedingungen der BRRD-Richtlinie. Dies galt als präventiv, da die Bank sich noch nicht in der Abwicklung befand; die

6 Die Bankenunion: vom Bail-out zum Bail-in

EZB hatte die Bank für zahlungsfähig erklärt. Gleichzeitig bestand die Europäische Kommission auf der Übertragung von 28 Mrd. EUR an notleidenden Darlehen an private Investoren. Die Kommission hatte auch die Höhe der Kapitalbeihilfe der nationalen Regierung begrenzt. Die Bank selbst musste für ihre kriminelle Praxis des *misselling* – sie hatte zu einem Zeitpunkt, als sie bereits in ernsten Schwierigkeiten steckte, noch Hochrisikoanleihen an normale Privatkunden verkauft – Entschädigungen leisten. Die (anderen) Gläubiger der Bank wurden durch einen Bail-in in Höhe von schätzungsweise sieben Mrd. Euro mit einem hohen Betrag beteiligt. So verloren beispielsweise nachrangige Anleihegläubiger den größten Teil ihrer Investitionen. Darüber hinaus verlangte die Kommission eine umfassende Umstrukturierung der Bank und einen Verkauf an den Markt innerhalb einer bestimmten Frist. Und schließlich musste das Gehalt des CEO von 1,9 Mio. Euro auf 500.000 EUR reduziert werden.

Die Wiederherstellung der finanziellen Gesundheit der MPS war sehr zu begrüßen. Die getroffenen Maßnahmen waren zumindest im Großen und Ganzen mit den neuen europäischen Vorschriften vereinbar. Aber in der Öffentlichkeit gab es ernsthafte Zweifel daran, ob die Bank wirklich noch zahlungsfähig war. Wenn nicht, hätte eine Abwicklung mit einem tieferen Bail-in stattfinden müssen. Für die Zukunft ziehen wir daraus die Lehre, dass ein vollständiges *Asset Quality Review* stattfinden muss, bevor für eine präventive Rekapitalisierung entschieden wird. Nur so lässt sich das wahre Ausmaß der Verluste einer Bank zuverlässig ermitteln.

Etwa zur gleichen Zeit, Mitte 2017, erklärte das SRB die Banco Popular Español als *„failing"* oder *„likely to fail"*. Ihr war plötzlich die Liquidität ausgegangen, die Geldmittel, um die unmittelbaren Bedürfnisse der Kunden zu decken. Dies bedeutete, dass die Bank tatsächlich zahlungsunfähig war und abgewickelt werden musste. Überraschenderweise war die Banco Popular nicht am früheren Hilfsprogramm für den spanischen Bankensektor beteiligt gewesen. Innerhalb kürzester Zeit wurde beschlossen, die Bank an Banco Santander zu verkaufen, eine von der Europäischen Kommission genehmigte Transaktion. Auf diese Weise wurde ohne staatliche Beihilfen die Kontinuität für die Kunden der Bank gewährleistet. Santander führte der Banco Popular sieben Milliarden Euro neues Kapital zu. Alle Verluste wurden von den Aktieninhabern und nachrangigen Schuldverschreibungen getragen. Natürlich löste dieser Bail-in Rechtsstreitigkeiten aus, die sich, wie so oft, jahrelang hinziehen sollten.

Auch zwei Banken aus der Region Venetien erforderten ebenfalls europäischen Handlungsbedarf. Die EZB stufte sie als zahlungsfähig ein. Das SRB hatte nach seinem Standardverfahren zunächst untersucht, ob es private Lösungen gab, doch ließen sich keine finden. Anschließend führte das SRB einen *Public Interest Test* durch, der ergab, dass keine Gefahren für entscheidende Funktionen oder die Stabilität des Finanzsystems bestanden. Dafür waren beide Banken zu klein. Dann wurden die beiden Banken nach nationalem Insolvenzrecht abgewickelt und ihre gesunden Aktivitäten auf die Bank Intesa Sanpaolo übertragen. Aktien und nachrangige Verbindlichkeiten wurden vollständig liquidiert. Aber dieser Ansatz vermied Verluste für vorrangige Gläubiger, ein Aspekt, der verständliche Kritik hervorrief. Die Banken erhielten eine Liquiditätshilfe, die nach den Vorschriften für staatliche Beihilfen unter bestimmten Bedingungen zulässig ist. Diese ganze Unterstützung musste von den italienischen Steuerzahlern aufgebracht werden. So ist es nicht weiter verwunderlich, dass die Wut auf die Banken ein wichtiges Thema bei den italienischen Wahlen im März 2018 war. Doch dürfen italienische Politiker Europa nicht als Sündenbock missbrauchen, um die Verantwortung für die Ursachen der Bankprobleme abzuschieben.

Diese Vorgänge in Italien und Spanien geben Aufschluss über noch vorhandene Schwächen des europäischen Lösungsansatzes im Bankensektor. Zum einen müssen die Kriterien der Europäischen Kommission für staatliche Beihilfen noch einmal überprüft werden. Sie sollten vollständig mit den strengen Beschränkungen für staatliche Beihilfen an Banken in Einklang gebracht werden, die in den Rechtsvorschriften der Bankenunion festgelegt sind. Zum anderen muss verhindert werden, dass das nationale Insolvenzrecht zu einem attraktiven Ausweg für Institute wird, die versuchen, sich den Bail-in-Vorschriften zu entziehen. Zu diesem Zweck sollten die nationalen Konkursverfahren harmonisiert werden, angefangen bei den Vorschriften für Finanzinstitute.

Die jüngsten Fälle haben auch gezeigt, dass die Regierungen bei der Emission von Bankschuldverschreibungen keine Garantien geben dürfen. Sie sind dann im Falle eines Bail-in für die Einhaltung der Garantien gegenüber den Anleihegläubigern verantwortlich, was am Ende den Steuerzahler zur Kasse bittet und das Prinzip der privaten Risikoteilung untergräbt.

Schließlich ist entscheidend, dass eine gründliche Analyse (AQR) der Bankbilanz stattfindet, damit alle Verluste auf dem Tisch liegen, bevor eine nationale Regierung Steuergelder in eine Bank stecken darf. Diese Erkenntnisse stehen nun bei der Diskussion über weitere Schritte in der Bankenunion auf der Tagesordnung. Jüngste Initiativen wie die neuen Baseler Eigenkapitalanforderungen und der obligatorische „Bail-in-Kapitalpuffer" für alle Banken werden sich künftig als sehr wertvoll erweisen.

Auf dem EU-Gipfel im Dezember 2017 waren sich die Regierungschefs weitgehend darüber einig, dass die

Bankenunion vollendet werden musste. Natürlich gab es noch ein Tauziehen um die Frage, wie und wann. Aber eine wichtige Lektion aus der Krise muss auch sein, dass wir die angefangenen Aufbauarbeiten an einer neuen europäischen Architektur auch fertigstellen müssen, um sie solide und krisenfest zu machen. Noch heute arbeitet die Euro-Gruppe auf meinen Vorschlag hin daran, die Details der inzwischen ergänzten Roadmap vom Juni 2016 zu präzisieren. So wissen wir nun, was in jedem Bauabschnitt zu tun ist und wann und unter welchen Bedingungen die letzten Bausteine an ihren Platz kommen. Es ist dringend geboten, gemeinsam voranzuschreiten.

Wie hängt die Effektivität der Rahmenbedingungen, die wir gemeinsam im europäischen Kontext festlegen, von der Durchsetzungskraft unserer Institutionen und der Pflichttreue ihrer Leiter ab, das gilt auch für die Politiker. Der SSM wurde innerhalb kürzester Zeit auf die Beine gestellt, Tausende neuer Mitarbeiter einer neuen Organisation mussten neue Aufgaben bewältigen. Das war ein Husarenstück. Nun muss der SSM seine Solidität und Unabhängigkeit weiter unter Beweis stellen und bewahren. Gleiches gilt für das einheitliche Abwicklungsgremium (*Single Resolution Board* – SRB), das sich durch eine weitere Stärkung seines Ansatzes im Umgang mit den Banken beweisen muss. Was die die Gleichbehandlung gleichartiger Fälle wie die Transparenz der jeweiligen Maßnahmen – zum Beispiel hinsichtlich der Qualität von Stresstests – angeht, gibt es noch Verbesserungspotenzial. Die beiden Institutionen werden einen harten Kampf führen müssen, um ihre Unabhängigkeit zu wahren. Auch wenn der SSM innerhalb der EZB bereits über ein hohes Maß an Unabhängigkeit verfügt, wird es von entscheidender Bedeutung sein, diese Unabhängigkeit auch künftig im Vertrag über die Arbeitsweise der Europäischen Union zu verankern. Bankenaufsicht und Geldpolitik sind zwei getrennte Aufgabenbereiche und sollten auch so

6 Die Bankenunion: vom Bail-out zum Bail-in

behandelt werden. Der Versuch, durch politischen Druck eine Sonderbehandlung der eigenen Banken zu erreichen, ist ein immer wiederkehrendes Problem. Die Politik ist nach wie vor zu eng mit dem Bankensektor verbunden. Die Tendenz der Politiker, Banken vor strengen Eigenkapitalanforderungen schützen zu wollen – immer, weil dies angeblich dem ökonomischen Wachstum im Weg steht –, hat uns in der Vergangenheit große Probleme bereitet.

Die Bankenunion ist die bedeutendste Veränderung, die sich aus der Finanzkrise entwickelt hat. Der Aufbau der Bankenunion macht die Währungsunion stärker. Ihre Bedeutung wird bisweilen noch unterschätzt, wie die Diskussion über die Zukunft der Währungsunion zeigt. In einer Währungsunion, in der die Mitgliedstaaten, Gläubiger und Schuldner sowohl politisch wie auch wirtschaftlich ständig voneinander abhängig sind, sind Mechanismen zur Korrektur von Fehlentwicklungen unerlässlich. Die Bankenunion ist ein solcher Mechanismus. Ausschlaggebend waren zwei Elemente: Erstens hat sie die nationalen Behörden von der Verantwortung für die Bankenaufsicht „befreit", auch wenn diese scheitern. Zweitens hat sie das Bail-in-Prinzip eingeführt, wonach Anleger, die in guten Jahren Gewinne einfahren, in schlechten Jahren auch Verluste hinnehmen müssen. Das erste Element ist mit den Grundsätzen guter Regierungsführung verbunden, das zweite mit soliden wirtschaftlichen Grundsätzen. Es sind die neuen europäischen Bankenbehörden, die die Stabilität unserer Banken erzwingen werden, mit angemessener Distanz und Objektivität. Der kulturelle Wandel, mit dem wir es hier zu tun haben, wird in den Mitgliedstaaten zunehmend akzeptiert und angenommen. Bail-in bedeutet, Risiken auf eine Weise zu teilen, die den wirtschaftlichen Verhältnissen gerecht wird. Es bedeutet de facto auch eine Risikoteilung zwischen Gläubiger- und Schuldnerländern, wie Martin Sandbu von der Financial Times in seiner

Kolumne *Banking union will transform Europe's politics* [3] schrieb. Wenn Investoren aus den Gläubigerländern bei ihrer Suche nach Gewinnen die Risiken vernachlässigen, muss irgendwann der Preis dafür gezahlt werden. Das wird nun nicht mehr durch die Steuerzahler in den Schuldnerländern geschehen.

Die im Zusammenhang mit der „Zukunft der EMU" so heiß diskutierte Risikoteilung wurde durch die Bankenunion bereits auf politisch und wirtschaftlich verantwortungsvolle Weise in die Tat umgesetzt.

Literatur

1. o. Verf. (2012) Vertrag zur Einrichtung des europäischen Stabilitätsmechanismus (ESM). Bundesfinanzministerium, 27. Januar 2012. https://www.bundesfinanzministerium.de/Content/DE/Standardartikel/Themen/Europa/Stabilisierung_des_Euro/Finanzhilfemechanismen/2012-01-27-esm-anl.pdf?__blob=publicationFile&. Zugegriffen: 03. Juli 2019
2. Van Rompuy H (2012) Auf dem Weg zu einer echten Wirtschafts- und Währungsunion. https://www.consilium.europa.eu/media/23801/134206.pdf. Zugegriffen: 04. Juni 2019
3. Sandbu M (2017) Banking union will transform Europe's politics. Financial Times, 25. Juli 2017. https://www.ft.com/content/984da184-711c-11e7-aca6-c6bd07df1a3c. Zugegriffen: 14. Juni 2019

7

Griechenland am Abgrund

In meinen ersten Monaten als Finanzminister wurde Ende 2012 das zweite Programm für Griechenland grundlegend überarbeitet – einschließlich seiner Finanzierung. Es folgte eine Phase relativer Ruhe, obwohl es immer wieder zum Tauziehen wegen der Umsetzung der Vereinbarungen kam, die stets hinter dem Zeitplan zurückblieb. Die Erholung verlief daher extrem langsam. Ich habe Athen sowohl 2013 als auch 2014 besucht. Im Jahr 2013 traf ich Premierminister Samaras und den stellvertretenden Premierminister Venizelos persönlich, führte aber auch Gespräche mit Jungunternehmern und Studenten. Natürlich stand ich auch den Medien für Fragen zur Verfügung. Im April 2014, als Griechenland die Ratspräsidentschaft innehatte, kehrte ich zu einem informellen ECOFIN-Treffen nach Athen zurück. Ich erinnere mich an den Besuch des prächtigen Akropolis-Museums. Ich konnte den Abschluss eines Reviews, also einer Zwischenbewertung des Programms, und die anschließende Auszahlung eines neuen Darlehens bekannt geben. In Griechenland wendeten sich die Dinge zum Besseren und die Atmosphäre war hoffnungsvoll.

Aber 2015 stand Griechenland wieder ganz im Mittelpunkt. Nach dem vorsichtigen Optimismus, der im Laufe des Jahres 2014 zurückgekehrt war, war dies ein unerwarteter und höchst bedauerlicher Rückschlag für das ohnehin schon hart getroffene Land. Eine Reihe von Ereignissen, die mit politischer Selbstüberschätzung, erstarrten Ideologien, Eitelkeit und dem Mut der Verzweiflung zusammenhingen, stieß Griechenland beinah in den Abgrund.

Im Jahr 2014 befand sich das Land zum ersten Mal seit sechs Jahren wieder in einem Aufwärtstrend. Das Wachstum war zurückgekehrt. Sowohl die Europäische Kommission als auch der IWF prognostizierten für 2015 ein Wachstum von 2,5 bis drei Prozent, während 2013 noch ein Rückgang von mehr als drei Prozent zu verzeichnen gewesen war. Die Arbeitslosigkeit sank um einen Prozentpunkt und das Defizit sank auf 3,7 %. Im Jahr 2014 sollte der griechische Staat auch zum ersten Mal seit vier Jahren wieder Geld am Markt aufnehmen, drei Milliarden Euro in Form von fünfjährigen Anleihen gegen fünf Prozent Zinsen. Tatsächlich waren die Investoren sogar bereit, Anleihen für über 20 Mrd. EUR zu kaufen. All dies führte zu verhaltenem Optimismus. Die Durststrecke war lang und hart gewesen, aber das Land hatte den Weg zurückgefunden. In dieser Atmosphäre begannen 2014 die ersten vorsichtigen Diskussionen über das Ende des Förderprogramms für Griechenland.

In der zweiten Jahreshälfte 2014 spürten wir auch bei unseren griechischen Kollegen eine neue politische Stimmung. Die wirtschaftliche Erholung machte sie selbstbewusst. Premierminister Samaras distanzierte sich in zunehmendem Maße von dem unpopulären Memorandum[1]. Im Jahr 2015 sollten Wahlen stattfinden, und dies wurde immer eindeutiger zur Priorität. Die Motivation für weitere unpopuläre Maßnahmen schwand. Dies zeigte sich auch im Programm, das nur noch langsam voranschleppte. Die Troika konnte daher das fünfte Review immer noch nicht abschließen.

Vor dem Abschluss des Reviews konnten wir keinerlei Aussagen über die Zukunft oder die Nachhaltigkeit der griechischen Staatsverschuldung treffen. Bei der Sitzung der Euro-Gruppe vom Dezember 2014 forderte die griechische Regierung eine Verlängerung des zweiten Programms um sechs Monate. Der Euro-Gruppe wurde mitgeteilt, die Verlängerung sei notwendig, um noch einige Maßnahmen umzusetzen, aber da bereits so viel Zeit vertan worden war, taten sich einige Minister schwer mit einer nochmaligen Verlängerung. Der finnische Finanzminister Antti Rinne konnte sich – nach einem Telefongespräch mit dem zuständigen parlamentarischen Unterausschuss in Finnland – nicht auf mehr als zwei Monate einlassen.

Aber die Regierung Samaras hatte offensichtlich ein anderes Ziel vor Augen. Unmittelbar nach der Sitzung der Euro-Gruppe, auf der die Verlängerung gewährt wurde, kam Finanzminister Gikas Hardouvelis auf mich zu und teilte mir mit, dass Samaras die Wahlen vorziehen wollte. Die griechische Regierung wollte mithilfe der Verlängerung hauptsächlich den Druck des Sparprogramms während der Wahlperiode verringern, danach würde man weitersehen. Kein gelungener Schachzug, wie sich noch herausstellen sollte.

---

[1]Vereinbarung über Reformmaßnahmen (Anmkg. d.Red.).

Der direkte Anlass für die vorgezogene Wahl war das Ende der zweiten Amtszeit von Präsident Karolos Papoulias im März. Der griechische Präsident wird vom Parlament gewählt, mit einer Mehrheit von 180 der 300 Stimmen. Wird diese Mehrheit nicht erreicht, muss das Parlament aufgelöst werden und das neue Parlament wählt den Präsidenten. Die Koalition aus *Nea Dimokratia* und PASOK hatte zu wenige Sitze, um diesen politischen Prozess zu kontrollieren. Dies würde der Opposition, von der *Syriza* bis zur Goldenen Morgenröte, die Möglichkeit geben, eine vorgezogene Parlamentswahl zu erzwingen. Um ihnen zuvorzukommen, kündigte Samaras selbst eine vorgezogene Präsidentschaftswahl für Dezember an. Wie erwartet, brachten die drei Abstimmungsrunden im Dezember nicht die erforderliche Mehrheit für den ND-Kandidaten, den ehemaligen EU-Kommissar Stavros Dimas, und so musste tatsächlich eine vorgezogene Parlamentswahl durchgeführt werden. Natürlich hatte Samaras gewusst, dass die Opposition den von ihm vorgeschlagenen Präsidentschaftskandidaten nicht unterstützen würde, aber er nahm an, dass die ND in der Lage wäre, eine vorgezogene Parlamentswahl zu gewinnen. Er setzte alles auf eine Karte – und verlor. Vielleicht, weil seine Partei den positiven Ton von Ende 2014 aufgab und stattdessen eine weitgehend negative Kampagne führte, die vor allem vor den Gefahren im Falle eines Sieges der *Syriza* warnte.

Im Mittelpunkt der Kampagne der *Syriza* standen der Begriff „Hoffnung" und die Zusage von Veränderungen. Die „deutsche" Politik der Haushaltskürzungen wurde radikal abgelehnt und dem griechischen Volk ein Ende der Entbehrungen versprochen. Während der Kampagne versprach *Syriza*-Chef Alexis Tsipras den Wählern, dass Griechenland von nun an wieder den Ton angeben und die Gläubiger nach seiner Pfeife tanzen lassen würde. Der Kontrast zwischen dem vielversprechenden jungen Alexis

Tsipras und Antonis Samaras, einem Vertreter der etablierten politischen Elite, entschied die Wahl.

Das Wahlergebnis war ein Erdrutsch. Die *Syriza* kletterte auf 36 Prozent und ließ Samaras' ND acht Prozentpunkte hinter sich zurück. Die Sozialdemokraten der PASOK wurden beiseite gefegt und schafften es mit vier Prozent der Stimmen nur knapp ins Parlament. Um eine Mehrheit zu bilden, wandte sich Tsipras zur Überraschung aller an die extrem nationalistische und antisemitische Partei *Anexartiti Ellines* (Unabhängige Griechen; ANEL).

Zu seinem Finanzminister ernannte er Yanis Varoufakis, einen in Großbritannien unterrichteten Wirtschaftsmathematiker und Experten für Spieltheorie, der seit 2000 an der Universität Athen tätig war. Seit 2010 war Varoufakis ein scharfer Kritiker des Umgangs mit der europäischen Schuldenkrise. Er sollte nur fünf Monate lang Minister bleiben, aber er hinterließ einen bleibenden Eindruck und großen Schaden.

Am Tag nach den griechischen Wahlen beschloss ich, mich mit diesem neuen griechischen Minister in Verbindung zu setzen. Während eines Mittagessens mit Donald Tusk, dem Präsidenten des Europäischen Rates, an dem auch Jean-Claude Juncker und Mario Draghi teilnahmen, rief Varoufakis mich zurück. In einem Korridor im siebten Stock des Ratsgebäudes sprach ich zum ersten Mal mit ihm. Nachdem wir Höflichkeiten ausgetauscht hatten, schlug ich vor, uns sehr bald zu treffen. Es wurden verschiedene Orte für ein Treffen vorgeschlagen, aber ich bot an, nach Athen zu kommen. Mit dieser Geste wollte ich zeigen, dass wir mit der neu gewählten Regierung in Athen zusammenarbeiten wollten, trotz ihrer scharfen Rhetorik während des Wahlkampfes. Am nächsten Tag, am Rande des ECOFIN-Treffens, kam Wolfgang Schäuble zu mir. Er hatte gehört, dass ich nach Athen fahren würde, und riet mir entschieden davon ab. „Mach das nicht. Sie sollen hierher oder nach Den Haag kommen. Das ist ein falsches Signal." Ich fand das übertrieben und wollte Varoufakis die Hand reichen. Später sollte ich noch an Schäubles Rat denken!

Gegen Ende der Woche flogen wir am 30. Januar nach Athen. Am Vorabend aß ich in einem bekannten Club in Den Haag mit den niederländischen Botschaftern der EU-Länder, was zu einer jährlichen Tradition wurde. Leider verzehrte ich ein verdorbenes Kalbsmedaillon – es ging mir die ganze Nacht schlecht. Nicht die besten Voraussetzungen, um eine Reise nach Athen zu unternehmen.

Martin Schulz, Präsident des Europäischen Parlaments, war schon vor mir dort gewesen. Ich rief ihn von unterwegs an, um mir seine Eindrücke anzuhören. Er gestand, dass er sehr besorgt war. Die neue Regierung war überheblich und glaubte, dass sich ganz Europa nach dem Mandat der griechischen Wähler nach dem radikalen, populistischen Kurs der *Syriza* richten würde.

Wir nutzten den Flug nach Athen zur intensiven Vorbereitung. Hans Vijlbrief, Thomas Wieser und Niels Redeker informierten mich über den aktuellen Stand des Programms, über die Botschaften, die an Tsipras und Varoufakis übermittelt werden sollten, über die „roten Linien" für die Euro-Gruppe und über die Verpflichtungen sowohl der alten als auch der neuen griechischen Regierung. Jan Versteeg, zu diesem Zeitpunkt niederländischer Botschafter in Athen, informierte mich über die aktuelle Situation vor Ort. Unsere Medienstrategie habe ich mit Simone Boitelle durchgearbeitet.

Nach der Ankunft in Athen fuhr unser kleiner Konvoi zunächst mit Polizeischutz zur offiziellen Residenz des Premierministers, der Villa Maximos. Das Gespräch mit dem Regierungschef Tsipras verlief konstruktiv. Er war äußerst freundlich und sprach ruhig, wenn auch mit offenkundiger Entschlossenheit. Zwischendurch wurde er ein paarmal emotional, wenn er von der humanitären Krise vom Elend sprach, das das griechische Volk in den letzten fünf Jahren durchgemacht hätte. Er schwor mir, dass er der erste griechische Premierminister sein wollte, der seine Wahlversprechen einhielt. Er war aufrichtig, aber sein Vorhaben schien mir angesichts der enormen Kluft zwischen all den Versprechungen und der realen Situation völlig unmöglich.

Von dort ging es weiter ins Herz der Stadt, zum Syntagma-Platz, so benannt nach der Verfassung, die König Otto I. – übrigens ein deutscher Prinz – 1843 nach einem Volksaufstand hatte akzeptieren müssen. Eine Demütigung für den Monarchen, dessen Palast den Platz überschaute. Eben dieser Palast stellt heute das beeindruckende Parlamentsgebäude dar, dem Finanzministerium direkt gegenüber. Bei meinem ersten Besuch dort, bei dem ich Giannis Stournaras begegnete, hatte dieser mir ein Einschussloch im Fensterrahmen seines Büros gezeigt, das auf den Platz hinausging. Es war in der Zeit von Giorgios Papakonstantinou entstanden. Die griechischen Finanzminister sind im Gegensatz zu ihren niederländischen Kollegen selten beliebt.

Wir starteten das Treffen in der Porträtgalerie. Sie hing voll mit Bildern von Finanzministern, die seit der Wiederherstellung der Demokratie im Jahr 1974 im Amt gewesen waren. Zunächst sprachen wir mit einer Reihe von Amtsträgern aus dem neuen griechischen Kabinett. Die anwesenden Minister neben Varoufakis selbst waren gestandene Parteikader, überwiegend Marxisten, darunter auch der stellvertretende Außenminister Efklidis (Euklid) Tsakalotos, mit dem ich später noch sehr viel zusammenarbeiten würde. Dann folgte ich Varoufakis in sein Büro zu einem Gespräch unter vier Augen.

Der Kontrast zwischen Premierminister Tsipras und seinem neuen Finanzminister hätte nicht größer sein können. In meinem langen bilateralen Gespräch mit ihm ließ Varoufakis eine Bombe nach der anderen platzen. Das Erste, woran ich mich erinnere, war seine beiläufige Ankündigung, dass er Hunderte von Mitarbeitern im Ministerium entlassen werde, weil sie unzuverlässig und inkompetent seien. Dann erklärte er, dass sie nicht mehr mit der Troika zusammenarbeiten wollten. Es fielen Begriffe wie „Demütigung" und „Diktat". Ich wies darauf hin, dass die Troika unter der politischen Autorität der Euro-Gruppe arbeitete und dass sie unverzichtbar war, um die getroffenen Vereinbarungen auszugestalten und umzusetzen. Und dass die zinsgünstigen Kredite unabdingbar mit Maßnahmen zur Lösungen der Probleme einhergingen. Anderenfalls würde der Unterstützung die Basis entzogen. Dann ging er schnell zu den akuten finanziellen Schwierigkeiten über und sagte, er wolle kein Förderprogramm mehr haben. Griechenland sei bankrott. Die Hälfte der griechischen Schulden müsse erlassen, der Rest durch die Ausgabe von Eurobonds finanziert werden; die Banken müssten unmittelbar durch den ESM rekapitalisiert werden, der auch die griechische Verschuldung gegenüber der EZB direkt übernehmen müsse. Er ließ kein Missverständnis aufkommen: Die neue griechische Regierung würde der EZB in diesem Sommer nichts zurückzahlen. Auf diese Weise würde auch kein neues Programm benötigt. Ach übrigens, wie schnell konnte ein Überbrückungskredit arrangiert werden? Also doch mehr Kredite, aber ohne Bedingungen. Er setzte dem Ganzen die Krone auf mit dem Vorschlag, dass die „Gewinne aus TARGET2", dem Zahlungsverkehrssystem des Euroraums, zur Finanzierung der griechischen Sozialpolitik verwendet werden sollten.

Ich wusste gar nicht, wo ich anfangen sollte, um ihm zu erläutern, dass die Europäische Union und der Euroraum auf politischen Vereinbarungen beruhen, die in Verträgen

7 Griechenland am Abgrund

verankert und in Richtlinien ausgearbeitet sind. Dass seine Vorschläge außerhalb des gesetzlich festgelegten Mandats der EZB und des Anwendungsbereichs des ESM-Vertrags lagen. Dass das Wahlmandat vieler anderer Minister der Eurozone keinen politischen Raum für die Übernahme oder den Erlass griechischer Schulden bot. Dass Griechenland realiter akute Liquiditätsprobleme hatte, mit anderen Worten: dass kein Geld mehr vorhanden und deshalb dringend eine Verlängerung des Programms erforderlich war. Änderungen im laufenden Programm waren natürlich verhandelbar, aber der Haushalt, die Wirtschaft und der Finanzsektor mussten in Ordnung sein, sonst gab es keine wirkliche Perspektive. Am besten wäre es gewesen, kurzfristig eine Verlängerung des laufenden Programms zu beantragen, Kooperation zu signalisieren und in der Zwischenzeit über das weitere Vorgehen nachzudenken. Die schlechteste Option war, öffentlich zu verkünden, dass keine Rückzahlungen mehr geleistet würden, mit anderen Worten, dass Griechenland bankrott war. Dies würde den letzten Rest an Vertrauen untergraben und die EZB dazu zwingen, die Sicherheiten, die die griechischen Banken in Form von Staatsanleihen bei der EZB hinterlegt hatten, sofort abzuschreiben und den Geldhahn zuzudrehen. Doch genau das sollte Varoufakis immer wieder tun.

Varoufakis verstand meine Warnung als Drohung, wie aus seiner Schilderung unserer ersten Begegnung in seinem Buch *Adults in the Room* von 2017 [1, 2][2] hervorgeht. Ich war für ihn ein Vertreter von „Europas tief verwurzeltem Establishment", welches Griechenland in die Knie zwingen wollte, wie schon andere Länder zuvor. Ich hätte mit der Zwangsschließung der Banken, einem Ultimatum und

---

[2]2017 in deutscher Sprache erschienen mit dem Titel: *Die ganze Geschichte: Meine Auseinandersetzung mit Europas Establishment* [2] (Anmkg. d. Red.).

einem Grexit gedroht. Ihm war dabei völlig entgangen, dass ich gekommen war, um ihm eine Zusammenarbeit anzubieten und uns mehr Zeit für Gespräche über die Zukunft des Programms zu verschaffen.

Es folgte die berüchtigte Pressekonferenz. Sie begann völlig korrekt mit moderaten Erklärungen beider Seiten auf Englisch. Ich wurde gefragt, ob ich auch der Meinung sei, dass man eine internationale Schuldenkonferenz für Griechenland einberufen sollte, wie Tsipras in seinem Wahlkampf vertreten hatte. Ich antwortete: „So etwas existiert bereits und es heißt Euro-Gruppe. Schließlich sitzen dort alle großen Gläubiger zusammen."

Aber dann ging Varoufakis, provoziert von Fragen der massenhaft anwesenden griechischen Presse, in den Wahlkampfmodus über. Bei der Frage, ob er noch europäische Kredite haben wollte oder nicht, wechselte er ins Griechische und startete eine ausweichende Tirade gegen das Programm und gegen die Troika. Es gab zwar eine Übersetzung via Kopfhörer, doch schien es, als käme sie aus Thessaloniki. Die Klangqualität war furchtbar und die Übersetzung stark verzögert. Nachdem Varoufakis fertig war und sich zufrieden zurückgelehnt hatte, musste ich noch fast eine ganze Minute auf das Ende der Übersetzung warten. Mir wurde klar, dass man unsere ausgestreckte Hand mit dem sprichwörtlichen Mittelfinger beantwortet hatte: „Die Troika versucht, ein antieuropäisches Programm durchzusetzen. Wir haben keinen Grund mehr, mit ihr zusammenzuarbeiten."

Die anwesenden Journalisten baten mich um eine Reaktion, aber es schien mir besser, die Pressekonferenz an diesem Punkt zu beenden. Als wir aufstanden, erfolgte ein unangenehmer Händedruck, den unzählige Kameras festhielten. Ich sagte zu Varoufakis: *„You just killed the trojka. And without the trojka, you are on your own"*. Er reagierte mit gespieltem Erstaunen und stritt dies ab. Seine

Mitarbeiter behaupteten später, dass er mit einem coolen „*Wow*" reagiert hätte.

Wir kämpften uns durch ein Gedränge von Mitarbeitern und Journalisten und erreichten den Lift. Varoufakis folgte uns hinaus in den Flur, gab mir an der Aufzugstür erneut die Hand und versuchte, den Schaden zu begrenzen. „*We want to enter into serious deliberations with the institutions and with the Eurogroup*", sagte er. Wir fuhren ab, zurück zum Flugzeug.

Am gleichen Abend wurde Varoufakis von Emily Maitlis für die BBC in der Fernsehsendung *Newsnight* interviewt. Auf die wiederholt gestellte Frage, ob Griechenland jetzt „extra bail-out money" beantragen würde oder nicht, gab er weitschweifige Überlegungen zum Besten, aber keine Antwort. Er nahm Bezug auf sein Gespräch mit mir am Morgen und erklärte, er hätte Englisch sprechen sollen, weil nun alle „lost in translation" seien. In Wirklichkeit hatte Varoufakis zwei Geschichten parat: eine für seine europäischen Gesprächspartner hinter verschlossenen Türen und eine für die griechischen Medien. Seinem öffentlichen Image als mutigem Newcomer, der das Establishment unverblümt herausforderte, war dies jedenfalls zuträglich. *A star was born.*

Auf dem Rückflug von Athen war ich deprimiert. Zu meinen Mitarbeitern Hans, Niels und Simone sagte ich: „Das geht nicht gut. Mit diesem Mann wird es sehr schwierig." Meiner Einschätzung nach war Varoufakis wild entschlossen, die Eurozone und alles, was sie zusammenhielt, zu zerstören und sie dann neu nach seinen eigenen Vorstellungen zu gestalten. Selten hatte ich so viel Arroganz und Eitelkeit auf einmal gesehen, zusammen mit der Bereitschaft, große Risiken auf Kosten des eigenen Landes einzugehen.

Es stellte sich heraus, dass Varoufakis großes Talent dafür besaß, alle gegen sich aufzubringen. Das war schon auf unserer gemeinsamen Pressekonferenz in Athen der Fall gewesen. In den Tagen danach bereiste er die europäischen Hauptstädte und es folgte eine Reihe von Interviews, die zunehmend Irritation hervorriefen. Selbst die Vertreter der italienischen und französischen Regierungen, die für ihre neuen linksgerichteten Kollegen in Griechenland einige Sympathie empfanden, sahen sich beleidigt. Nach einem Besuch im italienischen Finanzministerium in Rom erzählte Varoufakis freimütig, man hätte ihm dort mitgeteilt, dass auch die italienische Verschuldung völlig unhaltbar sei. Mal ganz davon abgesehen, ob das zutraf und die Italiener sich ihm gegenüber derart geäußert hatten, brachte er es damit fertig, die Italiener bloßzustellen. Entsprechend legendär war auch die Pressekonferenz nach seinem Treffen mit Wolfgang Schäuble in Berlin. Varoufakis, der neben Schäuble saß, hielt einen langen Monolog, in welchem er auch die deutsche Nazi-Vergangenheit nicht ausließ. Als Schäuble versuchte, diplomatische Schlussworte zu finden und sagte: „*We agreed to disagree*", korrigierte Varoufakis ihn mit den Worten: „*We did not even agree to disagree.*" Er wirkte dabei außerordentlich selbstzufrieden.

Ein immer wiederkehrendes Mantra in seiner Rhetorik war „*Let's stop extending and pretending*", etwas, das er vor allem der „Elite" und insbesondere dem „liberalen Establishment" vorwarf. Eine Rhetorik, die vielerorts in Europa gut ankam. Aufhören mit dem „Verlängern und so tun, als ob". Mit anderen Worten: Griechenland war bankrott, konnte seinen Verpflichtungen nicht nachkommen und wir brauchten das Programm nicht fortzusetzen. Die Frage war nur, wie lange er diese entschlossene Haltung beibehalten würde. Denn während Varoufakis durch Europa reiste, zogen immer mehr Griechen ihr Geld aus den Banken und die Aktienkurse in Athen verzeichneten zweistellige Verluste.

In derselben Woche rief ich Alexis Tsipras über das Handy seines Kabinettschefs an, Minister Nikos Pappas. Eingehend erklärte ich ihm, dass die internationalen Geldgeber die Finanzierung sofort einstellen müssten, wenn Varoufakis weiterhin überall in Europa den Bankrott Griechenlands ankündigte. Ob die Botschaft zu ihm durchgedrungen ist, wusste ich nicht.

Am 9. Februar flogen wir nach Istanbul zu einem Treffen der G20-Finanzminister. Am Rande dieses Treffens sprachen wir innerhalb der G7, an der ich als Vorsitzender der Euro-Gruppe ständig beteiligt war, über die Situation in Griechenland. Mein italienischer Kollege Pier Carlo Padoan war wütend auf Varoufakis wegen seiner Äußerungen in Rom. Auch andere äußerten sich sehr besorgt. Ich plädierte für eine Zusammenarbeit, aber innerhalb strikter Grenzen, und erklärte, dass wir der neuen Regierung einen gewissen Spielraum geben sollten, um im Rahmen des Programms alternative Maßnahmen vorzuschlagen. Tsipras sprach von 30 zu 70: 30 % ändern und 70 % beibehalten. Einem der Anwesenden entfuhr daraufhin ein skeptisches: „70 zu 30, meinen Sie wohl." Der britische Minister kritisierte die Art und Weise, wie die Eurozone seiner Ansicht nach die Situation in Griechenland außer Kontrolle geraten ließ. Ich fragte ihn, wie seiner Meinung nach das öffentlich angekündigte „emergency cabinet meeting on Grexit" in der Downing Street Nr. 10 uns helfen sollte, die Situation in den Griff zu bekommen.

Danach führte ich ein bilaterales Gespräch mit dem US-Finanzminister Jack Lew. Lew war verhielt sich die ganze Zeit über sehr hilfreich. Die amerikanische Regierung war von der geopolitischen Relevanz einer festen Verankerung Griechenlands in der Europäischen Union und im Euroraum überzeugt. Lew stand in ständigem Kontakt mit allen wichtigen Akteuren, vermittelte, wo er konnte, und rief mich regelmäßig an. Ein solcher *backchannel* ist manchmal überaus förderlich. Der ehemalige US-Finanzminister Lawrence Summers fungierte auf Wunsch der Griechen im Februar ebenfalls als Mittelsmann.

In derselben Woche verloren die griechischen Banken den Zugang zu den normalen Geldgeschäften der EZB, bei denen sie mit griechischen Staatsanleihen als Sicherheit in Frankfurt Geld hätten aufnehmen können. Dies war eine direkte Folge der wiederholten Ankündigungen von Varoufakis, dass Griechenland bankrott sei und seine Schulden nicht bezahlen könne. Die griechischen Banken blieben zwar geöffnet, wurden aber für die Soforthilfe an die griechische Zentralbank verwiesen.

Am 11. Februar hatten wir eine Sondersitzung der Euro-Gruppe anberaumt, um das bevorstehende Ende des zweiten griechischen Hilfsprogramms zu erörtern. Es war die erste in einer Reihe von 22 Sitzungen der Euro-Gruppe in der Zeit von Februar bis August, dazu kamen noch mehrere Treffen der Regierungschefs des Euroraums. Bei 15 der 22 Treffen war Yanis Varoufakis anwesend; sie verliefen weitgehend ergebnislos. Diese Sondersitzung war seine erste Begegnung mit den 18 anderen Ministern. Davor hatte ich mit dem Präsidenten des Europäischen Rates Donald Tusk gesprochen, der ganz klar sagte, dass die Euro-Gruppe diese Angelegenheit zu beraten hätte. Sie würde am nächsten Tag nicht auf der Tagesordnung der Regierungschefs stehen.

Die befristete Verlängerung des zweiten griechischen Programms lief aus, es war kein Geld mehr da und die Frage stand im Raum, wie die neue Regierung nun weiter vorgehen wollte. Varoufakis hatte wiederholt geäußert – beispielsweise auf unserer gemeinsamen Pressekonferenz in Athen –, dass er keine weitere Verlängerung der Unterstützung mehr wollte. Die sieben Milliarden Euro an noch ausstehenden Notfallkrediten würden auch nicht mehr gebraucht, wie es hieß. Die Zeiten für *„extend and pretend"* waren schließlich vorbei. Das veranlasste Schäuble, den Journalisten vor dem Treffen zu sagen: „Die griechische Regierung kann tun, was sie will, aber ich frage mich, wie sie es ohne ein Programm hinkriegen will."

Der Ton in der Euro-Gruppe wurde gleich zu Anfang bestimmt. Varoufakis hielt eine sehr lange Rede und legte dar, wie das Programm für Griechenland gescheitert und dass dies aufgrund der Schuldendeflationsspirale geschehen war. Keine Reflexion über die Verantwortlichkeiten für die jahrelange griechische Misswirtschaft – nein, es war das europäische Hilfsprogramm, das die Krise verursacht hatte, nicht umgekehrt. Das Programm hatte die Rezession verschärft und eine humanitäre Krise ausgelöst. Die Botschaft der griechischen Wähler war nach Ansicht des neuen griechischen Amtskollegen klar: keine demütigenden Besuche der Troika mehr und kein weiteres Programm. Die neue Regierung sei zu Reformen bereit, aber eine Umschuldung sei dringend erforderlich. Die Europäische Kommission, Draghi und Lagarde wiesen jedoch alle auf akute Probleme hin und erläuterten, dass eine Verlängerung des Programms unabdingbar war. Griechenland musste seinen Verpflichtungen gegenüber den Gläubigern einschließlich EZB und IWF schon sehr bald nachkommen.

Die französischen und italienischen Minister Michel Sapin und Pier Carlo Padoan kamen Varoufakis wohlwollend entgegen. Ihrer Meinung nach musste es möglich sein, über Anpassungen des Programms zu diskutieren, die im Einklang mit den politischen Zusagen der neuen griechischen Regierung standen. Aber die Mehrheit der Minister war nicht gleich bereit, noch mehr Unterstützung anzubieten. Hatte die neue Regierung wirklich vor, ihre bestehenden Verpflichtungen zu erfüllen? Wenn man die Vereinbarungen des Euroraums grundsätzlich ablehnte, was hatte es dann für einen Sinn? Mehrere konservative

Amtsträger waren wenig geneigt, den radikal linken Newcomern entgegenzukommen.

Varoufakis vertrat die Ansicht, dass das Wahlergebnis in Griechenland eindeutig war. Die Demokratie hatte gesprochen, ein Kurswechsel war erforderlich. Mehrere Minister entgegneten ihm, dass nicht nur den griechischen Wählern, sondern auch den Wahlkreisen in den übrigen Euroländern zu entsprechen war. Er wertete das als weiteren Beweis dafür, dass die Demokratie in der Eurozone außer Kraft gesetzt wurde. Auch die Minister aus Süd- und Mitteleuropa zeigten wenig Nachsicht gegenüber den Linkspopulisten, weil sie genau wussten, was für einen Rückschlag dies in ihren Heimatländern bedeutet hätte. Peter Kažimír wies darauf hin, dass bereits zwei slowakische Regierungen wegen der griechischen Verstrickungen gestürzt waren und dass 90 % der slowakischen Wähler dagegen waren, Griechenland, das ein höheres Pro-Kopf-Einkommen hatte als die Slowakei, noch mehr Unterstützung zu gewähren. Eric Wiebes, Vertreter der Niederlande, machte deutlich, dass jedes Gespräch über die Zukunft sinnlos war, wenn nicht zunächst bestehende Vereinbarungen eingehalten würden. Michael Noonan machte Varoufakis feinsinnig darauf aufmerksam, dass der Wahlkampf nun wirklich vorbei sei. Varoufakis' Botschaften vertrieben Investoren wie Kontoinhaber und verschärften die Geldnot immer mehr.

Am eindrücklichsten war die Intervention des litauischen Ministers Rimantas Šadžius, die etwa wie folgt lautete: Ob Varoufakis begriffen habe, dass der Lebensstandard in Litauen weit unter dem in Griechenland lag? Dass der Mindestlohn in Litauen nur 300 EUR im Monat betrug und dass die Regierung ihn gerne um 25 EUR erhöhen würde, wenn sie nur könnte? Aber trotzdem müsse Litauen zu einem Darlehen für Griechenland beitragen, damit der Mindestlohn dort von 500 auf 700 EUR steigt? In Litauen waren die Renten in jenem Jahr nur um monatlich fünf Euro gestiegen, nicht um zwei Euro pro Tag, wie es die neue griechische Regierung beschlossen hatte. Hatte Varoufakis eine realistische Wahrnehmung der Wirklichkeit? Es war eine knallharte Botschaft, die von allen mitteleuropäischen Euroländern bekräftigt wurde. Viele von ihnen hatten einen niedrigeren Lebensstandard als Griechenland, doch jedes einzelne Land hatte seine Angelegenheiten Schritt für Schritt selbst in Ordnung gebracht.

Im Laufe des Treffens vollzog Varoufakis eine Kehrtwende. Seine verbale Elastizität, die wir in den folgenden Monaten noch gut kennenlernen sollten und die manchmal Bewunderung, aber meistens Erstaunen hervorrief, zeigte sich schon hier: *„We stand ready to request an extension on Monday. We're very happy to change as little as possible. You can call it an extension. We shall call it ‚the start of a new logic'."*

Das Treffen endete mit der Schlussfolgerung, dass Griechenland nun doch eine Verlängerung des Programms wünschte und dass wir akzeptierten, dass Änderungen innerhalb des Programms möglich waren, solange das Endergebnis das gleiche war. Allerdings nicht, bevor ich Varoufakis dreimal gefragt hatte, ob die neue griechische Regierung ihren Verpflichtungen gegenüber dem Euroraum und seinen Gläubigern nachkommen werde. Erst beim dritten Mal antwortete er mit einem uneingeschränkten „Ja".

All dies mündete in eine von den Erklärungen, wie wir sie so oft verfasst haben, um unsere Vereinbarungen für uns selbst und die Öffentlichkeit festzuhalten. Zu unserem Erstaunen bat Varoufakis dann um eine Pause, weil er Athen anrufen müsse. Er hatte von Tsipras kein Mandat erhalten, um Vereinbarungen zu treffen, wie es in der Euro-Gruppe üblich ist. Das Telefonat wurde einfach in dem Raum geführt, in dem wir alle saßen, und dauerte lange. Nach einer Weile übernahm der stellvertretende Ministerpräsident Giannis Dragasakis das Telefon von Varoufakis und setzte das Gespräch mit Tsipras fort. Nach einer halben Stunde begannen einige Minister zu protestieren. Ich drängte darauf, den Aufruf zügig zu beenden, aber ohne Erfolg. Nach 45 min gingen die ersten Minister. Das hieß, dass die griechische Delegation ab sofort nur noch Ja oder Nein sagen konnte, da ohne die Anwesenheit aller Minister nichts mehr an der gemeinsamen Erklärung geändert werden konnte. Tsipras pfiff Varoufakis zurück. Kein Abkommen.

Dass es keine Erklärung, keine Klarheit, keine Zusage der Griechen oder der Euro-Gruppe gab, war natürlich von verheerender Wirkung. Ich wusste, dass am nächsten Tag ein informeller Euro-Gipfel in Brüssel stattfinden würde. Das brachte mich auf die Idee, Premierminister Tsipras direkt zu kontaktieren, der bereits am Vorabend in Brüssel angekommen war. Ich ließ ihn anrufen, er rief schnell zurück, und wir verabredeten uns für morgens im *The Hotel Brussels,* wo er und seine Delegation wohnten.

Ich ging mit meinem Team zu diesem Treffen: Hans Vijlbrief, Focco Vijselaar, Niels Redeker und Simone Boitelle. Ich sprach ziemlich lange allein mit Tsipras und wir kamen bald zu dem Schluss, dass wir weiter sondieren mussten, welche Veränderungen die Griechen wollten und ob diese in das vereinbarte, noch laufende Programm integriert werden konnten. Varoufakis hatte gesagt, sie wollten 70 % beibehalten und nur 30 % ändern. Welche 30 % meinte er und wodurch sollten sie ersetzt werden?

Ich saß mit Tsipras in seiner Hotelsuite, während mein Team im Hotelzimmer von Minister Nikos Pappas, dem Stabschef von Tsipras, wartete. Anschließend beriet sich Tsipras mit seinen Leuten und ich rief mehrere Kollegen in der Euro-Gruppe an, um zu prüfen, ob eine Erklärung von Tsipras und mir, die auf weitere Sondierungen abzielte, zu diesem Zeitpunkt auf ihre Unterstützung zählen konnte. Trotz einiger Vorbehalte war das der Fall. Am skeptischsten war der niederländische Premier Rutte, als ich ihn auf den neuesten Stand brachte. Er vertrat einen klaren Standpunkt und sah keinen Grund, irgendwelche Schritte zu unternehmen, um die Griechen an Bord zu halten. Seine Seite unseres Telefongesprächs ist in einem politischen Werbefilm für die VVD zu hören. Dieser wurde im Wahlkampf für die Provinzparlamentswahlen eingesetzt und ist immer noch auf YouTube[3] zu finden.

Letztendlich wurde keine gemeinsame Erklärung abgegeben, aber immerhin gaben wir beide am Spätvormittag gleichlautende Statements ab, bevor der Gipfel begann. In diesen Erklärungen betonten wir, dass wir im Gespräch bleiben und weiter prüfen würden, welche Teile des Programms möglicherweise geändert werden mussten. Auf dem Gipfel wurden weniger als fünfzehn Minuten mit der Diskussion über Griechenland verbracht, zur Enttäuschung von Tsipras, der an die Euro-Gruppe zurückverwiesen wurde. Unsere Statements hatten eine vorzeitige Implosion verhindert, aber alles, was wir tatsächlich erreicht hatten, war, das Gespräch am Laufen zu halten.

Am darauffolgenden Montag, dem 16. Februar, fand wieder eine Sitzung der Euro-Gruppe statt, um weiter über die Bedingungen zu sprechen, unter denen wir einem griechischen Antrag auf eine Verlängerung des Programms zustimmen würden. Vor der Sitzung trafen Varoufakis, Moscovici und ich uns in meinem Brüsseler Büro, wobei sich die Atmosphäre rapide verschlechterte. Diese Szene

---

[3] „To Do – Mark Rutte", https://www.youtube.com/watch?v=dvgT3Gu8ufY (Zugriff 09.07.2019, Anmkg. d. Red.).

wurde später von EU-Kommissar Moscovici in dramatisierter Fassung öffentlich gemacht: „Es gab einen Moment physischer Spannung zwischen Varoufakis und Dijsselbloem. Ich musste dazwischentreten und sie auseinanderhalten", berichtete Moscovici den französischen Medien. Es gab in der Tat eine heftige Konfrontation, in der Varoufakis mich immer wieder als Lügner bezeichnete, aber sie war in keiner Weise physisch. Ich erinnere mich auch nicht an ein heldenhaftes Einschreiten des EU-Kommissars. Varoufakis war so wütend, weil die griechische Regierung am vorangegangenen Wochenende in Absprache mit Brüssel einen Vorschlag ausgearbeitet hatte. Er überreichte ihn mir während unseres Gesprächs am Montagmorgen. Ein kurzer Blick auf das Dokument reichte mir, um zu erkennen, dass dieser Vorschlag für die anderen Minister der Euro-Gruppe unannehmbar war. Es stellte sich heraus, dass dieser Vorschlag in den Tagen vor unserem Treffen mit – wie mir gesagt wurde – Martin Selmayr, dem Kabinettchef von Kommissionspräsident Jean-Claude Juncker, „abgestimmt" worden war. Dies war gänzlich ohne mein Wissen und, nach dessen Aussage, auch ohne Wissen von Pierre Moscovici geschehen. Varoufakis war an jenem Morgen in der Annahme in Brüssel eingetroffen, er hätte einen Deal, nur um festzustellen, dass dieser wertlos war. Ich konnte seine Frustration bis zu einem gewissen Punkt verstehen, aber nicht seine aggressive Haltung mir gegenüber.

Angesichts dieses Auftakts und der Haltung von Varoufakis beschloss ich, dass es keinen Sinn hatte, ein langes Treffen zu organisieren. Irgendwann stellte sich heraus, dass die griechische Delegation den Entwurf einer Erklärung, den ich für die Euro-Gruppe vorbereitet hatte, an die Brüsseler Presse weitergegeben hatte. Das war inakzeptabel und ich beschloss, das Treffen zu beenden. Meine Botschaft an die griechischen Minister war einfach: Ihr braucht eine Verlängerung. Es gibt Raum für Anpassungen, es gibt Flexibilität, aber die anderen

Mitgliedstaaten sind nur bereit, sich daran zu beteiligen, wenn ihr feste Zusagen macht und versprecht, dass Griechenland seinen finanziellen Verpflichtungen nachkommen und ernsthaft mit den Institutionen zusammenarbeiten wird. Sie mussten sich nur entscheiden.

In den folgenden Wochen arbeitete ich weiterhin direkt mit Tsipras zusammen. Der Antrag auf Verlängerung des zweiten Programms wurde in enger Abstimmung mit ihm bis zum Tag vor der Sitzung der Euro-Gruppe am 20. Februar vorbereitet. Als Varoufakis den Antrag schließlich einreichte, stellte ich jedoch fest, dass wesentliche Punkte geändert worden waren. Ich rief Tsipras an. Er wusste nichts davon und war offensichtlich verärgert. Varoufakis rief mich kurz darauf an und bot an, einen neuen Antrag zu stellen. Ich lehnte das Angebot ab. Es hätte nur viele Fragen und Verwirrung ausgelöst, sowohl in der Euro-Gruppe als auch in der Öffentlichkeit. Wir nahmen stattdessen die früheren Vereinbarungen, die aus dem griechischen Antrag verschwunden waren, in die Erklärung der Euro-Gruppe auf.

Ich verschob den Beginn des Treffens, bis all dies geklärt war. Mehrmals habe ich Tsipras in Athen angerufen. Ich rief auch Schäuble an, der abflugbereit in einem Flugzeug nach Brüssel saß, und beriet mich mit Lagarde und Draghi, die ebenfalls zur Sitzung der Euro-Gruppe nach Brüssel gekommen waren. Ich legte Tsipras die letzte Fassung der Erklärung der Euro-Gruppe vor und sagte: „So muss es bleiben." Er rief nach fünfzehn Minuten zurück und stimmte zu. Ich bat ihn ausdrücklich, Varoufakis den Auftrag zur Zustimmung zu geben, nachdem wir nun alle Feinheiten wieder geklärt hatten. Die Euro-Gruppe beschloss dann in einer sehr kurzen Sitzung, dass die Verlängerung mit Auflagen einhergehen sollte, nämlich mit Maßnahmen zur Reform der Wirtschaft, der Banken und der öffentlichen Finanzen auf Grundlage des laufenden zweiten Programms. Es gab Flexibilität, um einzelne Maßnahmen durch gleichwertige Eingriffe zu ersetzen. In einem zusätzlichen Meeting in der folgenden Woche sollte definitiv eine Verlängerung um vier Monate beschlossen werden. Es gab endlose Verhandlungen über die Liste der alternativen Maßnahmen.

Die Presse drehte sich wie ein Blatt im Wind. Nach der scharfen Kritik an der Pressekonferenz in Athen wurden wir nun wieder mit Lob überschüttet. „Die Rache eines taktlosen, eiskalten Typen"[4], titelte das *Algemeen Dagblad*. „Er bleibt stoisch und weiß den Grexit zu verhindern." Die *Frankfurter Allgemeine Zeitung* titelte: „Ingenieur für schwöre Fälle" [3]. Vor allem die niederländische Presse tendierte dazu, die europäischen Diskussionen immer mehr auf einen Zweikampf zwischen Varoufakis und mir zu reduzieren. Ich selbst habe es nie als so persönlich empfunden, und ich bin sicher, er auch nicht. Es war sicherlich ein Kampf der Weltanschauungen, zweifellos ein Kampf um die Zukunft des Euroraums. Aber ich habe nie zugelassen, dass es persönlich wird. In jenen Monaten bestand meine Aufgabe vor allem darin, die Euro-Gruppe und den griechischen Minister im Gespräch zu halten, während wir – oft hinter seinem Rücken – versuchten, Lösungen zu finden.

In den Folgemonaten wurden äußerst schwierige Diskussionen über weitreichende Reformen und Haushaltskürzungen im Rahmen eines neuen Programms geführt. Es waren kafkaeske Treffen, die hauptsächlich auf technischer Ebene in Athen stattfanden. Oder besser gesagt: nicht stattfanden. Die neuen Ideologen in Athen weigerten sich, mit der Troika zu reden, selbst wenn wir neutral

---

[4]Im Original: „De revanche van een tactloze, koele kicker" (Anmkg. d. Red.).

von „den Institutionen" sprachen. Bald scherzten wir über *„The Institutions Formerly Known As Troika"*, oder TIF-KAT, frei nach Prince. Doch es war schnell Schluss mit lustig. Mitarbeiter der Europäischen Kommission, der EZB und des IWF saßen wochenlang in ihren Hotels fest, mit aggressiven Demonstrationen vor der Tür und unwilligen griechischen Ministern, die nicht mit den „Technokraten" sprechen wollten. Unterdessen ging es mit der griechischen Wirtschaft weiter bergab.

Am 19. März fand eine Sondersitzung statt, eine Art Mini-Gipfel mit Merkel und Hollande, Tsipras und den Leitern der Institutionen, Jean-Claude Juncker, Mario Draghi und Christine Lagarde, unter dem Vorsitz von Donald Tusk. Tusk hatte mich dazu eingeladen, aber dies führte unmittelbar vor dem Treffen noch zu einigem Hin und Her, weil Tsipras dagegen Einspruch erhob. Die griechische Doktrin war, dass Technokraten mit Technokraten, Minister mit Ministern und Staats- oder Regierungschefs nur mit anderen Staats- oder Regierungschefs sprechen. Die Tatsache, dass ich in den vorangegangenen Monaten regelmäßig direkt mit Tsipras zusammengearbeitet hatte, blieb dabei außen vor. Am Ende lud mich Tusk als seinen Berater ein. An diesem Abend saßen wir an einem kleinen runden Tisch beisammen, was dem Treffen fast schon ein familiäres Ambiente verlieh. Das wichtigste Ziel der Zusammenkunft war, wie im Laufe des Abends klar wurde, Tsipras die Einigkeit seiner europäischen Partner zu demonstrieren und aufzuzeigen, was möglich und was definitiv unmöglich war. Für Letzteres war meine Anwesenheit notwendig. Mir wurde häufig das Wort erteilt, um für Tsipras die Probleme und möglichen Lösungen zu umreißen. Das Treffen dauerte schließlich bis gegen vier Uhr morgens, da wir mit Tsipras immer wieder die gleiche Diskussion führten, ohne uns wirklich aufeinander zuzubewegen.

Mitte April fand in Washington das jährliche Treffen von IWF und Weltbank statt. Während ich mich dort aufhielt, geriet die „Bett-, Bad- und Brot"-Krise betreffend die humanitären Bedingungen für illegale Einwanderer in der niederländischen Regierungskoalition außer Kontrolle. Ich war deprimiert, weil ich davon ausging, dass die Regierung stürzen würde, und im Flugzeug über dem Atlantik verfasste ich schon einmal einen Brief an meine Kollegen in der Euro-Gruppe. Auf einer Terrasse am Ufer des Potomac in Washington diskutierte ich mit Hans und Simone verschiedene Szenarien. Glücklicherweise musste ich diesen Brief nie versenden. Die Regierung überstand die Krise und sollte auch noch lange danach an der Macht bleiben.

Am Rande der IWF-Sitzung rief ich die Washingtoner Gruppe zusammen, die sich aus Vertretern der Institutionen und der wichtigsten Euroländer zusammensetzte. Dieser Gruppe gelang es manchmal, einen Durchbruch zu erzielen. Wir versammelten uns in Lagardes Besprechungsraum, hoch oben im IWF-Gebäude in der 19. Straße. Angesichts des ziemlich unproduktiven Bottom-up-Prozesses in Athen schlug ich vor, an einem Entwurf des Endergebnisses zu arbeiten, top-down. Die Bereitschaft dazu war gering, vor allem bei Schäuble und dem spanischen Minister de Guindos. Sie hatten keinerlei Vertrauen in diesen Vorschlag und zu jenem Zeitpunkt offensichtlich auch kein Interesse daran, nach Lösungen zu suchen. Sie wollten lieber abwarten.

Die langwierigen Verhandlungen mit der griechischen Regierung brachten uns alle zur Weißglut. Am 24. April kam es in Riga zum Eklat. Lettland hatte in jenem Halbjahr den Vorsitz der Europäischen Union und wir hatten uns in der lettischen Hauptstadt zu einem informellen ECOFIN-Treffen versammelt. Die Euro-Gruppe sollte unmittelbar am Morgen davor zusammenkommen. Varoufakis war schon im Raum, als die anderen hereinkamen und sich begrüßten. Seine Isolation war auf tragische Weise offensichtlich. Als wir zum Tagesordnungspunkt Griechenland kamen, gab es Ärger. Aus den Institutionen gab uns insbesondere Poul Thomsen vom IWF einen direkten *reality check:* „Bis vor sechs Monaten war im Rahmen der Vereinbarung vom November 2012 kein Schuldenerlass erforderlich. Aber jetzt, angesichts der beträchtlichen Abweichungen bei den Haushaltszielen und der Rücknahme der Reformen in den Bereichen Renten, Beschäftigung und Steuern ist ein ganz erheblicher Schuldenerlass durch Europa erforderlich. Und es finden keine echten Verhandlungen statt."

Varoufakis war anderer Meinung. Die Dinge liefen doch sehr gut. Er könne ein hohes Maß an Konvergenz und Fortschritt feststellen. Er sei „sehr optimistisch". Die Verärgerung der anderen Minister nahm zu. Einige, darunter insbesondere der Slowene Dušan Mramor, forderten, dass wir nun mit der Arbeit an einem Plan B begännen, mit anderen Worten: einen Grexit vorbereiteten. Peter Kažimír richtete in einem Moment der Stille seine Augen auf Varoufakis und sagte dann zweimal: *„Unbelievable … Unbelievable!".*

Es fielen auch Ausdrücke wie „Zocker" und „Amateur". Um die Dinge beisammenzuhalten, musste ich viel Druck ausüben. Varoufakis musste drei Fragen positiv beantworten, sonst ging gar nichts mehr. Erstens war es von entscheidender Bedeutung, dass die griechische Regierung die am 20. Februar eingegangenen Verpflichtungen akzeptierte, die auf dem bestehenden *Memorandum of Understanding* fußten. Dazu gehörte auch, dass frühere Reformen nicht einseitig wieder rückgängig gemacht wurden, wenn auch ernstzunehmende alternative Reformen durchaus möglich waren. Zweitens musste Griechenland seine Verfahrensweise ändern und wieder mit den drei Institutionen zusammenarbeiten, damit wir endlich Fortschritte erzielen konnten. Drittens musste bis Ende Juni eine umfassende

Vereinbarung getroffen werden, einzelne Ad-hoc-Zusagen reichten nicht. Widerwillig unterzeichnete Varoufakis diese drei Vereinbarungen in zum Schneiden dicker Luft.

Während des Treffens schlug ich eine andere Arbeitsweise vor, um die Gespräche, die sich endlos hinzogen, zu beschleunigen. Die Grundzüge konnten in Brüssel diskutiert werden, die technischen Experten konnten die Maßnahmen von Athen aus unterstützen und ausbauen. In den folgenden Wochen brachte dies zwar einige Fortschritte, hieß aber auch, dass die griechischen Minister ständig zwischen Athen und Brüssel hin- und herfliegen mussten.

Nach dem Treffen der Euro-Gruppe am Rande des informellen ECOFIN-Dinners, bei dem Varoufakis durch Abwesenheit glänzte, rief ich Tsipras noch einmal an und sagte ihm, dass wir so nicht weitermachen konnten. Der Prozess musste anders gestaltet werden, neue Gesichter wurden gebraucht, um das Vertrauen wiederherzustellen. Kurz darauf beschloss Tsipras, sein Verhandlungsteam neu zusammenzustellen. Giorgos Chouliarakis wurde nach vorn geschoben und Varoufakis wurde zurückgezogen. Es war der Anfang vom Ende seiner Amtszeit als Minister. Die Financial Times berichtete am 28. April, er sei de facto abserviert worden. Nach Angaben der britischen Wirtschaftszeitung könnte dies mit daran gelegen haben, dass er keine Unterstützung in seiner eigenen Partei hatte und die Parteiführung sich an seinem extravaganten Lebensstil störte. Die glamouröse Fotoreportage in der Illustrierten *Paris Match* des Vormonats war für ihn nicht gerade förderlich gewesen. Varoufakis selbst sah die Dinge ganz anders. Auf Twitter zitierte er Franklin Roosevelts Ausspruch aus dem Jahr 1936: „Sie sind vereint in ihrem Hass auf mich – und ich begrüße ihren Hass."

Im Mai schleppte der Prozess sich weiter dahin. Varoufakis beteuerte zwar, dass Griechenland allen Gläubigern ihr Geld zurückzahlen würde, aber es blieb unklar, wie. Die griechische Regierung war nicht bereit, das Rentensystem oder den Arbeitsmarkt ernsthaft zu modernisieren. Schäuble ließ unterdessen aus Berlin mitteilen, dass er ein Referendum zu jeder möglichen Vereinbarung unterstützen würde. „Das könnte sich für die Griechen als hilfreich erweisen um zu entscheiden, ob sie das Notwendige akzeptieren oder ob sie etwas anderes wollen.".

Während ich unter diesen herausfordernden Bedingungen mein Bestes gab, um den griechischen Karren auf Euro-Kurs zu halten, hatte Spanien ganz andere Sorgen. Der spanische Premierminister war davon überzeugt, dass der Vorsitz der Euro-Gruppe an Luis de Guindos zu gehen hatte: „Spanien hat ein Recht darauf." Mariano Rajoy, Spaniens Ministerpräsident, hatte sich dieses Mal die Unterstützung von Angela Merkel gesichert, als Gegenleistung für die spanische Unterstützung von Juncker als Spitzenkandidat der christlich-demokratischen EVP bei den Wahlen 2014 zum Europäischen Parlament. De Guindos selbst behauptete, er besäße die Unterstützung aller großen Länder. Aber als ich im Mai eine Reihe von Hauptstädten besuchte, stellte sich heraus, dass das nicht der Fall war. Ich schien wieder einmal die Unterstützung einer großen Mehrheit zu finden. Eines war klar: Das Ergebnis betreffend Griechenland würde entscheiden, ob ich wiedergewählt wurde oder nicht. So einfach war das.

Während des G7-Finanzministertreffens am 27. Mai in Dresden organisierte ich morgens um halb acht eine Unterredung mit der Europäischen Kommission, dem ESM, der EZB und dem IWF. Wir einigten uns auf eine gemeinsame Linie, deren Hauptpunkte später in das *Berliner Aide-Mémoire* aufgenommen werden sollten. Der neue Ansatz war das Gegenteil des alten. Das Bottom-up-Verfahren von Athen hatte zu nichts geführt, also entschieden wir uns, ein Top-down-Paket auszuarbeiten. Da die Zeit knapp war, beschloss Bundeskanzlerin Merkel spontan am Samstagabend des 1. Juni, ein streng vertrauliches Treffen in Berlin einzuberufen. Die anderen Teilnehmer waren Hollande, Juncker, Draghi und Lagarde. Das Ergebnis dieser Sitzung wurde als *Aide-Mémoire*[5] bezeichnet und gab weitgehend den Stand der Vorbereitungen in Dresden wider. In diesem *Aide-Mémoire* wurden die wichtigsten Forderungen an die griechische Regierung formuliert. Juncker sollte es Tsipras überbringen.

Am Montag darauf lud Jean-Claude Juncker Alexis Tsipras und mich zu einem Gespräch nach Brüssel ein. Wir trafen uns abends zum Dinner im Berlaymont-Gebäude, bei dem auch Hans Vijlbrief, Thomas Wieser und Martin Selmayr anwesend waren. Tsipras brachte seinen Stabschef Nikos Pappas und den stellvertretenden Außenminister Efklidis (Euklid) Tsakalotos mit, die er zunehmend in unsere Diskussionen einbezog. Auffällig war die Abwesenheit von Yanis Varoufakis.

Die Atmosphäre war angenehm und konstruktiv. Wir erzielten eine vorläufige Einigung, wobei Tsipras lediglich darum bat, eine weitere Reform der EKAS-Renten durch eine andere Maßnahme zu ersetzen. Er würde uns innerhalb von 24 Stunden eine Alternative anbieten. Auf dem Weg nach draußen beantwortete er eine Frage griechischer Reporter, ob Griechenland dem IWF rechtzeitig das Geld zurückbezahlen würde, mit den Worten: „Machen Sie sich darüber keine Sorgen."

Zurück in Athen sah er sich jedoch erneut mit dem radikal linken Flügel der *Syriza* konfrontiert. Am nächsten Tag sprach er im griechischen Parlament. Heftig kritisierte er die Brüsseler Diktate, die er „niemals akzeptieren"

---

[5]Auf deutsch etwa „Merkblatt", „Checkliste" o. Ä. (Anmkg. d. Red.).

werde. Zwei Tage später, am 5. Juni, versäumte Griechenland die pünktliche Rückzahlung von 300 Mio. EUR an den IWF. Mehrere Zahlungen wurden gebündelt und sollten am Monatsende beglichen werden. Dies entsprach gerade noch den Regeln des IWF.

Die Spannung stieg weiter. Selbst der Minister und SPD-Vorsitzende Sigmar Gabriel, der im Hintergrund immer wieder versucht hatte, Lösungen zu finden, verlor die Geduld. In der *Bild*-Zeitung schrieb er: „Die Spieltheoretiker der griechischen Regierung sind gerade dabei, die Zukunft ihres Landes zu verzocken." [4] In der Zwischenzeit nahm der Run auf die griechischen Banken zu, während zunehmend Spekulationen über Beschränkungen der Kapitalabflüsse laut wurden, was noch mehr Menschen veranlasste, ihr Geld schnellstens von der Bank zu holen.

In diesen Wochen wurden keinerlei Fortschritte erzielt. Selbst die Europäische Kommission hatte jetzt genug von der griechischen Regierung. Juncker erklärte öffentlich, dass Griechenland einen Verbündeten verloren habe. Und während einer Pressekonferenz nach einem NATO-Treffen warf er der griechischen Regierung vor, sie „belüge ihr Volk".

In der regulären Sitzung der Euro-Gruppe, die etwa zwei Wochen später am 18. Juni in Luxemburg stattfand, hielt Varoufakis einen weiteren langen Vortrag. Dabei unterbreitete er uns einen neuen „radikalen" Vorschlag, die so genannte Defizitbremse. Er bot an, einer unabhängigen Haushaltsbehörde die Überwachung der Haushaltsdisziplin zu übertragen und eine automatische Bremse einzubauen für den Fall, dass das Defizit wieder anstieg. Dieser Vorschlag erntete kaum Resonanz, nicht einmal bei mir. Unglaube stand den Amtskollegen ins Gesicht geschrieben. War Varoufakis denn wirklich nicht klar, dass eine unabhängige Haushaltsbehörde schon seit ein paar Jahren für jedes Euroland obligatorisch war?

Und dass Griechenland in den kommenden Jahrzehnten einen Primärüberschuss realisieren musste, um auf eine nachhaltige Staatsverschuldung hinzuarbeiten? Es war ein äußerst peinlicher Moment. Wieder einmal wurde deutlich, dass er gar nicht wusste, welche Verpflichtungen Griechenland als Mitglied der Währungsunion eingegangen war. Varoufakis schien genauso verwirrt wie wir und sollte sich später voller Unverständnis darüber beklagen, dass diese „Geste des guten Willens" von griechischer Seite überhaupt nicht gewürdigt worden war.

In der anschließenden Pressekonferenz wies Christine Lagarde anlässlich der Frage eines griechischen Journalisten, ob dieser Prozess zu einer Lösung führen werde, darauf hin, dass für eine Lösung ein Dialog erforderlich war und keinen gab. Es folgte, was viele als Seitenhieb gegen Yanis Varoufakis auffassten: *„The key-emergency in my view is to restore a dialogue with adults in the room."* Vielleicht bezog sie sich auch auf Tsipras, der dem IWF zwei Tage zuvor die „kriminelle Verantwortung" für die Situation in Griechenland vorgeworfen hatte.

Das im Jahr 2017 erschienene Buch von Varoufakis verwendete das Zitat von Lagarde als Titel: *Adults in the Room* [1, 2]. Es ist durchaus amüsant, in seinem Buch zu lesen, dass Lagarde seiner Meinung nach damals die Deutschen zurechtwies. Alle anderen wussten genau, wen Lagarde tatsächlich meinte, auch die Journalisten bei der Pressekonferenz.

Unmittelbar nach dem Treffen der Euro-Gruppe reiste Tsipras mit Minister Panagiotis Lafazanis nach Russland. Lafazanis war der Führer des extrem linken Parteiflügels, der „Linken Plattform", ein kommunistischer Hardliner und Freund Moskaus. Tsipras hoffte auf einen Kredit aus Moskau unter moderaten Bedingungen, kam aber mit leeren Händen zurück. Varoufakis arbeitete unterdessen an einem Plan für ein paralleles Zahlungssystem, das er übrigens selbst mit dem verwirrenden Begriff *fiscal currency* bezeichnete – für den Fall, dass Griechenland aus dem Euro-Zahlungssystem ausgeschlossen wurde und die Banken schließen mussten. Varoufakis hat immer betont, dass es keinesfalls dazu gedacht war, den Euroraum zu verlassen. Es war ein Backup-Plan, mit dem Griechenland seiner Ansicht nach dem Druck der Troika entkommen konnte. Dieser kursierte in zwei Varianten. Die erste war die von Yanis Varoufakis selbst verbreitete Version. In *Adults in the Room* [1, 2] beschreibt er ein digitales Zahlungssystem, das auf der Website und den Daten der (notorisch ineffektiven) Steuerverwaltung aufbaut und Bürgern und Unternehmen ein „Reservekonto" zuweist, auf das die griechische Regierung ihre Zahlungen leisten soll. Diese Gelder können weder abgehoben noch in Bargeld umgewandelt, sondern nur zum Begleichen von Rechnungen anderer Inhaber eines Reservekontos verwendet werden. In erster Linie sind dies die Steuerbehörden selbst, aber auch Unternehmen können Zahlungen an Mitarbeiter oder Lieferanten leisten. Ein System, das viele Fragen aufwirft.

Der springende Punkt war jedoch nicht das digitale Zahlungssystem selbst, sondern die Tatsache, dass die griechische Regierung in der Lage sein sollte, Mittel in unbegrenzter Höhe auf diese Reservekonten einzuzahlen, unabhängig von Steuereinnahmen oder Krediten und damit unabhängig von einem Haushaltsdefizit oder der Staatsverschuldung. Varoufakis' Plan würde der griechischen Regierung ermöglichen, auf einen Schlag Milliarden an überfälligen Zahlungen an Unternehmen und Bürger zu leisten. Monetäre Finanzierung oder Geldschöpfung durch die Politik, wie er es selbst umschrieb, *„simply by typing it in"*. Mit einem Wortspiel bestritt Varoufakis, dass es sich um eine alternative Währung handelte, schließlich wollte er ja den Euro behalten. Vielmehr ginge es darum, neue und vor allem mehr Zahlungsmittel zu schaffen. Also handelte es sich offenkundig eine Verletzung der europäischen Verträge. So oder so wäre dies das Ende Griechenlands in der Eurozone gewesen.

Im Sommer 2017 offenbarte Glenn Kim, einer der Architekten des Varoufakis-Plans, seine Version bei einer Anhörung im italienischen Parlament, die von Beppe Grillos Fünf-Sterne-Bewegung organisiert worden war. Glenn Kim, früher bei Lehman Brothers, war als Finanzberater der griechischen Regierung eng in alle Diskussionen eingebunden. Ihm zufolge war der Plan einfacher. Die Regierung sollte zunächst 500.000 Beschäftigte des öffentlichen Dienstes in Gutscheinen ausbezahlen, die nur zur Zahlung von Steuern verwendet werden konnten, ähnlich wie Lebensmittelmarken. Mit der Zeit würden diese „vouchers" ihren Wert verlieren.

Wie der Plan zustande kam, ist ebenfalls unklar. Varoufakis hat immer gesagt, dass sein Plan bereits vor der Wahl im Januar 2015 bereitlag und dass er ihn Tsipras schon im November 2014 ausführlich vorgestellt hatte. Im Jahr 2017 nannte Tsipras Varoufakis' Plan in einem Interview für *The Guardian* „so vage, dass es sich nicht lohnte, darüber zu sprechen. Er war einfach nur schwach und ineffektiv." In Griechenland gibt es inzwischen Forderungen nach einer parlamentarischen Untersuchung des Varoufakis-Plans, aber die *Syriza* hat es bisher geschafft, dies zu verhindern. Auch gegen Varoufakis wird juristisch vorgegangen, weil er den Plan mit einer Handvoll treuer Anhänger unter Umgehung des demokratischen Systems vorbereitet haben soll. Dasselbe gilt übrigens auch für den Plan von Minister Lafazanis, einen Putsch gegen die griechische Zentralbank und die staatliche Münzanstalt zu verüben, um das Zahlungssystem und die Mittel zur Geldschöpfung unmittelbar in die Hände der Politiker zu geben oder sogar in seine eigenen Hände zu bekommen.

Während in Athen unter strengster Geheimhaltung alternative Pläne ausgearbeitet wurden, stand die letzte Juniwoche in Brüssel ganz im Zeichen Griechenlands. Am 19. Juni sandte Präsident Tusk eine alarmierende Einladung zu einem Sondergipfel zum Euro an die Regierungschefs: „*The game of chicken needs to end and so does the blame game. Because this is not a game. It is reality with real consequences, first and foremost for the Greek people.*" Am 21. Juni kamen neue Vorschläge aus Athen, die seriöser aussahen. Aber die Euro-Gruppe, die am nächsten Tag zusammenkam, konnte sich unmöglich in so kurzer Zeit eine Meinung bilden. Varoufakis kam zwanzig Minuten zu spät zu dem Treffen. Schäuble erhöhte den Druck noch weiter, indem er über die Notwendigkeit der Einführung von Kapitalverkehrskontrollen in Griechenland sprach. Ich hielt das Treffen kurz und nach einer Stunde waren wir fertig. Unmittelbar nach der Pressekonferenz der Euro-Gruppe beriet ich mich mit Tusk, Draghi, Lagarde und unseren unmittelbaren Mitarbeitern über die Vorbereitung des Euro-Gipfels und habe dabei den Stand der Dinge kurz zusammengefasst. Hinter den Kulissen übten Merkel und Hollande Druck auf Tsipras aus, damit er eine Verlängerung akzeptierte.

In derselben Woche veröffentlichte Jean-Claude Juncker den *Bericht der fünf Präsidenten* [5]. Unter dem Titel *Die Wirtschafts- und Währungsunion Europas vollenden* haben die fünf Präsidenten – Juncker (Kommission), Tusk (Rat), Schulz (Parlament), Draghi (EZB) und ich selbst (als Vorsitzender der Euro-Gruppe) – eine Reihe von Vorschlägen zur Stärkung des Euroraums vorgelegt. Das Projekt stand unter enormem Zeitdruck, da die Gefahr einer neuen Griechenland-Krise real war. Der Bericht sollte zeigen, dass wir bereit waren, weitere Schritte zur Stabilisierung der WWU zu unternehmen. Er verweist zunächst auf die große nationale

Verantwortung dafür, die eigenen Angelegenheiten in Ordnung zu bringen und sicherzustellen, dass die Wirtschaft wettbewerbsfähig und krisenfest ist. Um Einigung unter den fünf Beteiligten zu erzielen, haben zwischen kurz- und langfristig unterschieden und dies Stufe 1 und Stufe 2 genannt. Kurzfristig musste sich alle Aufmerksamkeit auf die Vollendung der Bankenunion und die Schaffung starker europäischer Kapitalmärkte, der sogenannten Kapitalmarktunion richten. Auf meine Initiative hin wurde die Relevanz der Risikoteilung durch private Investoren nachdrücklich hervorgehoben. Reformen zur Verbesserung der Wettbewerbsfähigkeit fanden große Beachtung. Unter der Voraussetzung eines erneuerten Konvergenzprozesses zwischen den Mitgliedstaaten und der Einführung fiskalpolitischer Puffer haben wir uns längerfristig für einen gemeinsamen Stabilisierungsmechanismus für die Eurozone ausgesprochen. Was die „Politische Union" betrifft, so haben wir lediglich einige Möglichkeiten skizziert. Beispielsweise könnte es sinnvoll sein, einen ständigen Präsidenten für die Euro-Gruppe zu ernennen, und künftig könnte auch ein europäischer Finanzminister in Betracht gezogen werden. Die Meinungen darüber waren geteilt.

Am Mittwoch, dem 24. und Donnerstag, dem 25. Juni verhandelten Juncker, Draghi, Lagarde, Moscovici und ich den ganzen Tag lang mit Tsipras im Berlaymont-Gebäude. Auch unsere Stellvertreter waren anwesend, darunter Hans Vijlbrief und Thomas Wieser. Tsipras hatte natürlich selbst entschieden, wen er mitbrachte, unter anderem waren das seine rechte Hand Nikos Pappas und der Experte Giorgos Chouliarakis. Varoufakis fehlte zunächst. Später stellte sich heraus, dass Tsipras uns vorgeschoben hatte: „Der Finanzminister war nicht eingeladen." In Wirklichkeit war auch Tsipras zu dem Schluss gekommen, dass Varoufakis jedwede Glaubwürdigkeit verloren hatte.

Juncker und ich führten die Gespräche abwechselnd. Wir haben viel Zeit mit Themen wie der Mehrwertsteuer für Hotels auf den griechischen Inseln vor der türkischen Küste verbracht. Ein großer Stolperstein, auf den wir immer wieder zurückkamen, war jedoch die Frage der Renten.

Im Laufe der Jahrzehnte war das griechische Rentensystem zu einem solchen Labyrinth manipuliert worden, dass es völlig unhaltbar geworden war. Das war kein neues, durch die Krise verursachtes Phänomen. Es war ein Problem, das schon seit Jahren bestand und immer schlimmer wurde. Anfang der 90er Jahre hatten der IWF und die Weltbank bereits vor der absehbaren Apokalypse gewarnt und sich für eine vollständige Reform des griechischen Systems ausgesprochen. 1997 veröffentlichte der von der Regierung Simitis eingesetzte Spraos-Ausschuss einen Bericht, der vor der tickenden Zeitbombe warnte. Darin war zu lesen, wie die Lücken im Rentensystem stetig wuchsen und schließlich die Staatsfinanzen in den Abgrund reißen würden. Ab 2005 würde die bis dahin größte Generation aller Zeiten mit den höchsten jemals erworbenen Rentenansprüchen aller Zeiten in den Ruhestand treten. Der Bericht erläuterte, wie allen Beschäftigten im öffentlichen Sektor, in staatlichen Unternehmen und in staatlichen Banken, aber auch Angehörigen bestimmter Berufe wie Journalisten oder Anwälten im Laufe der Jahre immer weniger Verpflichtungen auferlegt und immer mehr Ansprüche eingeräumt wurden. Frühe – teilweise sehr frühe – Pensionierung, Kürzungen der Rentenbeiträge und zusätzliche Pensionszulagen hatten Löcher in die Pensionsfonds gerissen. Diese mussten durch stetig steigende Beiträge aus dem Staatshaushalt aufgefüllt werden – bis das System 2010 zum Erliegen kam. Alle in den Vorjahren vorgelegten Reformvorschläge waren abgeschmettert worden.

Ab 2010 war eine Rentenreform daher unweigerlich fester Bestandteil unserer Gespräche mit der griechischen Regierung. An allen drei Fronten waren weitere Schritte erforderlich: Rentenalter, Beitragssenkungen und Zulagen. Die griechischen Renten waren immernoch hoch und betrugen etwa das Vierfache des Niveaus im Nachbarland Bulgarien. Die griechische Regierung gab 17 % des BIP für das Rentensystem aus. In Italien und Portugal lag der Anteil bei 15 % und in den Niederlanden und Schweden bei 12 %. In Griechenland gab es rund 2,7 Mio. Rentner mit Rentenansprüchen und 3,5 Mio. beitragspflichtige Erwerbstätige. Gleichzeitig war die soziale Sicherung für Arbeitslose minimal. 2016 zahlte Griechenland 30 Mrd. EUR an staatlichen Renten, aber weniger als eine Milliarde Euro Arbeitslosengeld. Nur jeder dritte Arbeitslose erhielt Leistungen. Unsere Vorschläge, um das Rentensystem langfristig nachhaltig zu gestalten, stießen auf große Einwände von Tsipras und seinen Ministern, weil ganze Familien auf die (hohen) Renten der Großeltern angewiesen waren. Aus diesem Grund wurde der Aufbau eines seriösen Sozialsystems zum Teil der Verhandlungen.

Die Diskussionen im Berlaymont-Gebäude Ende Juni waren sehr intensiv. Wir arbeiteten bis Donnerstag um zwei Uhr morgens durch, um 6:15 Uhr ging es dann mit den technischen Teams weiter. Um neun Uhr trafen wir uns erneut mit Tsipras, aber die Zeit war knapp, um zwölf Uhr sollte die Euro-Gruppe wieder zusammentreten. Um elf Uhr beschloss ich, trotz der Proteste von Tsipras, unsere Konzeptentwürfe an die Euro-Gruppe zu senden. Die Minister hatten um weitere Informationen zu den neuesten Entwicklungen gebeten. Die griechische Delegation übermittelte daraufhin eigene, alternative Texte. Varoufakis sprach bei der Sitzung der Euro-Gruppe und erklärte, dass es weder in puncto Finanzierung noch in in puncto

Nachhaltigkeit der Schulden eine Übereinstimmung gebe. Da hatte er Recht. Er merkte offenbar nicht, dass dies Wolfgang Schäubles Überzeugung bestätigte, dass wir keine Einigung erzielen konnten, dass wir es nicht einmal versuchen sollten und dass Griechenland die Eurozone verlassen musste. Schäuble teilte Varoufakis dies auch persönlich mit, der voller Naivität glaubte, in seiner Kritik an den Vorschlägen der Troika einen Verbündeten gefunden zu haben. Ich stimmte dem nicht zu. Die Euro-Gruppe kam zu dem Schluss, dass die Unterschiede überbrückt werden mussten. Aber Plan B hing jetzt in der Luft.

Am Freitag kehrte Tsipras nach Athen zurück. Die Gespräche wurden von den technischen Teams in Brüssel fortgesetzt, bis die griechische Delegation plötzlich nicht mehr auftauchte. Ich erhielt die Nachricht, dass die Griechen zurückgerufen worden waren, ohne Begründung. Aber das zeigte sich schnell – wohlgemerkt – auf Twitter. An jenem Abend kündigte Tsipras ein Referendum zum so genannten Deal mit den Europäern an. Es handelte sich um eine Vereinbarung, die wir noch gar nicht getroffen hatten, weil die Gespräche noch andauerten. Abgesehen davon, dass die griechische Regierung die Vereinbarung nicht akzeptiert hatte, hatten auch etliche Minister der Euro-Gruppe noch ernsthafte Einwände, wenn auch aus völlig unterschiedlichen Gründen. Für die griechische Regierung war der angebliche Deal „demütigend" und daher inakzeptabel. Das Referendum sollte am 5. Juli stattfinden, fünf Tage nach Ablauf des laufenden Förderprogramms. Tsipras forderte sein Volk auf, massenhaft mit Nein zu stimmen, damit anschließend in Brüssel *a better deal* erzielt werden konnte. Schließlich konnten die Eurokraten die griechische Demokratie ja nicht ignorieren ...

Gleich am nächsten Tag, einem Samstag, traf sich die Euro-Gruppe erneut, wie schon so oft in jener Woche.

Kurz zuvor hatte ich gemeinsam mit Michel Sapin mit Varoufakis gesprochen. Ich hatte ihn gefragt, mit welcher Logik man Verhandlungen ohne Ergebnis abbricht, dieses unklare „Ergebnis" zum Gegenstand eines Referendums macht, als Regierung dann selbst eine Kampagne dagegen führt und gleichzeitig eine Verlängerung des derzeitigen Abkommens einfordert. Varoufakis war der Meinung, dass dies eine Angelegenheit zwischen ihnen und den griechischen Wählern sei. „Das geht Sie nichts an." In einem Schreiben an die Euro-Gruppe hatte Varoufakis erneut eine Verlängerung des Programms beantragt, nachdem die griechische Regierung im Zuge der Ankündigung des Referendums weitere Reformen abgelehnt hatte. Griechenland musste innerhalb von vier Tagen für den IWF eine Rückzahlung von 1,5 Mrd. EUR und drei Wochen später 3,5 Mrd. EUR für die EZB bereitstellen.

Aber wir waren mit unserer Geduld am Ende. Die Eurozone war nicht von Griechenland abhängig. Wir konnten uns nicht ständig von Politikern in Geiselhaft nehmen lassen, die im Sitzungssaal das eine und draußen etwas anderes sagten, in Brüssel etwas anderes als in Athen. Politiker, die ihren Wählern Versprechungen machten, die weit von jeder Realität entfernt waren. Die die Hilfe, die sie erhielten, als „kriminell" bezeichneten. Die mit ihrer Haltung der gesamten Glaubwürdigkeit des Euroraums schadeten. Noch vor dem Treffen sagte ich: „Diese Entscheidung ist bedauerlich für Griechenland; sie verschließt die Tür für weitere Gespräche." Schäuble vertrat die gleiche Meinung: „Wenn ich Herrn Tsipras richtig verstehe, gibt es keinen Grund mehr für weitere Verhandlungen."

Das war auch der Tenor der Schlussfolgerungen, die ich der Euro-Gruppe vorlegte. Im Kern ging es um die nüchterne Feststellung, dass das Hilfsprogramm für Griechenland am 30. Juni endgültig auslief, also drei

Tage später. Varoufakis konnte den vorgebrachten Folgerungen natürlich nicht zustimmen. Ich sagate dann, dass dies den größten gemeinsamen Nenner der Diskussion in der Euro-Gruppe zusammenfasste und dass ich dieselbe Linie in einer Pressekonferenz verkünden und darauf hinweisen würde, dass ein Mitgliedstaat anderer Meinung war. Varoufakis protestierte und bat noch während der Sitzung den Juristischen Dienst des Europäischen Rates um Rechtsberatung. Der Generaldirektor dieses Dienstes, der stets anwesend war, hörte auf den passenden Namen Hubert Legal. Die Rechtsberatung erfolgte umgehend: Die Euro-Gruppe war ein informelles Treffen der Finanzminister. Die Sitzungen waren daher informell und es gab kein formelles Verfahren der Beschlussfassung. Der Präsident der Euro-Gruppe konnte eine Erklärung abgeben, die zwei unterschiedliche Meinungen enthielt. Damit war das entschieden. Woraufhin Varoufakis den Raum verließ.

Ich beendete die Sitzung sofort und ging allein zur Pressekonferenz. Auch das war ungewöhnlich. Fast immer wurde ich von EU-Kommissar Moscovici und dem Chef des ESM, Klaus Regling, manchmal auch von Christine Lagarde oder Mario Draghi begleitet. Diesmal hatten wir beschlossen, dass ich allein hingehen sollte, um deutlich zu signalisieren, dass diese Botschaft auf dem politischen Einvernehmen aller anderen Länder basierte, ungeachtet aller Institutionen. Der Presseraum war zum Bersten gefüllt. Ich verkündete gleich zu Beginn der Pressekonferenz, dass dies eine Erklärung im Namen von achtzehn Ministern sei und dass der griechische Minister damit nicht einverstanden war. Meine zweite Vorbemerkung lautete, dass die Euro-Gruppe unmittelbar nach dieser Pressekonferenz die Folgen der soeben erreichten politischen Konsequenz ohne Varoufakis weiter diskutieren und alle erforderlichen Maßnahmen zum Schutz der Stabilität im Euroraum vorbereiten würde.

Ich bezeichnete die Frage, die die griechische Regierung ihrer Bevölkerung im Referendum stellen wollte, als unehrlich. Diese Option stand de facto ab sofort nicht mehr zur Verfügung. Das Programm würde in drei Tagen auslaufen, es gab keine Verlängerung mehr, es gab keine Einigung. Ich erklärte, dass es danach ein großes Problem mit der Glaubwürdigkeit geben würde, selbst wenn das griechische Volk mit Ja stimmte. Wie konnten wir noch davon ausgehen, dass diese Regierung irgendeine Eigenverantwortung zeigte? Ich wies die Vorstellung zurück, dass ein Nein die Aushandlung eines besseren Pakets ermöglichen würde. Nach der Ankündigung des Referendums würde sich die Situation in Griechenland rasch verschlechtern. Wie die griechische Regierung zu überleben glaubte, nun, da die Kredite unmittelbar versiegten, war mir ein Rätsel. Einfache Reformprogramme gab es nicht. „Und wenn die griechische Regierung diese Wahrheit ihrem Volk nicht vermitteln will, dann hat sie ein ernsthaftes Glaubwürdigkeitsproblem."

Als ich in den Besprechungsraum der Euro-Gruppe im fünften Stock zurückkehrte, in dem alle meine Kollegen warteten und gleichzeitig die Pressekonferenz mitverfolgt hatten, erhielt ich viel Anerkennung. Auch Juncker und Tusk brachten der Presse gegenüber ihre Unterstützung und Wertschätzung zum Ausdruck. Doch die Einheit war zerbrochen und das fühlte sich immer noch wie eine Niederlage an. Wir setzten unsere Versammlung als informelles Treffen von jetzt 18 Ministern und den Institutionen fort. Die zentrale Frage war, wie man das Risiko einer Ansteckung vermeiden konnte. In unserer Abschlusserklärung hieß es, dass der Euroraum seit dem Einsetzen der Krise mit Institutionen und Mitteln zur Gewährleistung der Stabilität konsolidiert wurde. Wir würden alles Notwendige tun, um die Integrität und Stabilität des

Euroraums zu bewahren. Kurzum: Der Grexit stand bevor und wir positionierten uns an den Verteidigungslinien.

Nach einer vierzehnstündigen Debatte stimmte das griechische Parlament dem Referendum zu. Die Ankündigung des Referendums fand aus gutem Grund an einem Freitagabend statt. Die Banken sollten das ganze Wochenende über geschlossen bleiben in der Hoffnung, damit den totalen Bank Run zu verhindern. Doch es kam anders. In der Zeit von Februar bis Ende Juni hatte die EZB die ELA-Obergrenze, die festlegte, wie viel Liquiditätssoforthilfe bereitgestellt werden konnte, auf 89 Mrd. EUR angehoben. Im selben Zeitraum hatten die Griechen 45 Mrd. EUR von den Banken abgehoben. Dies hörte jetzt schlagartig auf. Die EZB beschloss am Sonntag, dass die Bereitstellung von Liquiditätssoforthilfe für griechische Banken durch die griechische Zentralbank unverzüglich eingestellt werden musste. Den Banken ging somit das restliche Bargeld aus. Auf Anordnung des Gouverneurs der griechischen Zentralbank, Giannis Stournaras, wurden die Banken am Montagmorgen nicht mehr geöffnet und wurden Kapitalkontrollen eingerichtet. Maximal konnten 60 EUR pro Tag abgebucht werden. Auch die Börse blieb geschlossen. Ein Bankrott schien real.

Obgleich die Situation jetzt schon kafkaesk war, steigerte sich dies zwischen der Ankündigung und dem Tag des Referendums noch. Griechenland leistete keine Rückzahlung an den IWF und gleichzeitig erhielt ich ein Schreiben von Tsipras, in dem er ein ESM-Programm für drei Jahre und eine Verlängerung des alten EFSF-Programms beantragte, das inzwischen abgelaufen war. In zwei Telefonkonferenzen mit der Euro-Gruppe haben wir die Situation diskutiert und den Programmantrag beiseite gelegt. Tsipras erklärte, dass die „Europäer" an der Schließung der Banken schuld waren.

Im übrigen Euroraum wurde die Ankündigung des Kamikaze-Referendums mit Unglauben aufgenommen. Mehrere führende Politiker ließen verlauten, dass ein Nein (οχι wurde zu einem europaweit bekannten griechischen Wort) den Ausstieg für Griechenland bedeuten würde. Nun haben bevorstehende Interventionen aus Brüssel in der Regel kontraproduktive Auswirkungen auf die Ergebnisse von Wahlen oder Volksabstimmungen. Deshalb habe ich mich so weit wie möglich mit Abstimmungsempfehlungen zurückgehalten. Aber ein *reality check*, der zeigte, was auf dem Spiel stand, war dringend erforderlich. Nachdem die Europäische Kommission am 29. Juni ihre letzten Vorschläge an die Griechen zur Gänze offengelegt hatte, veranstaltete Juncker eine dramatisch gefärbte Pressekonferenz. Sein Projekt, die Vereinigung Europas, war in Gefahr, und er ließ seine aufrichtige emotionale Betroffenheit erkennen. Vergeblich. Am 5. Juli stimmten 61 % für οχι. Die griechischen Wähler hatten das nichtexistente Abkommen mit ihren europäischen Gläubigern abgelehnt.

Zwei Tage nach dem Referendum trat Yanis Varoufakis zurück. Es war klar, dass Alexis Tsipras das Vertrauen in seinen Finanzminister schon lange zuvor verloren hatte. Bereits seit Februar hatten die wichtigsten Gespräche ohne Varoufakis stattgefunden, aber dies war der Moment, um ihn endgültig loszuwerden. Um ein neues Abkommen auszuhandeln, sollte ein neuer Verhandlungsführer in den Vordergrund treten. Eine monatelange Zeit des Rückschritts ging für Griechenland zu Ende.

Es wurde viel geschrieben und spekuliert über den Schaden, den Varoufakis seinem Land zugefügt hat. Nach einer Berechnung von Reuters soll durch den erneuten Zusammenbruch der Wirtschaft und den Wertverlust der Investitionen allein in Griechenland ein Schaden in Höhe von 63 Mrd. EUR entstanden sein. Ende 2014 war ein Ende der Notfallkredite in Sicht. Nach sechs Monaten Varoufakis musste ein neues Soforthilfeprogramm in Höhe von 86 Mrd. an Krediten vereinbart werden. Der starke Mittelabfluss aus den Banken und dem Land belief sich in jenem Zeitraum auf zweistellige Milliardenbeträge. Die Anzahl defizitärer Kredite bei den Banken stieg auf ein bislang beispielloses Niveau und die Banken mussten wieder rekapitalisiert werden, sodass die Aktionäre neue Verluste hinnehmen mussten. Klaus Regling, Chef des ESM-Notfallfonds, kam auf SKAI-TV zu dem Schluss, dass der Gesamtschaden mindestens 100 Mrd. EUR betrug. Thomas Wieser, meine rechte Hand in Brüssel, sagte in einem Abschiedsinterview mit de Volkskrant, es sei „eher doppelt so viel". Varoufakis war der teuerste Finanzminister aller Zeiten.

Der neue Minister, Euklid Tsakalotos, war in vielerlei Hinsicht das Gegenteil von Varoufakis. Tsakalotos war in Rotterdam geboren und im Alter von fünf Jahren nach Großbritannien gezogen, wo er Privatschulen besuchte. So besuchte er die weiterführende Schule St. Paul's in London, an der einige Jahre später auch George Osborne unterrichtet wurde, der spätere britische Finanzminister. Wie Osborne studierte er in Oxford und schloss ein Studium in *Philosophy, Politics and Economics* ab. Er war sprachgewandt, aber kein Pedant wie sein Vorgänger. Er war angenehm im Umgang und stets korrekt. Vor allem war er sehr effektiv für Griechenland.

Am 7. Juli, zwei Tage nach dem Referendum, trafen wir uns zu einer weiteren Sitzung der Euro-Gruppe. Sie begann mit einer entwaffnenden Szene. Tsakalotos nahm zum ersten Mal an einem unserer Treffen teil. Der neue griechische Minister hatte gerade ein Gespräch mit unserem französischen Amtskollegen Sapin geführt, der ihm geraten hatte, vor allem Bescheidenheit zu zeigen. Der Grund dafür lag auf der Hand. Euklid hatte sich daraufhin gleich „*no triumphalism*" auf seinem Notizblock notiert und betrat – die Notiz für alle gut sichtbar – den Raum.

Die Euro-Gruppe kam zu dem Schluss, dass die politische Realität sich durch das Referendum nicht verändert hatte. Die wirtschaftliche Realität hatte sich inzwischen allerdings deutlich verschlechtert. Die Banken standen kurz vor dem Zusammenbruch. Das Programm war abgelaufen. Ein Antrag auf ein neues Programm lag noch nicht vor. Dieses Mal müsste es sich um ein ESM-Programm handeln, bei dem die Regeln strenger waren. Es herrschte Einigkeit darüber, dass ein neues Programm sowohl einen größeren Hilfsbetrag als auch anspruchsvollere Maßnahmen beinhalten musste, als wir sie vor dem Referendum diskutiert hatten. Dies würde den Griechen viel mehr Eigenverantwortung abverlangen, als wir bis dahin gesehen hatten. Einige Minister waren überrascht, dass Griechenland noch keine neue Unterstützung beantragt hatte. Mehrere Anwesende stellten die Frage, ob wir auf einen Grexit vorbereitet waren. „*Can it be managed?*" Tsakalotos versprach, sehr bald einen Brief mit dem Antrag auf ein neues Förderprogramm zu schicken.

Auf die Sitzung der Euro-Gruppe folgte ein missmutiges Treffen der Regierungschefs. Es gab die gewohnte Kritik an Tusks Entscheidung, das Treffen einzuberufen, aber Tusk antwortete knapp: „*No one will take this decision for you.*" Die Staats- und Regierungschefs hätten diese Angelegenheit lieber nicht auf dem Tisch gehabt. Viele verwiesen auf die Euro-Gruppe, unter anderem François Hollande, Angela Merkel und Matteo Renzi. Alexis Tsipras beantragte ein neues Programm mit einer Laufzeit von mindestens zwei Jahren und einen Überbrückungskredit für die kommenden Monate. Er hatte verstanden, dass es nicht der richtige Moment war, um über eine Umschuldung zu sprechen. Er bekam harte Worte zu hören. Dalia Grybauskaitė, die litauische Präsidentin, war schonungslos: „Sind Sie von einem anderen Planeten? Das ist ein Verbrechen gegen Ihr eigenes Volk. Wir sollten uns nicht mit Regierungen befassen, die lügen und betrügen." Merkel betonte, dass es ohne eine Einigung über die langfristigen Grundsätze keine kurzfristige Unterstützung geben konnte. Griechenland musste schriftlich festhalten, wozu es bereit war. *„Jeroen decides."* Damit meinte sie natürlich: „Die Euro-Gruppe muss es prüfen." Oder wie Hollande es ausdrückte: *„Le Conseil n'est pas un Cour d'appel."* Tusk entschied: „Wenn keine Einigung zustande kommt, befinden wir uns in einem Grexit-Szenario, und dann muss es am Sonntag einen europäischen Gipfel mit den 28 führenden Politikern geben. Wenn die Euro-Gruppe der Meinung ist, dass ausreichende Fortschritte erzielt wurden, können wir bei Bedarf einen Euro-Gipfel nur mit den 19 Euroländern abhalten. Also müssen alle auf Abruf bereitstehen."

Am nächsten Tag blieben wir in Brüssel, um in enger Zusammenarbeit mit Tsakalotos, Giorgos Chouliarakis und Glenn Kim den griechischen Antrag auf ein ESM-Programm zusammenzustellen. Die Franzosen halfen hinter den Kulissen mit. Die Atmosphäre hatte sich verändert. Wir gingen pragmatisch und lösungsorientiert vor, es gab keine ideologische Haarspalterei mehr.

In den Tagen nach dem Referendum riss Tsipras das Ruder komplett herum. Er schlug ein umfangreiches Reformpaket vor, das stark demjenigen ähnelte, das nur wenige Tage zuvor beim griechischen Referendum abgelehnt worden war. Bis heute sind wir uns nicht sicher, ob sein politisches Manöver verzweifelt oder brillant war. Er ignorierte das Votum von fast zwei Dritteln der griechischen Wähler für Neuverhandlungen und machte die abgelehnten Vorschläge der Troika zu seinen eigenen. In der Nacht vom Freitag, dem 10. Juli, wurden diese Vorschläge mit einer sehr breiten Mehrheit im griechischen

Parlament angenommen. Das einzig Gute, was das Referendum gebracht hatte, war, dass die politischen Parteien in Griechenland zum ersten Mal seit langer Zeit wieder zusammenarbeiteten. Diese Einheit sollte allerdings nicht von langer Dauer sein. Aber der neue Finanzminister wurde am nächsten Morgen mit einem Paket zur Sitzung der Euro-Gruppe nach Brüssel geschickt, das in Griechenland einvernehmlich unterstützt wurde.

An demselben Freitagabend, an dem Tsipras in seinem eigenen Parlament breite Unterstützung erhielt, um doch noch die weitreichenden Maßnahmen zu ergreifen, die die internationalen Institutionen verlangt hatten, wurde vom Bundesministerium der Finanzen in Berlin eine Mail an eine kleine Gruppe von Spitzenbeamten im Euro-Währungsraum geschickt, darunter meine Hauptstützen Hans Vijlbrief und Thomas Wieser. Dieses kurze deutsche Memo verschärfte die Diskussion mit der neuen griechischen Regierung drastisch. Wenn die Griechen nicht dazu bereit wären, wesentlich weitreichendere Reformen durchzuführen, dann müsse sehr bald über eine mindestens fünfjährige „Auszeit vom Euro" gesprochen werden. Mit anderen Worten: Der Grexit, den die politischen Gremien bis dahin immer vermieden hatten, wurde plötzlich auf den Tisch geknallt.

Es war klar, dass Schäuble es ernst meinte. Er setzte der griechischen Regierung die Pistole auf die Brust, denn in Griechenland gab es noch immer eine beträchtliche Unterstützung für den Euro. Zudem glaubte er, dass die befürchtete Ansteckungsgefahr für andere schwache Euroländer inzwischen nachgelassen hatte. Tatsächlich argumentierte er umgekehrt: Wir mussten zeigen, dass wir es mit dem Euroraum ernst meinten, und die verschleppten Probleme mit Griechenland schadeten fortwährend der Glaubwürdigkeit all unserer Aktionen. Ersteres war ein Glücksspiel, Zweiteres schlicht und ergreifend wahr.

Das Memo enthielt aber auch ein kleines Bonbon. Nach dem Ausstieg aus dem Euro könnten die Schulden Griechenlands zumindest teilweise erlassen werden, was nach dem Vertrag von Lissabon ja nicht zulässig wäre. Den Euroländern war es nicht erlaubt, die Schulden eines anderen Eurolandes zu übernehmen, so die deutschen Juristen. Aber wenn Griechenland kein Euroland mehr wäre, wäre viel mehr möglich.

Das deutsche Memo bedeutete, dass Tsipras' Paket abgelehnt wurde, noch bevor es diskutiert werden konnte. Nach Ansicht der Deutschen war es in wichtigen Bereichen wie dem Arbeitsmarkt, dem Rentensystem, dem öffentlichen Sektor und den Banken völlig unzureichend.

Die E-Mail kam für alle Mitgliedstaaten und auch für mich völlig überraschend. Sie wurde zwar nie offiziell verbreitet, landete aber nicht gerade zufällig bei der Presse. Es war der Auftakt zu einem turbulenten Wochenende, an dem der Euroraum dem Zusammenbruch näher war als je zuvor.

Das berüchtigte Memo enthielt noch einen zweiten Vorschlag, der in Griechenland und andernorts mit Schrecken entgegengenommen wurde. Griechenland sollte 50 Mrd. EUR an Vermögenswerten in einen Treuhandfonds übertragen, der sich außerhalb von Griechenland und außerhalb des Einflussbereiches der griechischen Regierung befand. Die Erträge aus diesem Fonds sollten direkt zur Tilgung der europäischen Schulden Griechenlands verwendet werden. Einige nannten das Unterpfand, andere Plünderei.

Wir erhielten das Memo am Freitagabend um sechs Uhr, zeitgleich mit Juncker, Tusk und Draghi. Unter vielen anderen stellte sich die Frage, ob Schäuble das Memo in Absprache mit der Kanzlerin verfasst hatte. Er selbst war da sehr entschieden: „Ich bin es Wort für Wort mit ihr durchgegangen und habe auch den Vizekanzler informiert."

Die letzte Behauptung erwies sich als mehrdeutig. Das Memo war zwar einige Stunden vor dem Versand diskutiert worden, aber wie sich später zeigen sollte hatte Sigmar Gabriel sich nicht für einen möglichen Ausstieg Griechenlands ausgesprochen.

Die Sitzung der Euro-Gruppe begann am nächsten Tag und dauerte von drei Uhr nachmittags bis Mitternacht am Samstag. Dann unterbrach ich die Sitzung, um über Nacht weiter an den Lösungen zu arbeiten.

Am Sonntag setzten wir unser Treffen ab elf Uhr fort, direkt gefolgt von einem Euro-Gipfel mit den Regierungschefs, der um vier Uhr nachmittags begann und bis 8.30 Uhr am nächsten Morgen dauerte. Anschließend hatten wir eine weitere Sitzung der Euro-Gruppe, um die Angelegenheiten weiter auszuarbeiten und zu Papier zu bringen. Alles in allem war es das längste Brüsseler Treffen, das ich während meiner Tätigkeit in der Euro-Gruppe erlebt habe – über 32 Stunden, praktisch ohne Pause. Auf die eine oder andere Weise mussten wir zu einem Ergebnis kommen, bevor die Börsen am Montagmorgen öffneten.

Während der gesamten Sitzung am Samstag, dem 11. und Sonntag, dem 12. Juli, weigerte ich mich stillschweigend, die Vorschläge Schäubles in der Euro-Gruppe ausdrücklich zu diskutieren. Sie trugen natürlich dazu bei, den Druck zu erhöhen. Einige Minister nahmen immer wieder darauf Bezug, manche wollten sie übernehmen, und viele verlangten wiederholt die Vorbereitung eines Plans B. Auch in dieser Hinsicht gab ich nicht nach. Alexander Stubb, Peter Kažimír, Hans Jörg Schelling, Dušan Mramor und manch anderer Kollege hatten das Vertrauen in die griechische Regierung völlig verloren. Michel Sapin schlug ebenfalls eine harte Linie ein, betonte aber die Bereitschaft, eine Lösung zu finden. Der Zustand der griechischen Wirtschaft, der Staatskasse und der Banken hatte sich in der ersten Jahreshälfte und insbesondere zum Zeitpunkt des Referendums dramatisch verschlechtert. Das Paket, das im Juni auf dem Tisch gelegen hatte und damals von Tsipras und Varoufakis abgelehnt worden war, würde jetzt längst nicht mehr ausreichen, um alles wieder ins Lot zu bringen. Noch umfangreichere Maßnahmen waren erforderlich. Einige Minister hatten auch ganz klar gar kein Mandat, um in der Euro-Gruppe ein neues Rettungspaket zu beschließen. Schon früh war klar, dass ein Treffen der Staats- und Regierungschefs der Eurozone erforderlich würde. Wenn Griechenland die Eurozone verlassen sollte, mussten die Regierungschefs diese Entscheidung treffen. Ich hielt es für meine Pflicht, Bedingungen zu formulieren, mit denen ein solches Ergebnis verhindert werden konnte.

Noch während des Treffens fügte Schäuble seinen radikalen Vorschlägen eine weitere Idee hinzu. Warum schickte die Europäische Kommission nicht alle europäischen Beamten griechischer Herkunft nach Hause, um den öffentlichen Dienst dort in die Hand zu nehmen? Ich beschloss, diesen Vorschlag zu ignorieren.

Ein ernstes Diskussionsthema war das griechische Bankensystem, das aufgrund des unglückseligen Vorgehens der Regierung mehr oder weniger darniederlag. EZB-Präsident Draghi forderte, dass weitere 25 Mrd. EUR zur Rekapitalisierung der Banken bereitgestellt wurden, ehe sie wieder öffnen konnten. Viele anwesende Minister bekamen den Eindruck, dass wir versuchten, ein Fass ohne Boden zu füllen. 2012 waren bereits 37 Mrd. EUR in die Banken geflossen. Für mich selbst war eine solche Operation erst denkbar nach einem tiefgreifenden Bail-in für alle, die Geld in diese Banken gesteckt hatten, sowie einer Umstrukturierung ihrer *Governance*, um die Geschäftsführung zu professionalisieren und zu entpolitisieren.

Gegen Mitternacht lag ein Textentwurf auf dem Tisch, der weiterreichende Maßnahmen enthielt. Die Minisater lehnten ihn mehrheitlich ab. Hauptstreitpunkt war wieder das mangelnde Vertrauen in die Regierung der *Syriza*. Die Hardliner waren quer durch den Euroraum verteilt, von Finnland bis nach Spanien und Portugal. Alexander Stubb gab dem, was damals auf dem Tisch lag, nur „eine Zwei auf einer Skala von eins bis zehn". Maria Luís Albuquerque fasste es mit folgenden Worten zusammen: *„Trust is something you earn, not ask for."* Sie verwies darauf, dass Griechenland schon vor fünf Jahren versprochen hatte, die Unabhängigkeit des nationalen Statistikdienstes ELSTAT zu gewährleisten. Der spanische Kollege betonte die Bedeutung eines *rule-based system* und erinnerte noch einmal an das Geschehen, nachdem Deutschland und Frankreich im Jahr 2003 beschlossen hatten, die Regeln weiter zu ignorieren. Mehrere Minister, darunter Kažimír, Schelling und Mramor, fragten, wo Plan B abgeblieben war. Fazit: Es gab keine Grundlage, um mit Verhandlungen auch nur zu beginnen. Gleichzeitig war für mich offensichtlich, dass der Mut fehlte, wirklich auf Plan B zu setzen. Verständlicherweise. Daher mussten wir weiterarbeiten. Und die Sitzung abbrechen.

Ich glaube nicht an Meetings, die einfach so lange dauern, bis alle erschöpft sind und schließlich nachgeben. Die Qualität unserer Arbeit hätte drastisch abgenommen und wir wären Gefahr gelaufen, schwere Fehler zu machen. Ich beschloss also eine Auszeit, in der die Minister und ihre Teams etwas schlafen konnten, und wir – Hans, Thomas Wieser, Klaus Regling und ich – weiterarbeiten wollten, um am nächsten Morgen einen neuen Vorschlag zu präsentieren.

Bevor wir die Sitzung der Euro-Gruppe am Sonntagmorgen wieder aufnahmen, hatte ich einen frühen Termin mit Donald Tusk. Ich brachte ihn auf den neuesten Stand und wies darauf hin, dass wir meiner Meinung nach einen

Grexit vermeiden konnten, wenn die Bedingungen stimmten. Ein EU-Gipfel mit allen Regierungschefs war nicht nötig. Ein Euro-Gipfel mit den Regierungschefs der Euroländer war unverzichtbar. Aber zuerst die Euro-Gruppe.

Am späten Vormittag traf sich die Euro-Gruppe erneut. Wir hatten einen neuen Entwurf ausgearbeitet, der nun alles enthielt: Reformen, Sparmaßnahmen, Bankensanierung und Privatisierungen. Die meisten Maßnahmen würde die griechische Regierung *up-front* umsetzen müssen, d. h., noch ehe wir die Gespräche über eine gemeinsame Absichtserklärung fortsetzen könnten.

Der Text machte deutlich, dass dieses Paket noch umfangreicher und einschneidender war, da sich die Wirtschafts- und Haushaltslage des Landes im vergangenen Jahr dramatisch verschlechtert hatte. Das Paket spiegelte die tatsächliche Situation wider und enthielt auch eine tragische Botschaft an das griechische Volk: Nicht die Euro-Gruppe hatte diese jüngste Katastrophe verursacht, sondern die politischen Täuschungsmanöver der griechischen Regierung.

Die wichtigste Änderung des Textentwurfs im Vergleich zum Vorabend war, dass wir die radikalen deutschen Vorschläge aufgenommen hatten, wenn auch in eckigen Klammern, um anzuzeigen, dass es keine Einigung darüber gegeben hatte. Dieses Dokument hatte sofort eine größere Erfolgschance. Schäuble war wie die anderen Falken definitv angewiesen worden, beim Verhandeln unnachgiebig zu bleiben und den Regierungschefs die wichtigsten Entscheidungen zu überlassen. Das stimmte mich optimistischer. Ich hielt es für wenig wahrscheinlich, dass Merkel die Verantwortung für den Zerfall des Euroraums übernehmen wollte. Schäuble schätzte seine Bundeskanzlerin natürlich auch so ein.

Das Dokument, das schließlich den Titel *Report to the Leaders* bekam, enthielt unter anderem Passagen in eckigen

Klammern über die 50 Mrd. EUR aus den geforderten Privatisierungen, deren Erlöse in eine separate, unabhängige Institution fließen sollten – die 50 Mrd. EUR, von denen Tsakalotos am Tag zuvor behauptet hatte: „Diese 50 Mrd. existieren überhaupt nicht und haben niemals existiert." Hier hatten wir bereits das erste Zugeständnis eingebaut. Der Treuhandfonds musste seinen Sitz nicht außerhalb Griechenlands haben, auch seine Verwaltung durfte in griechischen Händen bleiben, allerdings unter der Aufsicht der europäischen Institutionen.

Das zweite umstrittene Thema war die Rücknahme der zuvor vereinbarten Maßnahmen. Die neue griechische Regierung war der Meinung, dass ihr von den Wählern das Mandat erteilt worden war, diese Maßnahmen zurückzunehmen, ignorierte dabei aber, dass dies einen Verstoß gegen die vorherige Kreditvereinbarung darstellte. Eine Rücknahme konnte nur in Absprache mit den drei Institutionen erfolgen. Dies war unter anderem für die Niederlande ein wichtiger Punkt. Es ging dabei um die Vertrauenswürdigkeit der Griechen, ein zentrales Thema in all unseren Diskussionen. Mein Direktor für Auslandsfinanzbeziehungen, Focco Vijselaar, hatte seine Mitarbeiter gebeten, eine detaillierte Liste der Maßnahmen zu erstellen, die von der Regierung Tsipras bereits rückgängig gemacht worden waren. Wir hatten in den Text die Zusage aufgenommen, dass all diese Maßnahmen wieder in Kraft gesetzt oder durch gleichwertige Maßnahmen ersetzt würden – in eckigen Klammern, weil unser griechischer Kollege heftig widersprochen hatte. Mit diesem „Bericht" gewappnet, brach ich um vier Uhr nachmittags zum Euro-Gipfel auf. Alle Finanzminister blieben in Brüssel und warteten auf das Ergebnis. Während dieses Gipfels am Sonntag, dem 12. Juli, geriet das Euro-Währungsgebiet an den Rand des Abgrunds.

Das Treffen kam nur schleppend in Gang. Ich berichtete den Stand der Dinge und präsentierte die

Grundzüge der Maßnahmen und Reformen, auf die man sich grundsätzlich geeinigt hatte, dazu die wenigen Themen, bei denen ausdrücklich keine Einigung erzielt worden war.

Tusk machte deutlich, dass seine Bemühungen darauf abzielen würden, Griechenland im Euroraum zu halten. Niemand beanstandete diesen Ausgangspunkt. Tsipras startete mit dem Hinweis, dass er einen Kompromiss anstrebte, mit dem Griechenland im Euro-Währungsgebiet bleiben und gleichzeitig eine nachhaltige Perspektive erhalten würde. Das schlechteste denkbare Ergebnis wäre *to recycle the situation*. Er sagte weiter, dass die anderen Themen zwar diskutiert werden konnten, er ohne sein Parlament aber keine Entscheidungsbefugnis hatte.

Die Beiträge der Regierungschefs ließen ihre eigenen Erfahrungen in den Heimatländern stark hindurchklingen. Der portugiesische Premierminister Pedro Passos Coelho sagte, man habe Griechenland gegenüber bereits mehr Flexibilität gezeigt als jedem anderen Land. Der zyprische Präsident Nikos Anastasiades, mit dem wir während der Zypern-Krise intensiv zusammengearbeitet hatten, kam Tsipras am weitetesten entgegen. Doch erinnerte er daran, dass Zypern bereit gewesen war, die schwierigsten Maßnahmen zu akzeptieren, und dennoch einen Bail-in hatte hinnehmen müssen. Der spanische Premierminister Mariano Rajoy wies auf die Gefahr einer politischen Ansteckung für den Fall hin, dass die Griechen nun mit einem unglaubwürdigen Deal aus der Sache herausgingen.

Nach einer ersten Runde über etwa drei Stunden unterbrach Tusk die Sitzung zur Beratung in kleineren Gruppen. Stunden später wurde die Sitzung wieder aufgenommen. Das Einzige, was sich an dem von der Euro-Gruppe ausgearbeiteten Erklärungsentwurf geändert hatte, war der Titel. Bei den eigentlichen Themen waren keine Fortschritte zu verzeichnen.

Eine Reihe weiterer Vertagungen folgte. Tsakalotos begleitete Tsipras zu seinen Beratungen mit Tusk, Merkel und Hollande. Da der niederländische Premierminister Mark Rutte in dieser Angelegenheit sehr aktiv war und sich unnachgiebig zeigte, wurde auch er einmal mit einbezogen. Er forderte hauptsächlich, dass all die Maßnahmen wieder in Kraft gesetzt wurden, die Tsipras trotz unserer Vereinbarungen rückgängig gemacht hatte. Das Treffen zog sich hin. Der größte Stolperstein waren die Privatisierungen. Wie schon im ersten und zweiten Programm wurden die Griechen verpflichtet, einen großen Teil ihrer mehreren tausend staatlichen Beteiligungen und zehntausende von Immobilien zu verkaufen, um zur Schuldentilgung beizutragen. Der Unterschied zu früheren Programmen lag darin, dass keine zeitliche Grenze festgelegt wurde und die Erlöse nicht zur Deckung der laufenden Ausgaben der griechischen Regierung verwendet wurden. Das war von Vorteil, denn so konnte ein *fire sale* vermieden werden. Bei den erhofften Einnahmen von 50 Mrd. EUR handelte es sich jedoch noch immer noch um eine wenig konkrete Schätzung. Von den 50 Mrd. EUR konnten möglicherweise 25 Mrd. realisiert werden, wenn die verstaatlichten Banken im Lauf der Zeit verkauft wurden. Laut der EZB mussten mindestens 25 Mrd. EUR an öffentlichen Geldern in die Banken investiert werden, um sie wieder gesund zu machen. Beim Verkauf der Banken könnten diese Mittel wieder herausgezogen werden. Alles Übrige war Lesen aus dem Kaffeesatz. Von entscheidender Bedeutung war der Zeitfaktor.

Schäubles Vorschlag, den Privatisierungsfonds und dessen Verwaltung aus Griechenland herauszuholen, war bereits während der Sitzung der Euro-Gruppe geändert worden in „unter Aufsicht der europäischen Institutionen", also der Europäischen Kommission. Die Erniedrigung, die mit einer Übertragung der griechischen

Vermögenswerte in einen ausländischen Treuhandfonds einhergegangen wäre, ließ sich vermeiden. Was blieb, war die Verwendung der erhofften Erlöse.

Dieses Thema wurde die ganze Nacht über in verschiedenen Sitzungen diskutiert. Tsipras wollte den Erlös in Griechenland reinvestieren können, Merkel wollte, dass alle Einnahmen zur Tilgung der Staatsschulden verwendet wurden. Ich beriet mich mit den Leitern der Institutionen und mit meinen Mitarbeitern. Gegen sechs Uhr morgens erhielt ich eine SMS von Sigmar Gabriel, der von Berlin aus eng mit uns zusammenarbeitete. Merkel bot Tsipras zehn Milliarden Euro von den 50 an. Ich fragte Gabriel: „Die letzten zehn oder die ersten?" Das war natürlich ein himmelweiter Unterschied, da die letzten zehn Milliarden wahrscheinlich niemals hereinkommen würden. Ich schlug vor, 20 % von jedem Euro nach Griechenland zurückzuleiten. Gabriel gab diese Idee an Merkel weiter und Rutte schickte eine SMS an Tusk. Wir waren wieder auf dem richtigen Weg, aber jetzt blockierte Merkel den Fortschritt. Als letzte Version schlug ich vor, dass die ersten 25 Mrd. EUR, die beim Verkauf der Banken voraussichtlich erzielt würden, in die Schuldentilgung gehen sollten. Danach dürften die Griechen die Hälfte der zusätzlichen Einnahmen reinvestieren, mit der anderen Hälfte würden weitere Schulden geregelt. Kurz darauf war dies als Ergebnis beschlossen und die Vereinbarung in der Versammlung besiegelt. Es war acht Uhr morgens. Tusk und Juncker baten mich, sie zur morgendlichen Pressekonferenz zu begleiten, eine nette Geste.

Während des später an diesem Tag angesetzten regulären Treffens der Euro-Gruppe sollte meine Wiederwahl zum Präsidenten stattfinden. Die Spanier hatten diesmal ihren Minister Luis de Guindos als Kandidaten vorgeschlagen. Zuvor hatten sie sich bei der Abstimmung enthalten, um gegen die Tatsache zu protestieren, dass

Spanien keine der Spitzenpositionen in Brüssel innehatte. Dieses spanische Problem war freilich noch immer nicht gelöst worden. Obwohl die Minister der Euro-Gruppe mit meiner Arbeit zufrieden waren und wir uns mitten in der Griechenlandkrise befanden, musste ich also Zeit und Aufmerksamkeit auf eine Wiederwahlkampagne verwenden. Die zweite Komplikation war die Haltung Deutschlands. Bereits 2014 hatte Bundeskanzlerin Merkel ihre Unterstützung für de Guindos als meinen Nachfolger bekundet. Die Presse hatte berichtet, dass ein altmodischer Kuhhandel um die Stimmen für die Spitzenkandidaten der christdemokratischen Fraktion bei der Europawahl 2014 stattgefunden hatte. Beim EVP-Wahlkongress in Dublin im März 2014 waren Juncker und Barnier gegeneinander angetreten. Barnier hatte gute Chancen gehabt, aber Merkel, die das Konzept europäischer Spitzenkandidaten insgesamt ablehnte, hatte Juncker unterstützt. Rajoy konnte die Angelegenheit mit den Stimmen seiner Partido Popular entscheiden. Dem Vernehmen nach hatte er für Juncker gestimmt – im Austausch gegen die deutsche Stimme für de Guindos als Präsident der Euro-Gruppe. Später im selben Jahr sollte Merkel ihr Versprechen in der Öffentlichkeit wiederholen, als sie Rajoy in Santiago de Compostela besuchte. So entstand eine unangenehme Situation, da meine Zusammenarbeit mit den Deutschen und insbesondere mit Wolfgang Schäuble hervorragend war.

Im ersten Halbjahr 2015 waren wir voll und ganz mit der griechischen Frage beschäftigt. Wenn Griechenland für Chaos im Euroraum sorgte, war meine Wiederwahlkampagne zum Scheitern verurteilt. Wir beschlossen, vom 6. bis zum 8. Mai durch Europa zu reisen, um über Griechenland (selbstverständlich), den Bericht der vier (später fünf) Präsidenten zur Zukunft der WWU und meine Wiederwahl zum Präsidenten der Euro-Gruppe zu sprechen. Die erste Station war Paris. Bis dahin hatten wir positive Signale aus der französischen Hauptstadt erhalten, aber ich erinnere mich an ein schwieriges Gespräch mit Pierre Moscovici, dem damaligen französischen Finanzminister, während meiner ersten Kampagne im Januar 2013. Michel Sapin, sein Nachfolger, begrüßte mich sehr herzlich in Bercy, dem Sitz des französischen Finanzministeriums. Ein Tête-à-Tête sorgte für Klarheit. Ich hatte die volle Unterstützung Frankreichs für eine zweite Amtszeit. Sapin und ich hatten auch die gleiche positive und konstruktive Haltung zum Thema Griechenland. Selbst in Bezug auf die Zukunft der WWU hatten wir ein gemeinsames Interesse an weiterer Konvergenz und stärkerer zwischenstaatlicher Zusammenarbeit. In der anschließenden Pressekonferenz unterstützte Sapin mich sehr. Auch die Atmosphäre bei meinem Gespräch mit Premierminister Manuel Valls in seinem Amtssitz, dem Hôtel Matignon, war sehr gut. Ich hatte im Herbst 2014 im Catshuis in Den Haag noch eine rege Diskussion mit Valls über die französische Haushaltspolitik geführt, aber ich habe sein Engagement für Reformen sehr bewundert. Der Tag endete mit einem Abendessen mit dem jungen, energischen französischen Wirtschaftsminister Emmanuel Macron in einem kleinen Restaurant in Paris. Wir sprachen ausführlich über die europäische Politik, über Populismus und den politischen Mut, der in der heutigen Zeit erforderlich ist. Ein beeindruckender Mann, fest entschlossen, Frankreich zu Durchbrüchen zu verhelfen, die das Land wieder zu einem führenden Land in Europa machen konnten. Das nächste Mal, dass ich ihn in seinem Büro sprach, war kurz vor seinem Rücktritt als Minister. Er hatte damals gerade seine eigene Bewegung *En Marche!* gegründet. Ich fragte ihn, ob auch Nicht-Franzosen beitreten könnten. „*Volontiers!*" war seine Antwort: „Sehr gern!".

Am nächsten Morgen flogen wir weiter nach Berlin, wo Wolfgang Schäuble mir versicherte, dass er mit meiner Führung der Euro-Gruppe sehr zufrieden sei, jedoch hinzufügte, dass er natürlich das Versprechen der Kanzlerin einhalten und für de Guindos stimmen musste. Aber er würde er keinen Wahlkampf für de Guindos machen, wie er betonte. Er hielt sein Wort.

Die Reise endete in Rom, wo ich in einem Gespräch mit meinem Amtskollegen Pier Carlo Padoan um die Unterstützung der italienischen Regierung ersuchte. Padoan ist nicht nur sehr freundlich, sondern auch äußerst kompetent. Vor seiner Zeit als Finanzminister war er stellvertretender Generalsekretär[6] der OECD. Seine rechte Hand, Vincenzo La Via, stammt aus den obersten Rängen der Weltbank und ist seinem Chef sehr ähnlich: ruhig und kompetent zugleich. Padoan gab mir unter vier Augen sofort eine klare Antwort: Italien würde eine zweite Amtszeit von mir unterstützen. Hans Vijlbrief stellte nüchtern fest: „Dijsselbloem, der sparsame niederländische Finanzminister in der Tradition von Kok und Zalm, hat die Unterstützung der Franzosen und der Italiener." Auch mit Padoan sprach ich ausführlich über Griechenland und die WWU.

Am Samstag, dem 13. Juni, war ich in Alpbach, Österreich, um bei einer Konferenz zu sprechen. Danach tranken wir mit meinem Kollegen Hans Jörg Schelling und mit Franz Fischler, dem ehemaligen EU-Kommissar für Landwirtschaft, noch ein Bier. Auch die Unterstützung Österreichs war mir sicher. Ich habe dann auch noch Estland, Lettland und Finnland besucht. In Finnland traf ich Olli Rehn wieder, nun Wirtschaftsminister, und meine wunderbare ehemalige Kollegin Jutta Urpilainen, die noch

---

[6]Wörtlich „Chefökonom" im niederländ. Original (Anmkg. d. Red.).

Parlamentsmitglied war. Die Unterstützung dieser Länder war ungewiss, da ihre Regierungsparteien der EVP-Familie angehörten. Am Ende unterstützten mich zwei der drei Länder.

Und so reihte ich Stimmen aneinander wie auf einer Perlenschnur, die lang genug war für eine breite Mehrheit. Am Ende einer anstrengenden dreitägigen Sitzung zum Thema Griechenland fiel die versprochene Unterstützung aus dem Umschlag mit den Stimmzetteln. Carsten Pillath, Generaldirektor des Rates, der für eine faire Abstimmung sorgte, sagte nichts zur Verteilung der Stimmen, sondern verkündete nur, wer gewonnen hatte. Das war zwar keine Überraschung, aber ich war dankbar für die ganze Unterstützung. Ein bemerkenswertes Detail: Die Griechen hatten mich unterstützt, nicht de Guindos, wie sie mir selbst mitteilten.

Es blieb nur wenig Zeit zum Feiern, da wir sofort wieder an die Arbeit gingen, um eine Lösung für Griechenland zu finden. Eine der Komplikationen des Deals von Sonntagnacht war, dass es noch kein ESM-Programm und damit kein Geld gab. Die Kommission hatte deshalb geprüft, was für eine befristete Finanzierung man angeboten werden könnte. Die einzige Möglichkeit schien das Notfinanzierungsinstrument EFSM[7] zu sein. Noch am selben Tag, an dem die Einigung sehr früh am Morgen erzielt worden war, schickte der britische Premierminister David Cameron eine SMS: *„Well done on deal. Don't even think about using the EFSM. [...] It would mean Brexit, not Grexit.“* Sein Finanzminister George Osborne richtete die gleiche Botschaft an mich. Im Europäischen Rat war 2011 die Zusage erfolgt, dass Nicht-Euroländer niemals Beiträge zur Rettung von Euroländern leisten müssten. Der

---

[7]Europäischer Finanzstabilisierungsmechanismus (Anmkg. d. Red.).

EFSM war 2010 noch zur Rettung Irlands und Portugals eingesetzt worden, aber als der ESM gegründet wurde, hatte man den Briten versprochen, dass der EFSM nicht mehr zur Rettung von Euroländern eingesetzt wurde. Beim ECOFIN-Treffen begann Osborne eine heftige Tirade: Unerträglich, dass die Euro-Gruppe in Abwesenheit der Briten darüber diskutiert und entschieden hatte. Ich konnte ihn beruhigen: Die Euro-Gruppe hatte nicht darüber diskutiert, geschweige denn eine Entscheidung getroffen. Aber die Europäische Kommission hielt es für den schnellsten Weg, Geld zur Verfügung zu stellen. Griechenland würde bis Juli sieben Milliarden Euro zurückzahlen müssen, davon 3,5 Mrd. EUR bis zum 20. Juni an die EZB. Aber es war klar, dass Osborne von der Situation Gebrauch machte, um den britischen Wählern zu zeigen, wie sehr er sich in Brüssel für die britischen Interessen einsetzte: „*The Eurozone needs to foot its own bill.*".

Die Position der Briten war alles andere als stark, da es sich um eine Mehrheitsentscheidung handelte, nicht um Einstimmigkeit. In den folgenden Tagen haben wir an Garantien für die Briten gearbeitet für den Fall, dass die Griechen nicht in der Lage wären, dem EFSM das Geld zurückzuzahlen. Nachdem wir sie angeboten hatten, wechselte die britische Regierung innerhalb von zwei Tagen den Kurs und Osborne nannte das einen „wichtigen Sieg". Brexiteers wie John Redwood waren empört und das britische Volk erhielt einen weiteren Knacks in seinem Vertrauen zu Brüssel.

Das Abkommen sollte auch in vielen anderen Ländern ein politisches Nachspiel haben. Zunächst natürlich in Griechenland selbst, wo Tsipras nicht gerade herzlich empfangen wurde. Das *Syriza*-Zentralkommittee wies die Vereinbarung als „unvereinbar mit den Interessen der Arbeiterklasse" zurück. Im griechischen Parlament wurde zwar eine Mehrheit für die Vereinbarung erzielt, aber ein Viertel der *Syriza*-Abgeordneten stimmte dagegen. Dies war der Moment für Tsipras, einen Politiker mit einem ausgeprägten Überlebensinstinkt, um gegen den radikal linken Flügel der Partei vorzugehen. Er entließ Minister Lafazanis, der ursprünglich aus der Kommunistischen Partei kam, und kündigte Neuwahlen an. Der linke Flügel, der gegen die Vereinbarung gestimmt hatte, trennte sich von der *Syriza* und trat nun als neue Partei mit dem Namen „Volkseinheit" an. Aber von Einheit konnte keine Rede sein. Die Bevölkerung hatte die Krise, die Unsicherheit und die ständigen Neuwahlen satt. Die Wahlbeteiligung war sehr gering. Lafazanis erhielt überhaupt keine Sitze, Tsipras behielt alle seine Sitze und konnte weiterregieren, wiederum dank der Unterstützung der Unabhängigen Griechen. Das überstrapazierte Bild einer Achterbahnfahrt war noch nie so passend wie hier, aber zur Überraschung aller hat Alexis Tsipras sie überlebt.

In Deutschland wurde strteng über den Deal geurteilt. Er sei zu hart, Deutschland zu dominant. Die Vorschläge Schäubles sorgten in der deutschen Presse für anhaltende Diskussionen. In einem Kommentar schrieb die *Süddeutsche Zeitung:* „Wenn Tsipras für den Euro ein Sicherheitsrisiko ist, dann ist es Schäuble allemal." [6]. *Die Zeit* glaubte, dass Deutschland und Europa einen hohen Preis in Form einer tiefen Kluft zwischen Nord und Süd zahlen würden. Thomas Oppermann, Vorsitzender der SPD-Bundestagsfraktion, fragte mich, ob ich bereit sei, seiner Fraktion in Berlin die Vereinbarung näher zu erläutern. Ich zögerte, denn der Präsident der Euro-Gruppe muss darauf achten, dass er sich nicht auf das innenpolitische Terrain eines anderen Eurolandes begibt. Aber meine Ansichten unterstützten die Haltung der deutschen Regierung, also entschied ich mich, die Einladung anzunehmen. Die SPD-Fraktion im Bundestag war mit fast 200 Mitgliedern größer als das gesamte niederländische Parlament. Auch aus diesem Grund war mein Besuch dort eine besondere Erfahrung. Sigmar Gabriel war natürlich anwesend, aber auch Martin Schulz nahm teil.

Ich durfte ausführlich sprechen und beantwortete auch viele Fragen. Es drohte eine tiefe Spaltung der Fraktion in Befürworter und Gegner. Die Kritiker wurden angeführt von Peer Steinbrück, der von 2005 bis 2009 Finanzminister in der ersten Merkel-Regierung und im Jahr 2013 mit mäßigem Erfolg Kanzlerkandidat der SPD gewesen war. Die Kritik lautete natürlich, dass Griechenland keine reelle Chance bekam, sich von der Schuldenlast zu erholen. Ich habe diese Kritik wie oft zuvor mit dem Hinweis entkräftet, dass der Kapitalwert der Schulden schrittweise bereits mehr als halbiert worden war und dass wir die Tragfähigkeit des Schuldendienstes prüfen würden. Mit anderen Worten: Es ging um die Frage, ob Griechenland in der Lage war, seine jährlichen Zins- und Tilgungszahlungen zu leisten. Das hing natürlich von der Rückkehr des Wirtschaftswachstums ab. Aber Mitte 2014, bevor die *Syriza* an die Macht gekommen war, hatte Griechenland ein angemessenes Wachstum verzeichnet. Zudem war die Euro-Gruppe bereit, die Schuldenlast bei Bedarf weiter zu erleichtern, wenn Griechenland sich an die Absprachen hielt. Am Ende stimmten nur fünf der 193 SPD-Abgeordneten dagegen.

Auch in den Niederlanden – ein weiterer Falke im Europäischen Rat – hagelte es Kritik, jedoch ganz anderer Art. Das Abkommen galt nicht als zu hart, vielmehr hielt man es für zu weich. Unabhängig von den damit verbundenen Bedingungen hätten keine Hilfen mehr angeboten werden dürfen. Griechenland hätte aus dem Euroraum ausgeschlossen werden müssen. Diese scharfe Kritik war auch in der Fraktion des Premierministers Rutte zu hören. Die Zweite Kammer kam aus den

Parlamentsferien zurück, um das Thema am Mittwoch, dem 15. Juli, zu diskutieren, und erwies ideologisch tief gespalten. Die Sozialistische Partei (SP) und *GroenLinks* (GL) waren gegen das Programm, weil sie die Kürzungen für unsozial hielten und die Privatisierungen ablehnten. Letzteres führte zu einer heftigen parlamentarischen Debatte. Ich war von den Tagen vorher erschöpft und ließ ich mich provozieren, als mich der GL-Abgeordnete Rik Grashoff als neoliberal bezeichnete. Ob ich auch für die Privatisierung des Hafens von Rotterdam und des Flughafens Schiphol in den Niederlanden sei? Und wenn nicht, warum dann in Griechenland? Nach monatelangen Auseinandersetzungen mit *Syriza*-Hardlinern hatte ich gehofft, diese Art von theoretischer, ideologischer Haarspalterei hinter mir zu haben. Es war doch nun wirklich so, dass die griechische Regierung eine große Anzahl meist defizitärer Staatsunternehmen besaß und nicht über das nötige Geld verfügte, um in diese Unternehmen oder deren Infrastruktur zu investieren. Griechenland brauchte dringend ausländische Investitionen, zum Beispiel für die Modernisierung und Erweiterung des Hafens von Piräus.

Ich konnte auch nicht mit großer Unterstützung von der rechten Seite in diesem Haus rechnen. Die PVV stimmte natürlich mit großer Empörung dagegen und brachte einen weiteren Misstrauensantrag ein. Auch der CDA, der zu Zeiten des Finanzministers Jan Kees de Jager die ersten beiden Hilfspakete für Griechenland unterstützt hatte, stimmte nun dagegen, im Gegensatz zu seiner eigenen Fraktion in der Ersten Kammer, die später ihre Unterstützung zusagte. Innerhalb der VVD tobte ein Kampf um die Hilfe für Griechenland. Der Debatte gingen mehrere kämpferische Fraktionssitzungen voraus. Dem Vernehmen nach wollte eine große Mehrheit der VVD-Abgeordneten, darunter Parteisprecher Mark Harbers, der außenpolitische Parteisprecher Han ten Broeke, aber auch der Fraktionsvorsitzende

Halbe Zijlstra, gegen das neue Abkommen mit Griechenland stimmen. Es kostete Premierminister Rutte viel politisches Kapital, um zu verhindern, dass seine eigene Fraktion mit Nein stimmte, was das Ende für die Regierung bedeutet und die Glaubwürdigkeit Ruttes schwer beschädigt hätte. All dies spielte sich weitgehend hinter den Kulissen ab. Den Haag schien kaum zu merken, dass die VVD praktisch implodierte und das Kabinett im Sommer 2015 kurz vor seinem Ende stand.

Letztendlich stimmte die VVD-Fraktion in der Debatte am Mittwoch, dem 19. August, weder dafür noch dagegen. Der Fraktionsvorsitzende Zijlstra ließ sich nicht blicken. Der finanzpolitische Sprecher der Fraktion, Mark Harbers, wurde heftig angegriffen. „Die VVD will kein Aufsehen und wird daher nicht dagegen stimmen", sagte Harbers und blieb damit dicht bei der Wahrheit. Er erntete Unglauben und Spott. Ein provokanter Antrag der D66, der die Position der Regierung ausdrücklich unterstützte, wurde von der eigenen Partei des Ministerpräsidenten nicht mitgetragen. Alexander Pechtold, der politische Anführer der D66, warf Rutte „politische Trickserei" vor.

Aber auch die Opposition war tief gespalten. Die ChristenUnie[8] wollte, dass Griechenland aus der Eurozone ausgeschlossen und seine Schulden erlassen wurden. GroenLinks wollte Griechenland in der Eurozone halten, dem Land großzügige Unterstützung gewähren und seine Schulden erlassen. Der CDA war ursprünglich gegen den Euro-Beitritt Griechenlands gewesen, hatte bisher für die Förderprogramme gestimmt, aber zu diesem Zeitpunkt jegliches Vertrauen verloren. Die PVV war gegen die Europäische Union und den Euro und wollte nicht, dass

---

[8]Christen-Union, eine christlich-demokratische Partei in den Niederlanden (Anmkg. d. Red.).

ein weiterer Cent an die Griechen ging. So wurden alle Anträge abgelehnt, ob dafür oder dagegen. Hier kam eine uralte parlamentarische Spielregel in Anwendung: Wenn es keine Mehrheit in der Kammer gibt, die das Kabinett blockiert, kann es weitermachen. Im vorliegenden Fall mit den neuen griechischen Abkommen. Aber noch nie war der Verdruss über Europa im niederländischen Parlament so groß gewesen.

Literatur

1. Varoufakis Y (2017) Adults in the room. VINTAGE, London
2. Varoufakis Y (2017) Die ganze Geschichte: Meine Auseinandersetzung mit Europas Establishment. Kunstmann, München
3. Gutschker T (2015) Ingenieur für schwöre Fälle. Frankfurter Allgemeine Zeitung, 11. Mai 2015. https://www.faz.net/aktuell/politik/europaeische-union/chef-der-Euro-Gruppe-ingenieur-fuer-schwoere-faelle-13585391.html. Zugegriffen: 16. Juni 2019
4. Gabriel S (2015) Wir werden uns nicht erpressen lassen. Bild-Zeitung, 14. Juni 2015. https://www.bild.de/politik/ausland/alexis-tsipras/vize-kanzler-gabriel-macht-griechen-chefs-schwere-vorwuerfe-41350198.bild.html. Zugegriffen: 17. Juni 2019
5. Juncker J (2015) Die Wirtschafts- und Währungsunion Europas vollenden (Bericht der fünf Präsidenten vom 22. Juni 2015). https://ec.europa.eu/commission/five-presidents-report_de. Zugegriffen: 17. Juni 2019
6. Hulverscheidt C (2015) Gar nichts ist gut. Süddeutsche Zeitung, 13. Juli 2015. https://www.sueddeutsche.de/wirtschaft/einigung-mit-griechenland-gar-nichts-ist-gut-1.2563228. Zugegriffen: 20. Juni 2019

8

„Schnaps und Frauen"

Drei Tage nach den niederländischen Parlamentswahlen vom 15. März 2017 fanden wir uns zum Treffen der G20-Finanzminister in Baden-Baden ein, in Baden-Württemberg im Wahlkreis von Wolfgang Schäuble. Die Niederlande waren kein ständiges Mitglied der Gruppe, wurden aber manchmal von dem Land eingeladen, das den rotierenden Vorsitz gerade innehatte. In diesem Fall durfte der niederländische Minister auf Einladung der deutschen G20-Präsidentschaft als Gast teilnehmen.

Der Sitzungsort war wunderbar gelegen in der Atmosphäre dieser schönen historischen Kurstadt. Die Zusammenkunft war besonders interessant, denn es handelte sich um das erste große Treffen, an dem Steven Mnuchin teilnahm, der neue US-Finanzminister unter Donald Trump. Alle waren sehr gespannt, wie er der Europäischen Union und der Eurozone begegnen würde, denn in den Monaten zuvor hatte entschiedene Aussagen vonseiten der neuen US-Regierung die Runde gemacht. Das Ergebnis war gemischt: Keine schrille Rhetorik gegen die Zusammenarbeit mit Europa, aber die jahrzehntelange Tradition der G20, für den Freihandel und gegen Protektionismus einzutreten, fand ein jähes Ende. Es fielen harte Worte und das Abschlusskommuniqué war ein Rückschritt auf dem Gebiet der Handelsförderung.

Viele Leute haben mich auf das niederländische Wahlergebnis angesprochen oder mir sogar gratuliert. Als Erste in einer ganzen Reihe von wichtigen Wahlen im Euroraum hatte man die niederländischen Wahlen überall mit großem Interesse verfolgt. Am Tag nach der Wahl hatte Juncker das Ergebnis als „Inspiration für die gesamte Union" bezeichnet. Aus den vielen positiven Reaktionen mir gegenüber konnte ich auch die Erleichterung heraushören. Hinter vorgehaltener Hand gestand ich ein, dass die Wahl für meine Partei dramatisch verlaufen war. Im Vergleich zu den Wahlen 2014 hatte die PvdA nicht weniger als 29 Sitze verloren (insgesamt wurden 150 Abgeordnete der Zweiten Kammer gewählt). Außerdem hatten die extremen Populisten nicht gerade eine Klatsche bekommen – Geert Wilders hatte erneut Sitze hinzugewonnen und auch sein „Neffe" im politischen Sinne Thierry Baudet hatte den Einzug ins Parlament geschafft. Aber in der Außenwelt hinterließ das alles den Eindruck, dass den antieuropäischen Populisten die Macht in den Niederlanden nicht übernehmen konnten – ein Ergebnis, das die Niederländer selbst übrigens so nicht erwartet hatten. Die Werte niederländischer Staatsanleihen schossen nach oben, aber schon zwei Tage später waren diese Gewinne wieder verpufft.

Natürlich wurden mir auch viele Fragen zur Präsidentschaft der Euro-Gruppe gestellt. Am Tag nach der Wahl nahmen die Spekulationen darüber zu. In der niederländischen und europäischen Presse wurde die Frage gestellt, wie lange ich noch im Amt bleiben konnte. In derselben Woche nannte mich die *Financial Times* „*a high-profile casualty of his national elections*".

Wenn ein Spitzenposten in Brüssel verfügbar wird, sorgt das immer für viel Aufregung. Persönliche Ambitionen, Länder, die meinen, sie seien jetzt an der Reihe, und politische Lager, die ihre Positionen halten oder ausbauen wollen. Insbesondere Letzteres spielte eine wichtige Rolle bei der Frage, wer mein Nachfolger als Präsident der Euro-Gruppe werden sollte. Der maltesische EU-Ratsvorsitzende Joseph Muscat hatte eine Woche zuvor nach der Wiederernennung von Donald Tusk zum Präsidenten des Europäischen Rates angekündigt, dass die Verteilung der europäischen Spitzenposten noch im Laufe des Jahres diskutiert werden müsse. Nachdem Antonio Tajani im Januar zum Präsidenten des Europäischen Parlaments ernannt worden war, hatten drei der vier europäischen „Präsidenten" einen christlich-demokratischen politischen Hintergrund. Ein externer Beobachter hätte auf die Idee kommen können, die EU sei ein Einparteiensystem.

Ich selbst konnte zu dieser Zeit auf Zukunftsfragen nur wenig antworten. Ich wollte das, was ich begonnen hatte, natürlich auch gern beenden, und meine Amtszeit lief bis Mitte Januar 2018. Aber durch das niederländische Wahlergebnis waren meine Chancen nicht gerade besser geworden. Formal gesehen muss der amtierende Präsident der Euro-Gruppe kein Finanzminister sein, und das gilt erst recht, wenn er bei der Wahl noch Finanzminister war. Im Protokoll zum Vertrag über die Arbeitsweise der Europäischen Union ist festgelegt, dass die Mitglieder der Euro-Gruppe mit einfacher Stimmenmehrheit einen Präsidenten für eine Amtszeit von zweieinhalb Jahren wählen. Ein Dokument aus dem Jahr 2008 mit dem Titel *Arbeitsmethoden der Euro-Gruppe* legt darüber hinaus fest, dass die Kandidaten für den Vorsitz die Position eines nationalen Finanzministers innehaben müssen.

Aber sobald der Präsident im Amt ist, ist es keine Bedingung mehr, dass er Finanzminister bleiben muss. So blieb Jean-Claude Juncker beispielsweise auch als Präsident der Euro-Gruppe im Amt, als er nicht mehr Finanzminister, sondern luxemburgischer Premierminister geworden war.

Dennoch gab es nachvollziehbare Fragen danach, wie meine Rolle als Präsident der Euro-Gruppe mit meiner erneuten Mitgliedschaft im niederländischen Parlament zu vereinbaren war. Vielleicht war es als Übergangslösung möglich, ähnlich wie die Kombination von Ministeramt und Parlamentsmitgliedschaft in der Zeit zwischen einer Wahl und der Ernennung einer neuen Regierung. Diese Lösung würde die Zustimmung der neuen niederländischen Koalition erfordern, aber das schien kein Problem zu sein, da CDA und D66 bereits ihre Unterstützung signalisiert hatten. Dennoch blieb die Situation komplex.

In den Niederlanden wurde eine lange und schwierige Regierungsbildung erwartet, diese Erwartung sollte sich auch bestätigen. Die Frage war also, wie groß das Problem zwischen meinem Rücktritt als Minister und dem Ende meiner Amtszeit als Präsident der Euro-Gruppe im Januar überhaupt werden würde. Einige meiner Kollegen äußerten in Baden-Baden die Hoffnung und Erwartung, dass die niederländischen Sozialdemokraten für die Bildung einer neuen Regierung doch unerlässlich wären und ich im Amt bleiben konnte. Das war eine Hoffnung, die ich zu jenem Zeitpunkt nicht mit ihnen teilte.

Es gab viele Anfragen nach Interviews, wie es immer rund um solche Treffen der Fall ist. Auch für die internationalen Medien waren das Wahlergebnis in den Niederlanden und meine Zukunft als Präsident der Euro-Gruppe das heiße Thema. Mein Sprecher und ich beschlossen, einer Anfrage zu entsprechen. Das Interview mit der *Frankfurter Allgemeinen Zeitung* fand in der Bibliothek des Hotels in Baden-Baden statt.

8 „Schnaps und Frauen"

Es war ein langes Interview, in dem ich unter anderem für die Entwicklung des ESM-Notfallfonds hin zu einer Art europäischem IWF plädierte, von manchen bereits als EWF bezeichnet. Meine Ansichten wichen etwas von denen von Wolfgang Schäuble ab, der die Befugnisse der Haushaltsüberwachung von der Europäischen Kommission auf den neuen ESM übertragen wollte. Ich unterstützte diese Absicht nicht. 2011 hatten sich die Niederlande stark dafür eingesetzt, dass die Europäische Kommission mehr Befugnisse erhielt, um die Mitgliedstaaten bei Bedarf zur Ordnung zu rufen. Wir hatten bestimmt nicht erwartet, dass diese Kommission beschließen würde, genau das nicht zu tun. Aber meiner Meinung nach war das kein Grund, die logische Rollenverteilung in Frage zu stellen, bei der die Kommission die Einhaltung der europäischen Gesetze und Vorschriften überwacht – einschließlich der Einhaltung des Haushaltspakts. Meine Sichtweise auf den neuen ESM konzentrierte sich auf die Aufgaben, die der IWF bislang für das Euro-Währungsgebiet übernommen hatte. Als 2010 erstmals Soforthilfe gewährt wurde, waren es die Niederlande, die sich dafür einsetzten, den IWF hinzuzuziehen, weil dieser über eine große Expertise verfügte, die die europäischen Institutionen noch nicht vorweisen konnten. Mittlerweile forderten viele Länder der Euro-Gruppe die Genehmigung und Teilnahme des IWF am jüngsten Hilfsprogramm, dem dritten Programm für Griechenland.

Wie konzipiert und implementiert man glaubwürdige Reformprogramme? Der IWF hatte diese Aufgabe stets erfüllt, während sich die Kommission auf die Erholung des Haushalts und die EZB auf den Umgang mit den Banken konzentrierte. Dieses Trio, das unter der Bezeichnung Troika berüchtigt geworden war, hatte in den fünf „Programmländern" Griechenland, Portugal, Irland, Spanien und Zypern Berge von Arbeit geleistet. Mit gutem

Ergebnis: Vier der fünf Länder konnten ihre Programme schnell beenden und mittlerweile wieder ein starkes Wirtschaftswachstum aufweisen. Aber die Zusammenarbeit wurde allmählich immer schwieriger. Der IWF und die Kommission gerieten wiederholt aneinander, wenn es um den richtigen Ansatz ging. Ein wiederkehrendes Thema waren die Wachstumserwartungen: Die Kommission war immer optimistischer als der IWF und stellte daher weniger strenge Anforderungen. Die Zusammenarbeit war manchmal so schwierig, dass ich mehrmals Treffen mit den Troika-Führern und betroffenen griechischen Ministern abhielt, um den festgefahrenen Prozess wieder in Gang zu bringen. Das ist eins der Dinge, die wir beim nächsten Mal sicherlich anders machen müssen.

Jetzt, da Europa aus Erfahrung klug geworden ist, ist es ganz entscheidend, dass wir unsere Kompetenz im Krisenmanagement auch für die Zukunft aufrechterhalten. Die Hauptaufgabe des ESM besteht nun darin, die Programme zu finanzieren und die Rückzahlung zu überwachen. Zu diesem Zweck überwacht der ESM die Regierungspolitik nach dem Programm (die sogenannte *post-programme surveillance*). Es wäre nur ein kleiner und logischer Schritt, wenn der ESM die Befugnis erhielte, künftig eventuelle Länderprogramme für den Euroraum zu entwerfen und bei der Umsetzung zu unterstützen. Dies könnte bei Bedarf auch eine Umschuldung beinhalten.

Der Structural Reform Support Service, ein Ad-hoc-Dienst der Europäischen Kommission, der Ländern bei der Durchführung von Reformen hilft, könnte meiner Ansicht nach Teil des neuen ESM werden. Das Gleiche gilt für die jährlichen Länderberichte, in denen makroökonomische Risiken beschrieben und Reformen empfohlen werden. Wenn der EMF diese Analyse durchführt, ist er jederzeit in der Lage, schnell gemeinsam mit einem Land ein Programm zu entwickeln.

8 „Schnaps und Frauen" 243

Die Interviewer von der F.A.Z. sprachen auch das ständige Thema strenge Regeln versus Solidarität an. Ihrer Meinung nach pochte der deutsche Minister immer auf die Einhaltung der Regeln, aber sollte es nicht mehr Solidarität geben?

Diese Diskussion ergibt sich regelmäßig, sodass ich für meine Antwort nicht viel Zeit zum Nachdenken brauchte. Man kann eine Währungsunion nur auf der Grundlage von Vereinbarungen aufbauen, die von allen eingehalten werden müssen und auf deren Grundlage Solidarität aufgebaut werden kann. Wenn die Verpflichtungen nicht erfüllt werden, hat die gegenseitige Solidarität keinen Bestand. Das haben wir in den Krisenjahren am Beispiel der Programmländer des Euroraums gesehen. Vielleicht, weil ich dieses Thema schon so oft diskutiert hatte, vielleicht auch wegen der anstrengenden Wahlperiode, die hinter mir lag, fügte ich kurz und knapp hinzu: „Wenn ich mein ganzes Geld für Schnaps und Frauen ausgebe, kann ich danach nicht um Unterstützung bitten." Ich verwendete eine Variante des bekannten Ausdrucks „Wein, Weib und Gesang", um einen verantwortungslosen Lebensstil zu beschreiben.

Rückblickend war das eine vorschnelle Wortwahl. Für einen Niederländer war es möglicherweise weder seltsame Formulierung noch eine befremdliche Wortwahl. Aber das Bild vom strengen Nordeuropäer, der ein Vorurteil gegen die südeuropäischen Länder bekräftigt, drängte sich auf. Das hätte ich voraussehen müssen. Auch wenn das nicht meine Botschaft war und es nicht mein Stil ist, so über Menschen oder Länder zu sprechen, – der Schaden war angerichtet.

Das Interview wurde nach dem Wochenende veröffentlicht, am Montag, dem 20. März, als die Euro-Gruppe in Brüssel zusammenkam. Natürlich hatte es an diesem Nachmittag fast noch niemand gelesen, außer Wolfgang

Schäuble, der mich dazu beglückwünschte. Das Treffen der Euro-Gruppe verlief sehr gut, und wir waren frühzeitig fertig. Auf der Pressekonferenz habe ich unsere Fortschritte im Prozess der zweiten Überprüfung des griechischen Programms erläutert. Es gab keine einzige Frage zum *F.A.Z.*-Interview.

Am Montagabend erhielt mein Sprecher Michel Reijns die ersten Berichte über den Wirbel um Dijsselbloems „Schnaps und Frauen"-Bemerkung. Wie wir später herausfanden, hatte der Sprecher des spanischen Finanzministeriums meine Bemerkung über Schnaps und Frauen am Montagabend eigenhändig aus dem Deutschen ins Spanische „übersetzt" und ohne den Kontext des Interviews empört an die europäischen Medien weitergegeben. Wir fanden das schnell heraus dank eines Reporters der niederländischen Tageszeitung *Trouw*, der uns danach gefragt hatte. Einige spanische Zeitungen meinten genau zu wissen, was ich damit andeutete. In der Tageszeitung *La Rázon* wurde daraus: „Die südlichen Länder verschwenden ihre Unterstützung für Schnaps und Frauen." Die spanische Zeitung *El País* veröffentlichte übrigens eine detaillierte Darstellung der Rolle, die der Sprecher des spanischen Ministeriums bei diesem Eklat spielte.

Die Reaktionen aus Portugal waren bei weitem die heftigsten. Am Mittwoch forderte der portugiesische Premierminister António Costa lauthals meinen Rücktritt. Er bezeichnete mich als „rassistisch, fremdenfeindlich und sexistisch". Zuerst wusste ich nicht, warum gerade Portugal so harsche Kritik äußerte. Nur wenige Tage zuvor hatte Minister Schäuble auf einer Pressekonferenz in Berlin Portugal ermahnt: *„My warning to Portugal is: see to it that you don't need a new program."* Das kam in Lissabon nicht gut an, weil die portugiesische Wirtschaft gerade ein robustes Wachstum zeigte und das Haushaltsdefizit weiter geschrumpft war. Vielleicht war der scharfe Ton aus Lissabon auch eine Reaktion auf Schäubles Bemerkung. Die Reformen der früheren portugiesischen Regierung führten nun zu einer starken Erholung. Ich habe Portugal immer unterstützt, auch bei seinem erfolgreichen Ausstieg aus dem Förderprogramm. Diese Feindseligkeit überraschte mich daher sehr.

Auch im Europäischen Parlament herrschte große Empörung. Manfred Weber, Fraktionsvorsitzender der EVP, erklärte, dass es keinen Raum für Vorurteile gebe. Gianni Pitella, Fraktionsvorsitzender der Progressiven Allianz der Sozialdemokraten (S&D), rief aus: „Es gibt keine Entschuldigung dafür, eine solche Wortwahl zu verwenden." Er war der Meinung, dass ich meine Ehre retten und zurücktreten müsse. Meine ehemalige dänische Kollegin Margrethe Vestager, nun EU-Wettbewerbskommissarin, bezeichnete in einer ersten Reaktion meine Bemerkungen als falsch. Ich fragte mich, ob auch sie das eigentliche Interview vielleicht zu diesem Zeitpunkt noch nicht gelesen hatte. Es war ein heftiger Sturm der Kritik.

Später erhielt ich natürlich auch Zustimmung. Die *F.A.Z.* schrieb am 26. März: „Nur eins ändert das nicht: Recht hat er, der Dijsselbloem." [1]. Der Kolumnist Christiaan Weijts schrieb in der niederländischen Zeitung *NRC Handelsblad:* „Es ist eine Metapher, die den sehr einfachen Sachverhalt verdeutlichen soll, dass man, wenn man sich Geld leiht, auch bestimmte Verpflichtungen eingeht, wie zum Beispiel sparsam damit umzugehen. [...] Dass der durchschnittliche Twitter-Nutzer nichts mit Stilmitteln wie Metapher, Ironie und Hyperbel anfangen kann, ist traurig, aber mittlerweile sind auch europäische Regierungschefs und Parlamentsabgeordnete der Diktatur des Wörtlichen erlegen. Eine Briefbombe ist nichts im Vergleich dazu." [2]. Frits Bolkestein[1] kam mir ebenfalls zur Hilfe und schrieb zu meiner Verteidigung in *de Volkskrant:* „Dijsselbloem hat Recht." [3]. Ich war nicht mit jedem Aspekt seiner Argumentation einverstanden, aber ich schätzte dennoch seine Unterstützung. Frans Timmermans verteidigte mich bei einem Treffen der sozialdemokratischen Parteiführer in Rom. Matteo Renzi und Federica Mogherini kritisierten mich ausgiebig. Präsident Hollande hingegen verschwendete kein Wort an dieses Thema. Am 4. April schrieb die *F.A.Z.* in einem Kommentar: „Jeroen Dijsselbloem ist ein billiges Opfer der erregten Europaparlamentarier. Seine Tage als Chef der Euro-Gruppe sind leider gezählt." [4]. Der erste Teil stimmt leider. Der zweite stellte sich als Übertreibung heraus.

Auf die Aufregung um das Wahlergebnis in den Niederlanden und das „Schnaps-und-Frauen-Interview" folgte noch ein dritter Schlag: die Nachricht, dass in Athen eine Reihe von Briefbomben abgefangen worden war, darunter eine an mich adressierte. Dies war nicht die erste derartige Meldung. Eine ähnliche Briefbombe war zuvor im Bundesfinanzministerium abgefangen und entschärft worden. Leider blieb am Tag nach den niederländischen Wahlen eine weitere Briefbombe unbemerkt und explodierte im IWF-Büro im Herzen von Paris. Eine Mitarbeiterin wurde verletzt. Ich ließ ihr von Paris aus Blumen schicken. Wenige Monate später wurde der ehemalige griechische Premierminister Loukas Papadimos durch eine ähnliche Briefbombe verletzt, die in seinem Auto explodierte. Mein Personenschutz wurde verstärkt, und auch daheim wurden meine Frau und meine Kinder informiert und gewarnt. So etwas hat mehr Auswirkungen, als man sich vorstellen

---

[1]Niederländischer Politiker und ehemaliger EU-Kommissar (Anmkg. d. Red.).

kann. Aber mein Sicherheitsteam hat sehr gute Arbeit geleistet.

Am Mittwochabend, zwei Tage nach der Veröffentlichung des Interviews, setzte eine Flut von Anrufen von und nach Deutschland ein. Ich sprach mit Martin Schulz, dem neuen SPD-Parteivorsitzenden – ein feiner Kerl, klug und ernsthaft. Ich habe ihn über den neuesten Stand zum Thema Griechenland informiert und er bat mich, auch Sigmar Gabriel anzurufen, seinen Vorgänger als Parteichef und nun Außenminister. Gabriel hatte in der deutschen Presse als Reaktion auf meine Äußerungen in der *F.A.Z.* heftig gegen mich ausgeteilt. Schulz hatte trotz einer Reihe von Medienanfragen keinen Kommentar dazu abgegeben: „Solche Dinge passieren uns allen ab und an". Später am Abend rief Gabriel mich zurück. Wir sprachen über Griechenland, er fand Schäuble zu streng. Dies äußerte er später auch in den Medien. Über das Interview sagte er kein Wort mehr.

Am selben Abend habe ich noch mit Schäuble telefoniert, um über den Status des griechischen Programms zu sprechen. Wir waren beide überrascht, dass zwei Themen – der Primärüberschuss im Jahr 2018 und der Schuldenerlass –, über die wir uns im Mai des vergangenen Jahres in einer langen Nacht mit drei IWF-Direktoren geeinigt hatten, nun beide vom IWF wieder zur Diskussion gestellt wurden. Der IWF hielt einen hohen Haushaltsüberschuss für unrealistisch und wollte, dass wir uns auf einen Schuldenerlass einigten. Trotz unserer früheren Absprachen kamen sie immer wieder auf das Thema zurück. Wir hatten keine andere Wahl, als darauf einzugehen, denn wir hatten uns vollkommen von den Anforderungen des IWF abhängig gemacht – und das wusste man dort. Der IWF sollte seine große Macht mit Bedacht ausüben. Anderenfalls könnte er für eine neue europäische Krise verantwortlich sein.

Am Donnerstag, dem 6. April, auf dem Weg zu einem informellen ECOFIN-Treffen in Malta, fuhr ich zunächst nach Berlin. Ich sollte auf der Jahrestagung des Bundesverbandes deutscher Banken sprechen. Ich erntete Applaus, als ich das *F.A.Z.*-Interview erwähnte und betonte, wie wichtig es ist, die Regeln und Vereinbarungen innerhalb der Währungsunion einzuhalten, um im Bedarfsfall Solidarität zu ermöglichen. Und als Grundlage für eine weitere Vertiefung des Euroraums.

Nachdem ich die schöne Picasso-Sammlung im kleinen Museum Berggruen gegenüber dem Schloss Charlottenburg bewundert hatte, suchte ich Wolfgang Schäuble in seinem Ministerium in der Wilhelmstraße auf.

Wir diskutierten zunächst die neuesten Entwicklungen in Griechenland. Schäuble musste mir helfen zu akzeptieren, dass die IWF-Zahlen für 2018 schlechter ausfallen würden als die europäischen Schätzungen. Wir waren uns einig, dass die Griechen ab 2018 mindestens fünf Jahre lang einen Primärüberschuss von 3,5 % beibehalten mussten. Das war ein wesentlich kürzerer Zeitraum als die zehn Jahre, auf denen er bis dahin bestanden hatte, die ich aber für unrealistisch hielt, wie ich ihm bereits gesagt hatte. Aber es war immer noch mehr, als der IWF für machbar hielt. Hinter dieser auf den ersten Blick technischen Diskussion steckte eine große Meinungsverschiedenheit: Der IWF meinte, dass Griechenland niemals dauerhaft hohe Überschüsse würde vorweisen können. Die Europäer waren der Meinung, dass der Fonds in dieser Hinsicht defätistisch sei. Warum sollte Griechenland nicht die gleiche Haushaltsdisziplin an den Tag legen können wie wir alle?

Wir vereinbarten, dass ich Christine Lagarde anrufen sollte. Dann sprachen wir unter vier Augen über das *F.A.Z.*-Interview und die Zukunft der Euro-Gruppe. Schäuble fand das Interview gut, obwohl ihm ihm das

Einhalten von Verpflichtungen tendenziell wichtiger war als Solidarität. Mir war beides wichtig. Er betonte, dass es bei der Aufregung nicht um meine Person ging und dass man meine Worte offensichtlich verdreht hatte. Er war auch nicht mit der heftigen Reaktion der Christdemokraten im Europäischen Parlament einverstanden. Weber hatte ihn wissen lassen, dass er es nicht so heftig gemeint hatte. Es kamen in der Tat keine Rücktrittsforderungen mehr von dieser Seite.

Ich habe Wolfgang gesagt, dass ich nach Ablauf meiner Amtszeit als niederländischer Minister die Euro-Gruppe bitten wollte zu entscheiden, wie es mit der Präsidentschaft weitergehen sollte. Die Entscheidung sollte von den Ministern getroffen werden. Er hoffte, dass ich meine Amtszeit beenden konnte und war voll des Lobes für die Art und Weise, wie ich die Euro-Gruppe durch turbulente Zeiten geführt hatte: „Du warst immer ehrlich." Die Wertschätzung war gegenseitig. Unser gegenseitiges Vertrauen war immer ein starkes Fundament für die Zusammenarbeit gewesen.

Diese Lösung gab den anderen Ministern viel Zeit, sich nach einem Nachfolger umzusehen. Schäuble erwartete, dass es nicht einfach werden würde. Er nannte mehrere Namen und ich teilte ihm meine Einschätzung einiger Alternativen mit. Aber natürlich lag die Entscheidung nicht mehr in meinen Händen.

Nach dem Besuch bei Schäuble flogen wir in der KBX weiter nach Valletta. Auf dem Weg zum Flughafen rief ich Christine Lagarde vom Auto aus an, aber sie war nicht zu sprechen. Ich schickte eine SMS und ließ sie wissen, dass Schäuble und ich uns geeinigt hatten. Die Sitzung der Euro-Gruppe war für den nächsten Morgen angesetzt.

Als ich am späten Abend in Malta ankam, informierte ich zuerst Euklid Tsakalotos. Wir verabredeten uns für 7.30 Uhr am nächsten Morgen. Aber vorher hatte ich um

7.00 Uhr noch ein Treffen mit den vier Institutionen. Wir legten die Vereinbarungen schriftlich nieder, um Missverständnisse zu vermeiden. Poul Thomsen vom IWF stellte wieder einmal ein neues Thema zur Diskussion. Er forderte, dass sich die griechische Opposition, die Nea Dimokratia, dazu verpflichtete, die Steuerreform nicht rückgängig zu machen. Zu jenem Zeitpunkt war das ein völlig neues Ansinnen. Aller Wahrscheinlichkeit nach würden die griechischen Wahlen Ende 2019 stattfinden und der IWF wollte Versprechungen für die Zeit danach. Meines Erachtens hätte das die politische Situation enorm verkompliziert, und zudem wäre es auch illusorisch gewesen. Nach einigem Widerspruch entschied Thomsen, dass der IWF selbst Kontakt mit der ND aufnehmen würde. Ich habe nie wieder von der Sache gehört.

Nach diesem frühen Treffen ging ich zur Sitzung der Euro-Gruppe, die im Palast der Großmeister von Valletta aus dem 16. Jahrhundert stattfand. Am Eingang warteten Journalisten, die sich vor allem für die Entwicklungen rund um Griechenland und natürlich für das F.A.Z.-Interview interessierten. Als ich den Raum betrat, gab ich wie immer allen anderen Ministern die Hand. Der portugiesische Minister war nicht anwesend. Sein Staatssekretär Ricardo Mourinho Félix sagte, dass ich mich entschuldigen und zurücktreten solle, als ich ihm die Hand schüttelte. Dieser Moment wurde von den Kameras festgehalten. Ich teilte ihm mit, dass ich diesen Punkt in der Sitzung ansprechen würde.

Gleich zu Beginn sagte ich den anderen Ministern, dass ich es bedauerte, dass meine Worte Anstoß erregt hatten. Ich bekräftigte meine Ansichten über die Notwendigkeit, zuvor getroffene Vereinbarungen einzuhalten, weil diese unsere Gemeinschaft, die Eurozone, zusammenhielten. Solidarität erfordert Verantwortung. Ich betonte, dass dieses Prinzip für alle Mitgliedstaaten gleichermaßen verbindlich war. Niemand meldete sich daraufhin zu Wort, wir konnten direkt mit der Sitzung beginnen. Die vorgeschlagene Verfahrensweise für Griechenland fand breite Zustimmung.

Auch die anschließende Pressekonferenz verlief reibungslos. Es gab eine einzige Frage zum Thema „Schnaps und Frauen" von einer portugiesischen Journalistin, ihre Schlussfrage war: „Finden Sie nicht, dass die Reaktionen stark übertrieben waren?"

Ich ignorierte die Frage und wiederholte meine frühere Botschaft. Ein anderer Journalist fragte, wie es für den Rest meiner Amtszeit weitergehen würde. Ansonsten gab es vor allem Fragen zu Griechenland. Einige meiner Ministerkollegen bestätigten mir nach der Sitzung nochmals ihre Unterstützung. Euklid Tsakalotos machte deutlich, dass für ihn die Angelegenheit erledigt sei: „Es besteht Vertrauen in seine Präsidentschaft." Nur der portugiesische Minister beharrte auch außerhalb des Treffens auf seiner Meinung, dass jemand mit einer „umgekehrten Vision" die Euro-Gruppe leiten sollte. Am nächsten Tag gab ich Marc Peeperkorn von *de Volkskrant* ein Interview: „Ich bin immer noch hier. Ich bin jetzt der Blitzableiter. Das ist in Ordnung, ich bin noch nicht abgebrannt." [5].

Am 27. April, dem niederländischen *Koningsdag*, habe ich schließlich das Europäische Parlament aufgesucht. Um dieses ungewöhnliche Timing zu erklären, muss ich ein wenig in der Zeit zurückgehen. Auf mein früheres Angebot, am 4. April zu erscheinen, hatte es wochenlang keine Reaktion gegeben; ich hatte es schließlich zurückgezogen. Ich war am Dienstagnachmittag zur regulären Abstimmung in der Zweiten Kammer des niederländischen Parlaments und fuhr anschließend direkt nach Brüssel. Dort hatte ich ein Dringlichkeitstreffen mit den europäischen Institutionen, dem IWF und der griechischen Regierung einberufen, um die Verhandlungen wieder in Gang zu bringen. Die Sitzung begann um 15 Uhr und dauerte etwa bis Mitternacht. Leider konnte ich den empörten EU-Parlamentsabgeordneten nichts davon sagen. Zu Beginn ihrer Plenarsitzung in Straßburg hatten sie einstimmig ihre Missbilligung über mich geäußert. Ihre ungewöhnlich harten Worte waren für die öffentliche Bühne bestimmt.

Als ich am 27. April endlich im Europäischen Parlament erschien, war der Ton bei den großen Fraktionen auffallend mild. Die Fraktionssprecher der Christdemokraten („unglücklich"), der Sozialdemokraten („unangemessen") und der Liberalen machten nicht mehr viele Worte zum vorangegangenen Wirbel und wandten sich dann weiter dem Thema Griechenland zu. Doch kleinere Fraktionen und unabhängige Parlamentarier, vor allem aus Portugal und Griechenland, hatten sich darin verbissen. Die deutsche Abgeordnete der Grünen, Ska Keller, ließ empört verlauten, dass ich alle Frauen in Europa beleidigt hätte. Ich hatte nicht den Eindruck, dass sie das Interview gelesen, es verstanden oder auch nur versucht hatte, es zu verstehen. Sie schaffte es damit immerhin ins niederländische *NOS Journaal*.

Die Debatte förderte reichlich Zynismus und Skepsis hinsichtlich des griechischen Programms zutage. Das war zwar nachvollziehbar, zu jenem Zeitpunkt aber nicht gerechtfertigt. Vor dem Plenarsaal warteten Journalisten auf mich. Ein portugiesischer Fernsehreporter fragte, ob ich Mário Centeno für einen guten Nachfolger hielt. Ich wich dieser Frage natürlich aus. Es lag nicht an mir, meinen Nachfolger zu bestimmen. Die niederländische Zeitung *De Telegraaf* fragte, ob ich dachte, dass man meine Worte absichtlich verdreht hätte. Ich umging auch diese Frage: „Das überlasse ich Ihrer scharfsinnigen journalistischen Analyse." Die Berichterstattung in der niederländischen Presse an diesem Tag und am nächsten Morgen war fair.

8 „Schnaps und Frauen"

Im Nachhinein hätte ich natürlich meinen Ausspruch über „Schnaps und Frauen" liebend gern rückgängig gemacht. Er lieferte all denen eine Steilvorlage, die mich und vor allem auch das ihrer Ansicht nach zu strenge Verfahren der Euro-Gruppe loswerden wollten. Es kam für mich allerdings weder in Frage, mich für meinen Standpunkt zu entschuldigen, noch für etwas, das ich gar nicht gesagt hatte.

Eine interessantere Frage ist, warum die Aussage einen solchen Sturm der Feindseligkeit provoziert hatte. Natürlich wurden meine Worte verdreht, manchmal mit Absicht. Aber offensichtlich trafen sie einen empfindlichen Nerv. Das hätte ich voraussehen sollen. Es ging dabei auch um den Kern der damaligen Debatte im Euroraum – nämlich um die Frage, ob der Erfolg des Euro allein von der Einhaltung von Verpflichtungen wie den Haushaltsregeln, der Bankenunion und dem Versprechen abhing, makroökonomische Probleme zu lösen, oder ob mehr Solidarität zwischen den Mitgliedstaaten erforderlich war. Wollten wir eine regelbasierte Währungsunion, die oft spöttisch als „das deutsche Europa" bezeichnet wird, oder eine Transferunion mit deutlich großzügigerer Unterstützung? In manchen Gebieten des Euroraums gab es enorme Widerstände gegen das, was *austerity* oder „Sparpolitik" genannt wurde. Sowohl linke wie rechte Politiker deklarierten es als Mittel zur Erniedrigung und Unterdrückung und schrieben den Deutschen dabei die Rolle einer mächtigen, dominanten Kraft des Bösen zu.

In dem berüchtigten Interview wurde ich auch gefragt, ob diese strengen Regeln wirklich notwendig seien. „Sollte es nicht mehr Solidarität geben?"

Mein Standpunkt als sozialdemokratischer Politiker ist und bleibt, dass Solidarität mit Verpflichtungen einhergehen muss. Daher ist der Gegensatz zwischen Regeln und Solidarität nur ein scheinbarer Gegensatz. Das war der Kern meiner Antwort, aber ich gebe offen zu, dass von dieser Botschaft bei all dem Getöse wenig ‚rüberkam. Zurückblickend können wir feststellen, dass diese Debatte über die Frage, welche Art Union wir sind, aus zwei Gründen stark belastet war. Zum Ersten hatte die Europäische Kommission ihre Rolle als Hüterin der Verträge in den Vorjahren vernachlässigt. Insbesondere im Haushaltsbereich hatte man die Zügel schleifen lassen. Mehr und mehr hat mich das in die Rolle eines strengen Überwachers von Verpflichtungen gedrängt und mich immer größerer Kritik ausgesetzt. Zum Zweiten schwand das Gefühl der Dringlichkeit die Finanzdisziplin betreffend, als wir uns aus der Krise herausbewegten. Wofür waren die Haushaltsregeln eigentlich nötig? Dies erinnert stark an den Zeitraum ab 2003, als die Regeln schlicht und einfach ignoriert wurden, allen voran von Deutschland. Wir laufen jetzt Gefahr, wieder in eine solche Situation zu geraten. Dann ist es nur eine Frage der Zeit, wann wir den Preis dafür zahlen müssen.

Literatur

1. Budras C (2017) Schnaps und Frauen – jetzt erst recht! Frankfurter Allgemeine Zeitung, 26. März 2017. https://www.faz.net/aktuell/wirtschaft/konjunktur/kritik-fuer-gleichnis-von-dijsselbloem-14942246.html. Zugegriffen: 20. Juni 2019
2. Weijts C (2017) Wein, weib und Dijsselbloem. NRC Handelsblad, 22. März 2017. https://www.nrc.nl/nieuws/2017/03/22/wein-weib-und-dijsselbloem-7515184-a1551488. Zugegriffen: 20. Juni 2019
3. Bolkestein F (2017) Jeroen Dijsselbloem heeft gelijk. deVolkskrant, 20. April 2017. https://www.volkskrant.nl/nieuws-achtergrond/jeroen-dijsselbloem-heeft-gelijk~b228244b/. Zugegriffen: 20. Juni 2019

4. Mussler W (2017) Billiges Opfer. Frankfurter Allgemeine Zeitung, 04. April 2017. https://www.faz.net/aktuell/wirtschaft/wirtschaftspolitik/kommentar-billiges-opfer-14957293.html. Zugegriffen: 20. Juni 2019
5. Peeperkorn M (2017) Jeroen Dijsselbloem: ‚Iedereen loopt in een grote boog om me heen'. deVolkskrant, 10. April 2017. https://www.volkskrant.nl/nieuws-achtergrond/jeroen-dijsselbloem-iedereen-loopt-in-een-grote-boog-om-me-heen-bafd91ed/. Zugegriffen: 20. Juni 2019

9

Rückblick

Wenn man auf die zehn Krisenjahre im Euroraum zurückblickt, lässt sich nüchtern feststellen, dass viele Fehler gemacht worden und wir gefestigt daraus hervorgegangen sind. Beim Aufbau der Währungsunion wurden Fehler gemacht, es war von Nachlässigkeiten in den Jahren nach der Einführung des Euro die Rede und die Lösungsversuche zur Bewältigung der Krise ließen zu wünschen übrig. So ging Zeit verloren, es wurde viel improvisiert, den politisch Verantwortlichen entglitt in den ersten Jahren die Kontrolle und es wurden Lösungen gewählt, die uns teuer zu stehen kamen. Die schwere Krise setze unsere gemeinsamen europäischen Abkommen und Institutionen unter enormen Druck. Sie waren gar nicht darauf ausgelegt waren, einem solchen Schlag standzuhalten. Die Währungsunion war nicht krisenfest. In erster Linie setzte die verantwortungslose nationale Politik in den Jahren vor der Krise diese unvollkommene Union übermäßig unter Druck.

9.1 Der Aufbau der Währungsunion

Wir müssen uns ernsthaft mit der grundlegenden Kritik am Euro und an der Währungsunion auseinandersetzen, die während der Krise losgetreten wurde. Oft wird behauptet, dass das Konzept der Währungsunion von vornherein unzureichend war. Bei der Bewertung der wirtschaftlichen Hintergründe oder der institutionellen Ausgestaltung der Währungsunion müssen wir auch berücksichtigen, dass es einen wichtigen politischen Anlass für diesen historischen Schritt gab. Dieses politische Motiv erwuchs aus dem Fall der Berliner Mauer und der Wiedervereinigung in Deutschland. Diese Vereinigung von Ost und West stärkte die deutsche Dominanz in Europa derart, dass man befürchtete, das Land würde seine nationalen Interessen vor seine Verantwortung für den Kontinent stellen. Es galt also, das neue Deutschland stark in der Gemeinschaft zu verankern, in Gestalt der Europäischen Union mit idealerweise einer einheitlichen Währung. Eine einheitliche Währung bedeutete schließlich, dass sich auch die finanziellen und wirtschaftlichen Interessen der einzelnen Länder aneinander angleichen würden. Damit kommen wir zu den wirtschaftlichen Gründen und zur Ausgestaltung der Währungsunion. Denn während das politische Kalkül sehr gut zu vertreten war, gab und gibt es viel Kritik an der Organisation der Währungsunion. Diese Kritik ist teilweise zutreffend. Die Kritiker verweisen oft auf die Theorie des optimalen Währungsraums, die 1961 von dem kanadischen Ökonomen Robert Mundell vorgestellt wurde. Darin bringt er deutlich zum Ausdruck, dass die Teilnahme an einer Währungsunion Vor- und Nachteile hat. Die Vorteile sind, kurz zusammengefasst, finanzielle Stabilität und wirtschaftliche Effizienz beim Handel. Der Nachteil ist der Verlust von Souveränität in der Geldpolitik – genauer gesagt: der Verlust der Möglichkeit, den Wechselkurs der eigenen Währung zu manipulieren, um die Handelsbilanz zu beeinflussen oder den Zinssatz als Reaktion auf wirtschaftliche Entwicklungen zu erhöhen oder zu senken. Ob eine Region sich dafür eignet, diesen großen Schritt der wirtschaftlichen Integration vorzunehmen und eine Währungsunion zu bilden, entscheidet sich an der Abwägung dieser Vor- und Nachteile.

Besagte Vorteile wurden in der Debatte zunehmend verdrängt. Aber finanzielle Stabilität und das Ausbleiben anhaltender Abwertungs„kriege" sind für Europa von echter wirtschaftlicher Relevanz. Seit der Auflösung des nach dem Zweiten Weltkrieg eingeführten Bretton-Woods-Systems in den frühen 1970er Jahren und der Entkopplung von US-Dollar und Gold haben wir monetäre Instabilität erlebt. Die Europäische Union suchte nach einer Alternative zur Beruhigung der Wechselkurse. Der europäische Wechselkursmechanismus (WKM)[1] koppelte eine Reihe von Währungen und legte bestimmte Bandbreiten fest, innerhalb derer die Wechselkurse schwanken konnten. Nach vielen Rückschlägen – die peinlichsten und teuersten waren der Rückzug des Pfunds aus dem WKM und 1992 der Fall der italienischen Lira – sollte der Euro für Stabilität sorgen. Wiederholte Währungskrisen führten nicht nur zu großer Unruhe an den Märkten, zu Spekulationen und Schäden für die Realwirtschaft, sondern auch zu ständigen politischen Spannungen zwischen den Ländern. Die Schaffung des gemeinsamen Binnenmarkts war ein weiteres Argument für die Einführung des Euro. Ein Land, das am Binnenmarkt teilnimmt, darf keine Zölle, Quoten oder andere wettbewerbsbeschränkende Maßnahmen mehr einsetzen, um seinen Inlandsmarkt zu schützen.

---

[1] auch: Exchange Rate Mechanism (ERM) (Anmkg. d. Red.).

Die Länder würden daher auf kompetitive Abwertungen ausweichen, sobald sich die Handelsbilanz verschlechtert. Ein Binnenmarkt ohne eine einheitliche Währung wäre also von Natur aus stets instabil. Der Euro war auch eine rationale Antwort auf diese reale Instabilität.

Die Nachteile des Beitritts zu einer einheitlichen Währung sind ebenso real. Das Land verliert die Möglichkeit, seine Währung gegenüber den konkurrierenden Nachbarländern abzuwerten, um die eigene Wettbewerbsposition zu verbessern und somit seine Exporte zu steigern. Ob eine derartige kompetitive Abwertung die wirtschaftlichen Perspektiven eines Landes langfristig verbessert, ist allerdings fraglich. Der niederländische Ökonom Willem Buiter scherzte einmal: „Wenn Abwertung eine solide makroökonomische Politik wäre, dann wäre Simbabwe jetzt ein wohlhabendes Land."

Die jüngere Heimatgeschichte kann diese These ebenfalls überzeugend widerlegen. 2017 veröffentlichte die Brüsseler Expertengruppe Bruegel einen ausgezeichneten Artikel über den Zusammenhang zwischen Wechselkurs und Beschäftigungswachstum in Italien in den letzten Jahrzehnten. Nach der Auflösung des Bretton-Woods-Systems erlebte Italien in den 1980er Jahren eine Phase hoher Inflation. In jener Zeit verlor die Lira durch Abwertung 33 % ihres Wertes. In der darauffolgenden Periode, in der die Lira bis 1992 an den WKM angebunden war, war der Wechselkurs recht stabil, die Wirtschaft wuchs stetig, die Inflation war niedrig und die Beschäftigung nahm zu. Bedingt durch den Verlust der Wettbewerbsfähigkeit aufgrund steigender Arbeitskosten wurde es unmöglich, die Lira im WKM zu halten. Nach dem Austritt aus dem WKM im Jahr 1992 verlor die Lira weitere 22 % ihres Wertes gegenüber der Deutschen Mark. Nach einer anfänglichen Belebung des Wirtschaftswachstums schlug dieses erneut in einen Rückgang um, das Beschäftigungsniveau sank deutlich. Turbulente Wechselkurse und wiederholte Abwertungen konnten weder die Wettbewerbsfähigkeit der italienischen Wirtschaft in den 1980er und 1990er Jahren strukturell verbessern und noch zu reale oder nachhaltige Wohlstandsgewinne herbeiführen.

Während der massiven Rezession in Griechenland wurde oft gesagt, dass es für Griechenland besser wäre, den Euro zu verlassen und eine eigene, wesentlich schwächere Währung einzuführen. Die Argumentation, dass dies die Wettbewerbsposition Griechenlands unmittelbar verbessert hätte, ist zwar richtig, aber letztlich wären die negativen Effekte viel stärker gewesen. Abgesehen von der politischen und ökonomischen Unsicherheit, die ein langfristiger Grexit mit sich gebracht hätte, wäre das Verhältnis von Exportvorteilen zu Importnachteilen für Griechenland sehr ungünstig gewesen. Das tägliche Leben wäre sofort viel teurer geworden. Das Vermögen von Privatpersonen, Unternehmen und Pensionsfonds hätte gegenüber dem Euro stark an Wert verloren. Zudem hätte die Staatsverschuldung natürlich weitgehend in Euro weiterbestanden und wäre daher im Verhältnis zum BIP deutlich gestiegen.

Das beantwortet noch nicht die Frage, ob der Beitritt mancher Länder wie Italien oder Griechenland zur WWU wirklich eine gute Idee war. Im Falle Griechenlands war zunächst einmal die Qualität der seinerzeit vorgelegten Zahlen völlig unzureichend und die Mitgliedstaaten hätten Eurostat viel eher die Befugnis einräumen müssen, die Qualität der Zahlen zu überprüfen. Die Kriterien für die Zulassung zur WWU – Inflation, Defizit und Verschuldung – waren keineswegs irrelevant, stellten aber eher eine Momentaufnahme dar und boten keinen Einblick in die strukturelle Ausgangsposition der Länder. Die strukturelle Finanzsituation der Staaten wurde erst später, während der Krise, in den Stabilitäts- und Wachstumspakt aufgenommen. Die Entscheidungsträger hatten alle Augen zugedrückt, damit die Realität dem politisch Gewollten nicht im Wege stand. Die damit verbundenen Risiken wären vermeidbar gewesen, wenn die Mitgliedstaaten – in dem Wissen, dass ihnen der einfache Weg der Abwertung versperrt war –, ihrer Verantwortung gerecht geworden wären und sie durch geeignete Reformen die strukturelle Situation ihrer Wirtschaft und ihrer öffentlichen Verwaltung verbessert hätten. In Italien wussten die politischen Entscheidungsträger, welche zusätzlichen Schritte die nationalen Behörden unternehmen mussten, um das Land diesmal fest im gemeinsamen Währungssystem zu verankern. Tatsächlich boten starke Wirtschaftszahlen und niedrige Zinsen eine ausgezeichnete Gelegenheit für Reformen, gleichzeitig ließen sie jedoch auch in fast allen anderen Euroländern die unmittelbare Notwendigkeit von Reformen hinter dem politischen Horizont verschwinden. Doch in Wahrheit waren diesen Ländern zu wenig Anpassungsfähigkeit und grundsätzlich zu starke Lohnsteigerungen zu eigen, was ihrer Wettbewerbsposition schadete. Sobald ein Land diesen Punkt erreicht hat, ist sein einziger Ausweg eine deutlich sichtbare und politisch kostspielige Korrektur durch innere Abwertung. Im Nachhinein gesehen waren diese Länder nicht bereit für die WWU.

Wie können wir die Summe der Vor- und Nachteile der Mitgliedschaft in einer Währungsunion berechnen? Die Möglichkeit, Wechselkurs und Zinssatz selbst zu steuern, wird eingetauscht gegen eine gemeinsame Geldpolitik. Wenn die Länder der Währungsunion eine gleichgerichtete konjunkturelle Entwicklung erleben – mit anderen Worten, wenn ihre wirtschaftlichen Ab- und Aufschwünge parallel verlaufen –, dann wird die gemeinsame Geldpolitik wirksam sein. Die Zentralbank wird je nach Zyklusphase die Wirtschaft ankurbeln oder dämpfen. Vor allem kleinere Länder, die in der Praxis ohnehin nicht über große geldpolitische Autonomie verfügen, können von dem viel größeren Umfang der gemeinsamen geldpolitischen Maßnahmen profitieren.

Wenn die Mitgliedstaaten unterschiedliche Konjunkturzyklen haben, ist die einheitliche Geldpolitik nicht geeignet, um die Bedürfnisse aller Mitgliedstaaten zu bedienen. Im Euroraum haben wir gesehen, dass die Krise fast alle Länder erfasste. Ausgenommen davon war Deutschland, die größte Volkswirtschaft. Die Erklärung dafür liegt in den sogenannten Hartz-Arbeitsmarktreformen, die die Regierung Schröder ab 2002 durchführte. Diese Reformen sorgten dafür, dass die Arbeitskosten in Deutschland – noch 1999 von *The Economist* als „der kranke Mann Europas" bezeichnet – jahrelang eingefroren wurden, während eines Jahrzehnts, in welchem die Lohnstückkosten im übrigen Europa in die Höhe schnellten. Deutschland hat damit seine relative Wettbewerbsfähigkeit im Zeitraum vor der Krise deutlich verbessert, während insbesondere die südlichen Mitgliedstaaten zuließen, dass sich ihre Wettbewerbsfähigkeit stark verschlechterte. Die expansive Geldpolitik der EZB, die auf die Erholung des Euroraums abzielte, war für die deutsche Wirtschaft in den vergangenen Jahren unnötig und möglicherweise auch deshalb so unbeliebt.

Wenn die wirtschaftliche Entwicklung von Land zu Land so unterschiedlich ist, ist es für die EZB schwierig, wirksame Maßnahmen für den gesamten Euroraum zu ergreifen. Einseitige wirtschaftliche Erschütterungen, bei denen ein oder einige wenige Länder der Währungsunion in eine Krise geraten und die anderen nicht, sind allerdings ein eher seltenes Phänomen. Für den Fall, dass solche Erschütterungen auftreten, verfügt die EZB über Instrumente, die in der Praxis hauptsächlich dazu dienen, vorübergehend schwächere Länder zu unterstützen, wenngleich sie allen Banken und Ländern zur Verfügung stehen. Die Programme SMP und OMT wurden mehr oder weniger zu diesem Zweck konzipiert. Es ist wichtig zu verhindern, dass die Geldpolitik strukturelle Schwächen verdeckt und den Ländern ermöglicht, Reformen hinauszuzögern. Darüber hinaus verfügt das Euro-Währungsgebiet mittlerweile über Mechanismen, um allmählich auftretende makroökonomische Probleme rechtzeitig zu erkennen und Druck auf die Mitgliedstaaten auszuüben, damit sie diese beseitigen.

Die Europäische Kommission und die EZB müssen ihre Rolle als Aufsichtsbehörden der Mitgliedstaaten bzw. Banken mit großer Wachsamkeit ausüben, insbesondere in Zeiten starken Wirtschaftswachstums. In den Krisenjahren wurden viele Strukturreformen auf den Weg gebracht. Die eigentliche Belastungsprobe ereignet sich jetzt, wo es der Wirtschaft in den meisten Euroländern wieder gut geht und Geld immer noch billig ist. Wir werden bald sehen, ob wir in der Lage sind, rechtzeitig einzugreifen, wenn sich neue Risiken abzeichnen.

Die notwendigen strukturellen Verbesserungen folgen aus dem anderen Teil von Mundells Theorie des optimalen Währungsraums. Mundell erklärte, dass das Gleichgewicht zwischen den erwähnten Vor- und Nachteilen der Teilnahme an einer Währungsunion von der Fähigkeit abhängt, die Lohn- und Preisbildung in den Mitgliedstaaten zu korrigieren, von der Freiheit der Arbeits- und Kapitalbewegungen zwischen den Mitgliedstaaten und schließlich von der Verfügbarkeit von Finanztransfers zwischen den Mitgliedstaaten, um einseitige Erschütterungen abzumildern. Wir hätten in den guten Jahren in allen drei Bereichen vorankommen müssen, um die Vorteile der Währungsunion zu nutzen und die Risiken in den Griff zu bekommen. Unter dem enormen Druck der Krise ist das schließlich doch noch geschehen. Es ist allerdings fraglich, ob das ausreichend war.

9.2 Während der Krise

Es wurde viel über die Mängel der Krisenpolitik im Euroraum geschrieben. Manche Kritikpunkte waren zutreffend, wie ich unten erläutere. Aber dem Zeitraum vor 2008 und insbesondere den Jahren von der Einführung des Euro bis zum Beginn der Krise wurde viel zu wenig Aufmerksamkeit geschenkt, sie wurden viel zu wenig analysiert. In diesem Buch habe ich dargestellt, dass die Finanzkrise nicht einfach aus dem Nichts entstand oder gar aus den Vereinigten Staaten zu uns herüberschwappte. In fast allen europäischen Ländern hatte uns die Kombination aus einer lang anhaltenden Wachstumsperiode, der Deregulierung des Finanzsektors und dauerhaft niedriger Zinsen einen Luxus beschert, mit dem wir nicht umgehen konnten. Es wäre viel zu kurz gegriffen, allein den Bankern die Schuld zu geben. Die nationalen Regierungen ließen es geschehen und viele heizten den kreditgetriebenen Wirtschaftsboom sogar noch an. Aufsichtsorgane und Politiker standen dem Finanzsektor viel zu nahe. Und der Finanzsektor war bei der Finanzierung unserer Wünsche viel zu kreativ und viel zu leichtsinnig hinsichtlich der ständig wachsenden Risiken. Befördert wurde dies zum Teil noch durch die perverse Bonuskultur nach dem Vorbild des angelsächsischen Finanzsektors. Die Risiken wurden implizit und später sogar explizit von den nationalen Regierungen – also den Steuerzahlern – getragen. Dieselben Steuerzahler, die als Arbeitnehmer und Bürger auch dank des Finanzsektors oft weit über ihre Verhältnisse gelebt hatten. In der felsenfesten Überzeugung, dass alles immer besser wird – bis der Schock einsetzte.

Der einzigartige europäische Sozialstaat, der in unterschiedlichen Ausprägungen in fast allen Euroländern existiert, wurde durch diese unverantwortliche Politik gefährdet. Wir hätten unser Sozialmodell in den guten Jahren reformieren sollen, um es abzusichern. Wir hätten rechtzeitig Maßnahmen ergreifen müssen, um die Gesundheit unserer Rentensysteme, Arbeitsmärkte und vor allem Immobilienmärkte zu gewährleisten und uns damit auf die demografische Alterung vorzubereiten, die derzeit in fast allen unseren Ländern stattfindet. Wir hätten das Wirtschaftswachstum und die niedrigen Zinsen nutzen sollen, um uns auf die Zukunft vorzubereiten, um unser Wachstum und unser Sozialmodell nachhaltig zu gestalten. Aber in den guten Jahren vor der Krise geschah das Gegenteil, und als das Geld ausging und die Wirtschaft schrumpfte, waren wir – unter den den denkbar schlechtesten Umständen – gezwungen, unsere öffentlichen Einrichtungen und die Gestaltung unseres Zusammenlebens grundlegend neu zu bewerten. Dass die Unzufriedenheit der Wähler, die eine jahrzehntelange Verbesserung ihrer Lebensbedingungen gewohnt waren, in ganz Europa rapide anstieg, ist daher nicht überraschend.

Das Cambridge Dictionary wählt jedes Jahr ein „Wort des Jahres". 2017 war es *populism* (dt.: Populismus). 2015 lautete das Wort *austerity*. Dieses Wort hat mehreren Bedeutungen, wie z. B. Strenge oder Sparsamkeit, aber in den letzten Jahren bezeichnete es insbesondere auch die drastische Sparpolitik. In der öffentlichen Debatte über die Krise ist die Frage nach den Ursachen allmählich von der Debatte über das Krisenmanagement übertönt worden. Und das Krisenmanagement im Euroraum wird oft in einem Wort zusammengefasst: *austerity.*

Tatsächlich war die Strategie der Euro-Gruppe weitaus differenzierter. Wir investierten viel Zeit und Geld in die Einrichtung eines ständigen Fonds zur Unterstützung von Ländern, die ihren Zugang zu Finanzmitteln verloren hatten. Dieser Fonds, der ESM, war 2012 gegründet worden. Ab Mitte 2012 war die Geldpolitik sehr großzügig und förderte Kreditvergabe und Investitionen. Ab Ende 2012 arbeiteten wir in einem beispiellosen Tempo an der Bankenunion, die 2014 gegründet wurde. Diese Initiative zog viel neues Kapital an und führte zu einem Anstieg der Kreditvergabe. Im Jahr 2015 haben wir mit dem Aufbau einer Kapitalmarktunion begonnen. Alle Euroländer, insbesondere die „Programmländer", haben strukturelle Verbesserungen vorgenommen, die dazu beitragen, die Rentensysteme langfristig bezahlbar zu halten. Es wurden Arbeitsmarktreformen durchgeführt, um die strukturelle Arbeitslosigkeit zu bekämpfen, insbesondere für junge Menschen. Das Investitionsklima hat sich in vielerlei Hinsicht verbessert, unterstützt durch den Juncker-Plan für Investitionen. Und ja, es wurden auch weitreichende Maßnahmen ergriffen, um die nationalen Haushalte schrittweise in Ordnung zu bringen.

Jetzt, wo das durchschnittliche Defizit im Euroraum auf unter 0,5 % gesunken ist und sogar die Staatsverschuldung in allen Ländern zurückgeht, können wir auf die Haushaltskürzungen zurückblicken. Die nationalen Defizite und Schulden schnellten nach 2008 aufgrund des Zusammenbruchs des Welthandels und der Serie von Bankenpleiten in die Höhe. Bald darauf wurde auf internationaler Ebene beschlossen, unseren Volkswirtschaften fiskalische Impulse zu geben, während die Steuereinnahmen rasch sanken. Diese Kombination von Faktoren ließ die Staatsverschuldung in Europa schnell steigen, während parallel die Belastung des internationalen Kapitalmarktes auf ein sehr hohes Maß anstieg. Letztlich verloren fünf Euroländer gänzlich ihren Zugang zu externen privaten Finanzierungen. In den Jahren 2009 und 2010 lag das durchschnittliche Defizit im Euroraum bei über sechs Prozent. Im Jahr 2011, als sich die Wirtschaft langsam wieder erholte, sank diese Zahl bereits auf vier Prozent. In den folgenden Jahren wurde das Defizit in sechs Schritten von je etwa 0,5 %punkten des BIP auf das heutige Niveau reduziert. Auch wenn dieser Prozess sehr allmählich verlief und die strengen Haushaltsregeln des Euroraums stark gedehnt wurden, um den Ländern mehr Flexibilität zu bieten, verursachen Sparmaßnahmen in Krisenzeiten natürlich immer soziales Leid und wirtschaftlichen Schaden.

Die Kritik vieler Ökonomen, dass Budgetkürzungen während der Krise das falsche Rezept seien, ist eine Form von *textbook economics*. Es war der britische Ökonom John Maynard Keynes, der argumentierte, dass die Regierungen eine antizyklische Finanzpolitik betreiben sollten. Mit anderen Worten: Wenn die Wirtschaft floriert, sollte die Regierung sie zügeln, und wenn es der Wirtschaft schlecht geht, sollte die Regierung aktiv die Zügel lockern. Durch Steuersenkungen oder erhöhte Ausgaben unterstützt die Regierung die wirtschaftliche Erholung. Aber es muss auch genügend Spielraum zur Verfügung stehen, um der Krise antizyklisch die Stirn zu bieten.

Die Tragödie des Euroraums lag darin, dass einige nationale Regierungen in den guten Jahren Defizite hatten auflaufen und die Staatsverschuldung hatten steigen lassen und dass in fast jedem Land die privaten Schulden der Haushalte und Unternehmen in die Höhe geschnellt waren. In den ersten Jahren verfolgte man einen Ansatz wie aus dem Lehrbuch. Automatische Stabilisatoren kamen zum Einsatz. Die Haushaltsdefizite und die Staatsverschuldung stiegen rapide an. Das lag zum Teil an der Art und Weise der Bankenrettung, zum Teil an der akuten Rezession im Jahr 2009, die zu höheren Sozialausgaben führte, und zum Teil auch an einer bewusst expansiven Politik mit massiven öffentlichen Investitionen. So überstand der Euroraum den ersten Schlag, und im Jahr 2011 sprach man schon wieder von einer Erholung. Aber dieser Aufschwung war nur oberflächlich. In vielen Ländern hatte sich die finanzielle Situation so verschlechtert und war die Wirtschaft so sehr geschwächt, dass die zugrunde liegenden strukturellen Probleme zum Vorschein kamen. Und zu Beginn der zweiten Krise, der Schuldenkrise, verfügten die meisten Regierungen des Euroraums nicht mehr über die Mittel, um sich aus der Krise „herauszuinvestieren". Fünf Länder verloren komplett den Zugang zu den Finanzmärkten, aber fast jedes Land musste Maßnahmen ergreifen, um sich das Vertrauen seiner Geldgeber zu erhalten. Die Niederlande und einige andere Länder bewegten sich am Rande des Abgrunds. Wären die Maßnahmen zur Erhaltung der ING Bank gescheitert oder wäre nicht angemessen eingegriffen worden, um den Haushalt unter Kontrolle zu halten, wäre auch die finanzielle Tragfähigkeit der Niederlande Gefahr gelaufen.

Die bittere Wahrheit war, dass das Aufschieben notwendiger Maßnahmen häufig nicht mehr möglich war. In Griechenland, das 2010 einen Haushaltssaldo von −15 % und eine Staatsverschuldung von 120 % aufwies, gab es natürlich keine Möglichkeit für antizyklische Haushaltsimpulse, wie sie die Wirtschaftslehrbücher fordern. Die Situation war in ändern Ländern ähnlich, wenn auch weniger dramatisch. Infolgedessen wurde die vor der Krise verfolgte prozyklische Politik während der Krise fortgesetzt. Der einzige Weg, um so etwas in der nächsten Wirtschaftskrise zu verhindern, besteht darin, in den guten Jahren, wie wir sie nun haben, Ressourcen für die schlechten Jahre aufzubauen, die mit Sicherheit kommen werden. Aber die prozyklische Politik wird schon wieder spürbar.

Die Maßnahmen und Reformen der Krisenjahre dienten auch dazu, die teilweise exorbitanten Lohn- und Rentenerhöhungen im Euroraum in den Jahren nach der Einführung des Euro und vor 2008 zu korrigieren. Eine Zahl, die oft als Beweis für das Scheitern des Lösungsansatzes für die Griechenlandkrise angeführt wird, ist der Rückgang des Wohlstands um 25 %. In den Jahren vor der Krise war das durchschnittliche verfügbare Einkommen jedoch um mehr als 40 % gestiegen. Dieser Wohlstand auf Kredit war nicht aufrechtzuerhalten. Tatsächlich musste das Wohlstandsniveau an die Realwirtschaft angepasst werden. Eine solche Korrektur wird auch als interne Abwertung bezeichnet – eine Verbesserung der relativen Wettbewerbsfähigkeit durch eine Korrektur des Lohn- und Preisniveaus.

Leider verlief die Korrektur des Preisniveaus meistens viel langsamer als die Korrektur des Einkommensniveaus. Dies hätte bei den mit den Ländern ausgehandelten Programmen stärker berücksichtigt werden müssen. Auch hierfür ist Griechenland das deutlichste Beispiel. Die Lebenshaltungskosten sind dort im Vergleich zum Rest des Euroraums immer noch hoch. Das hat mit der stark geschützten Wirtschaft zu tun, in der Berufe, Unternehmen und Sektoren gegen neue Konkurrenten abgeschirmt werden. Eine Reihe von Regierungen hatte auf diese Weise die ihr jeweils nahestehenden Interessengruppen bedient. Die durch diese Politik bewusst geschaffenen Monopole und Oligopole führten zu hohen Preisen für die griechischen Verbraucher. Ein iPhone 6 s kostet in Griechenland zehn Prozent mehr als in Deutschland. Medikamente sind manchmal 40 % teurer als in anderen Ländern des Euroraums. Der amerikanische Ökonom Joseph Stiglitz hat in seinem Buch über den Euro [1] die Maßnahmen kritisiert, die auf diese „triviale" Profitmacherei abzielten. Die Troika hätte sich auf die Handelsbilanz und damit auf die Exportpreise und nicht auf das inländische Preisniveau konzentrieren sollen. Aus meiner Sicht irrt Stiglitz hier. Entsprechende Reformen der Produktmärkte hätten früher und schneller erfolgen müssen, damit die tatsächliche Kaufkraft der griechischen Bevölkerung nicht so stark sinkt. Produktmarktreformen

9 Rückblick

vor den Arbeitsmarktreformen durchzuführen könnte eine wichtige Lektion für zukünftige Krisen sein.

Es wurde auch viel Kritik an der Wirksamkeit der Notfallprogramme und der Effizienz der Troika geäußert. Wenn wir auf die fünf Programme zurückblicken, müssen wir feststellen, dass die Ergebnisse und das Tempo, in dem sie erreicht wurden, sehr unterschiedlich ausfallen. Ein entscheidender Faktor für das Gelingen oder Scheitern ist die politische Eigenverantwortung: die intrinsische Motivation, Reformen im Interesse des eigenen Landes durchzuführen. Eine weitere Frage ist, ob die politischen Führer des Landes in der Lage und bereit sind, die Verantwortung für unpopuläre Maßnahmen zu übernehmen. Viele Reformen haben die Funktionsfähigkeit der Wirtschaft und des öffentlichen Sektors verbessert. Aber im Moment der Entscheidung sind die etablierten, geschützten Interessen, die betroffen sind, stets sichtbarer und hörbarer präsent als die Vorteile der Reform, die nicht immer sofort wahrnehmbar sind und oft einer viel größeren Gruppe zugutekommen. In einem politischen System, in dem etablierte Interessengruppen zur direkten Klientel der Politik gehören, sind echte Reformen im öffentlichen Interesse eine viel größere Herausforderung.

Ein weiterer Faktor für den Erfolg oder Misserfolg von Reformen ist die institutionelle Macht oder auch Ohnmacht. Bei Letzterer denke ich an Fälle, in denen staatliche Organisationen zu schwach sind, um Veränderungen durchzuführen. Die Hilfsprogramme haben dieses Problem unterschätzt. Zu viele Maßnahmen, größere und kleinere, wurden ohne klare Prioritäten auf dem Papier durchgeführt. Auch das traf im Fall Griechenlands zu. Die Umsetzung in die Praxis erfordert einen effektiven und effizienten öffentlichen Dienst. Die Programmländer boten in dieser Hinsicht ein sehr unterschiedliches Bild.

Kritik gab es nicht nur hinsichtlich der Gestaltung der Programme, sondern auch hinsichtlich der Organisation der Troika und der koordinierenden Rolle der Euro-Gruppe bzw. des Europäischen Rates. Wenn wir auf die ersten Jahre der Euro-Krise zurückblicken, können wir feststellen, dass sie unnötig eskaliert ist, weil einige führende Politiker das Problem unterschätzten, den europäischen Institutionen die entsprechende Erfahrung fehlte und zu lange am No-Bailout-Prinzip für Euroländer festgehalten wurde. Zudem war die europäische Methode zur Bankenrettung teuer und ineffektiv. Der Euroraum hat mittlerweile zahlreiche neue Institutionen wie den ständigen Notfallfonds ESM und die der EZB untergeordnete europäische Bankenaufsicht ins Leben gerufen. Außerdem wurden die Kompetenzen der Europäischen Kommission stark erweitert. Die Zusammenarbeit zwischen den Institutionen, einschließlich des IWF, hat sich während der Durchführung der Programme verbessert. Die ersten beiden Programme für Griechenland haben alle Parteien viel Nerven gekostet und führten zu großen Spannungen, sowohl in Athen und Brüssel als auch in Washington. Fünf Jahre nach seiner Gründung hat sich der ESM stark weiterentwickelt und spielt heute eine wichtige Rolle.

Es gab viele wiederholt geführte Debatten zwischen den europäischen Institutionen und dem IWF über wesentliche Inhalte des griechischen Programms. So favorisierte der IWF beispielsweise eine schnellere und durchgreifendere Intervention in Wirtschaft und Regierung. Ein Beispiel dafür waren die Rentenreformen. Die anderen Institutionen wiesen zu Recht darauf hin, dass Griechenland nicht über die notwendige soziale und institutionelle Leistungsfähigkeit verfügte. Ein anderer Fall, in dem der vorsichtige IWF viele Jahre lang Recht hatte, sind die Wachstumsprognosen für Griechenland. Je optimistischer sie waren, desto weniger Eingriffe in den Haushalt wären noch erforderlich gewesen. Der IWF zeigte sich lange Zeit pessimistisch und erhöhte damit den Druck, umfassendere Maßnahmen zu ergreifen. Hier gab es auch einen klaren Zusammenhang mit der Verschuldung. Der IWF hielt seinen europäischen Partnern immer wieder vor Augen, dass die Staatsverschuldung weiter ansteigen würde, wenn durchgreifende Reformen unterblieben oder das Wachstum hinter den Erwartungen zurückbliebe (wie vom IWF vorhergesagt). Dann gäbe es keine Möglichkeit, Griechenland ohne Schuldenerlass oder zumindest Schuldenerleichterung wieder auf die Beine zu helfen. Damit hatten die IWF-Experten in der Anfangsphase der Schuldenkrise Recht.

Im Jahr 2010 befand sich der größte Teil der griechischen Staatsschulden noch in den Händen privater Gläubiger und eine Umschuldung wäre das Gebot der Stunde gewesen. Aber als die Umschuldung im März 2012 endlich stattfand, war sie in gewisser Weise *too little, too late*. Bis dahin war ein Großteil der privaten Schulden durch Mittel aus europäischen Notfallkrediten abgelöst worden. Inzwischen befanden sich 130 der 350 Mrd. EUR an griechischen Schulden in den Händen der europäischen Steuerzahler. Aber 2010 hätte die gesamte Verschuldung in Höhe von damals noch 300 Mrd. EUR auf Kosten der Investoren umstrukturiert werden können, die sich, angelockt durch die hohen Renditen, bewusst für dieses Risiko entschieden hatten. Dass das damals nicht geschah, lag an Argumenten, die einer nachträglichen Betrachtung nicht standhalten. So befürchtete man beispielsweise ein Ansteckungsrisiko: Bei einer Umschuldung der griechischen Schulden würden die Staatsanleihen anderer Länder folgen und die Investoren würden sich daraufhin aus Europa zurückziehen. Aber die griechische Staatsverschuldung war auf einem einzigartig hohen Niveau, ebenso wie das griechische Haushalts- und

Leistungsbilanzdefizit. Als der private Schuldenschnitt endlich stattfand, blieb die befürchtete blinde Panik aus. Doch dass jahrelang eine Umschuldung der einen oder anderen Art gedroht hatte, hatte die Nerven der internationalen Investoren schwer auf die Probe gestellt. Eine Umschuldung sollte kein Automatismus sein, sondern ein Instrument, das bei Bedarf eingesetzt wird, um die Schulden auf lange Sicht nachhaltig zu machen. Die Eurozone muss dringend eine Methode und ein Verfahren für die Umschuldung verbindlich festlegen, damit wir beim nächsten Mal schnell handeln können.

Ein weiteres Argument gegen die Umschuldung war, dass der Ausfall eines einzelnen Eurolandes das Vertrauen in den Euro und das Fortbestehen des Euroraums gefährden würde. Auch diese Angst erwies sich allen Unkenrufen zum Trotz als unbegründet. Vorhersehbare und kontrollierte Umschuldungen müssen die Märkte nicht zwangsläufig erschüttern. Schließlich gab es noch das oft gehörte Argument, dass die Euroländer niemals „dem Druck der Finanzmärkte nachgeben" dürften. Dieses Argument schien mir nie besonders stichhaltig. Gerade wenn man dem Marktdruck nicht nachgeben will, muss man bereit sein, die Marktteilnehmer ihren Teil der Verantwortung übernehmen zu lassen. Das Risiko, diejenigen zu belohnen, die auf einen Ausfall spekulieren, wird umso größer, je mehr Zeit zwischen der ersten Ankündigung einer Umschuldung und der endgültigen Entscheidung vergeht. Genau das passierte hier. Deshalb müssen wir im Voraus klären, wie der Euroraum in einer zukünftigen Krise mit Ländern verfahren wird, deren Schulden nicht mehr tragbar sind.

Ein ähnlicher Fehler wurde immer wieder bei den griechischen Banken gemacht. Als schließlich 2012 die privaten Gläubiger des griechischen Staates einen Teil der Rechnung zahlen mussten, waren darunter auch griechische Banken.

Die Löcher, die dadurch in ihren Bilanzen entstanden, wurden erneut mit europäischen öffentlichen Geldern gestopft. Auch hier stellt sich die Frage, warum man nicht die Eigentümer der Banken, die Aktionäre und Anleihegläubiger, die Verluste tragen ließ. Später, im Jahr 2015, als die Banken wieder rekapitalisiert werden mussten, forderte die Euro-Gruppe genau dies, eine Entscheidung, die damals die Schulden der griechischen Regierung um rund 20 Mrd. EUR reduzierte.

Wären zum Ausgleich der Verluste bzw. der Kapitalausfälle der Banken von Anfang an hauptsächlich private Investoren herangezogen worden, wäre die griechische Staatsverschuldung deutlich geringer ausgefallen.

Ich gebe zu: Hinterher ist man immer klüger. Hätte ich 2010 die Entscheidung treffen müssen, hätte ich mir auch gründlich überlegt, ob ich das Risiko eines vollständigen Zusammenbruchs des Euroraums verantworten will. Damals hatten wir das Trauma von Lehman Brothers noch frisch in unseren Köpfen. Es herrschte ein breiter Konsens darüber, dass Banken und Regierungen mit öffentlichen Geldern gerettet werden mussten – koste es, was es wolle –, um eine weitere Panik zu verhindern. Eines ist sicher: Wir sind jetzt in der Lage, für die Zukunft bessere Vereinbarungen zu treffen. Für die Banken haben wir dies mit der Bankenunion bereits erreicht. Was die Umstrukturierung nicht nachhaltiger Staatsschulden betrifft, so ist die Debatte noch im Gange. Wir sollten schnell zu einem Ergebnis kommen, denn im schlimmsten Fall könnte sich eine Pattsituation wie 2010–2012 wiederholen.

Das Thema der unhaltbaren Schulden Griechenlands bleibt relevant, obwohl es weniger dringlich geworden ist. Fast alle privaten Schulden des Landes – mit Ausnahme der im März 2012 abgeschriebenen – wurden inzwischen von den europäischen Notfallfonds übernommen. Der größte

Teil der griechischen Schulden befindet sich heute im Besitz öffentlicher Akteure – insbesondere der europäischen Mitgliedstaaten (durch bilaterale Kredite), des IWF, der EFSF und des ESM. Der IWF verbietet Schuldenerlasse rigoros; seine Regeln erlauben sie unter keinen Umständen. Deshalb geht es, wann immer wir heute von einem Schuldenerlass für Griechenland sprechen, um Beiträge der Steuerzahler im Euroraum.

Die Euro-Gruppe war stets bereit, Griechenland weiterhin billige Finanzmittel zur Verfügung zu stellen, solange die jeweilige griechische Regierung bereit war, die tief sitzenden Probleme ernsthaft anzugehen. Aber es gab Momente, in denen von diesem Vertrauen nichts mehr übrig war. Inzwischen ist es glücklicherweise wiederhergestellt. Noch immer stößt die Idee des Schuldenerlasses auf nachvollziehbare Einwände. Sie stünde nicht nur im Widerspruch zum Grundsatz, dass jedes Land letztlich für seine eigenen Schulden verantwortlich ist, sondern würde auch den Zynismus in Bezug auf die Einhaltung von Verpflichtungen schüren. Wenn ein Land sich bei anderen Ländern Geld leiht, muss es dieses grundsätzlich zurückzahlen. Auch das ist eine Frage des Vertrauens. Über die Bedingungen des Darlehens kann man sprechen, solange das Vertrauen vorhanden ist.

In den letzten Jahren wurde viel getan, um die griechische Schuldenlast auf ein tragbares Niveau zu bringen. Zu diesem Zweck wurde der wirtschaftliche „Wert" der Schulden in mehreren Schritten reduziert. Dies betrifft den Barwert aller erwarteten zukünftigen Kosten für Griechenland – sowohl Zinszahlungen als auch Tilgungen – während der Laufzeit der Darlehen. Ein erster Schuldenerlass fand bereits zwischen 2010 und 2012 statt, als die Euroländer die Bedingungen für die bilateralen Darlehen Griechenlands lockerten. Wie oben erwähnt war das zweite Mal Mitte 2012, als private Anleihegläubiger gezwungen waren, ihre alten Anleihen gegen neue Schuldtitel zu neuen Bedingungen umzutauschen. Bezogen auf den Nettobarwert dieser Darlehen mussten die Gläubiger einen Verlust von 80 % hinnehmen. Der dritte Schuldenerlass fand Ende 2012 statt, kurz nachdem ich zum Finanzminister ernannt worden war. Die gesamte Finanzierung des zweiten Programms wurde damals überarbeitet. Die Laufzeiten der Darlehen wurden verlängert, die Zinszahlungen um einen bestimmten Zeitraum verschoben und die Zinssätze und Gebühren gesenkt. Im Hinblick auf den Nettobarwert ergab sich daraus ein Schuldenabbau von 16,9 % des BIP. Im Jahr 2017 reduzierte ein ESM-Paket von „kurzfristigen Maßnahmen" die Schuldenlast erneut. Diesmal entsprach der Nettobarwert einem Schuldenabbau von 8,7 % des BIP.

Aber die Schuldenlast ist nach wie vor hoch – in einigen Jahren zu hoch. Wenn das Wachstum tatsächlich so gut anzieht, wie es die Europäische Kommission jetzt prognostiziert, wird die Verschuldung in Prozent des BIP natürlich sinken. Aber das ist nicht genug. Deshalb hat die Euro-Gruppe in den Jahren 2016 und 2017 Vereinbarungen für den Zeitraum nach dem Hilfsprogramm getroffen. Im Kern läuft es darauf hinaus, dass die Euroländer dazu beitragen werden, die Schuldenlast auf einem tragbaren Niveau zu halten, wenn es Griechenland gelingt, seinen Haushalt ordnungsgemäß zu verwalten und die Reformen im Rahmen des dritten Programms umzusetzen. Ordnungsgemäße Haushaltsführung bedeutet, dass der primäre Haushaltsüberschuss grundsätzlich groß genug ist, um Schulden zu bedienen, also Zinsen und Tilgung zu zahlen. Falls dies in einigen Jahren – vielleicht aufgrund extern bedingter wirtschaftlicher Schwierigkeiten – nicht mehr möglich sein sollte, sind die Euroländer bereit, die Rückzahlungsfrist weiter zu verlängern. Wenn das Wirtschaftswachstum die Erwartungen übersteigt, kann

Griechenland seine Schulden schneller zurückzahlen. Die Franzosen spielten eine Schlüsselrolle bei der Ausarbeitung der Einzelheiten dieses „Mechanismus". Ab August 2018 stand Griechenland finanziell wieder auf eigenen Beinen. Ein Zeichen des wiedergewonnenen Vertrauens in das Land war die vorangegangene Entscheidung der Euro-Gruppe vom 21. Juni, einen erneuten Schuldenerlass zu gewähren, diesmal in Form einer zehnjährigen zinslosen Periode und einer Verlängerung der Laufzeit der Schulden auf durchschnittlich 40 Jahre. Dies veranlasste Moody's, sein Rating für die Kreditwürdigkeit Griechenlands heraufzustufen. Die Zukunftsperspektiven haben sich verbessert, aber wir haben noch einen langen Weg vor uns.

Anfang 2016 habe ich als Vorsitzender des ESM-Gouverneursrates die österreichische Ökonomin Gertrude Tumpel-Gugerell gebeten, als unabhängige Evaluatorin der EFSF- und ESM-Programme für Griechenland, Irland, Spanien, Portugal und Zypern zu fungieren. In ihrem Abschlussbericht stellt sie fest, dass die Programme ihr Hauptziel erreicht haben: die Stabilisierung der betroffenen Länder und damit des gesamten Euroraums. Die EFSF und der ESM haben die Finanzierungslücke des Euroraums in der Krise effektiv und effizient geschlossen und damit die Finanzierungskosten für die Programmländer deutlich gesenkt. Tumpel-Gugerell weist auch darauf hin, dass in der Vielfalt der von den Programmländern geforderten Maßnahmen nicht immer deutlich war, wie Letztere dabei helfen sollten, den Marktzugang wieder zu erlangen. Auch die Prioritätensetzung ist verbesserungswürdig. Eine weitere große Schwachstelle des Hilfskonzeptes ist und bleibt, dass die Regierungen so spät wie möglich um Unterstützung bitten wollen. Dadurch sinkt das Vertrauen in das Land in der Zwischenzeit weiter, Investoren und Kontoinhaber ziehen sich zurück und die Kosten für die „Rettung" werden noch höher.

Sie kritisiert weiter, dass die Sanierung der Banken längst nicht immer ausreichende Priorität erhalten hat. Das erfolgreiche Hilfsprogramm für Spanien konzentrierte sich ausschließlich auf dieses Thema, aber das Programm für Portugal vernachlässigte den Bankensektor völlig, der daher nach Ablauf des Programms angegangen werden musste – ein klarer Konzeptionsfehler. So wie die Banken als Dreh- und Angelpunkt im Zentrum der Krise standen, müssen sie auch zum zentralen Motor der Erholung werden. Mit Banken, die angeschlagen dahinsiechen, wird die wirtschaftliche Erholung lange auf sich warten lassen. Abschließend weist Tumpel-Gugerell sehr zu Recht auf den holprigen Ablauf der Hilfsprogramme hin. Am Ende eines Programms ist dem betroffenen Land oft die Motivation ausgegangen. Letzte, manchmal sehr wichtige Reformen wurden nicht abgeschlossen, wie beispielsweise die schleppend ablaufende Reform des Insolvenzrechts in Zypern. Diese Reform ist wichtig, um notleidende Kredite zu reduzieren, die die Bilanzen der zyprischen Banken immer noch stark belasten. Auch das zweite Programm für Griechenland wurde nie offiziell abgeschlossen.

Die Exit-Strategie, mit der die Länder ihre Programme beenden, hat bisher allerdings gut funktioniert. Irland ging mit gutem Beispiel voran, indem es das Programm im Dezember 2013 nach drei Jahren beendete. Das Land zeigte ein vorbildliches Verantwortungsbewusstsein. Eine umfassende parlamentarische Untersuchung unter Beteiligung des späteren ESM-Direktors Klaus Regling legte den Grundstein für ein starkes Verantwortungsbewusstsein für ein eigenes Konjunkturprogramm. Man hatte nicht mit dem Finger auf Europa oder die Troika gezeigt. Michael Noonan, mein erfahrener irischer Amtskollege, der sein Land aus der Krise geführt hatte, fand gegen Ende des irischen Programms glasklare Worte: *„We can't go mad again."*

Insgesamt hatte Irland Darlehen in Höhe von 22,5 Mrd. EUR vom EFSF, dem IWF und einigen Nachbarländern aufgenommen. Mit einer Verschuldung von 124 % des BIP und Barreserven von 20 Mrd. EUR verließ Irland das Programm und stand wieder auf eigenen Füßen. Nach Rücksprache mit allen Beteiligten – laut Christine Lagarde beriet man sich sogar mit dem Concierge[2] des IWF – beschloss die irische Regierung, keine vorsorgliche Kreditlinie zu beantragen. Ein Zeichen des Selbstvertrauens, das viel Anerkennung erhielt und sich als berechtigt erwies. Irland hat jetzt die höchsten Wachstumsraten im Euroraum und seine Verschuldung auf etwa 72 % des BIP reduziert. Für eine Volkswirtschaft wie die irische, die klein, offen und daher verletzbar ist, ist dieser Prozentsatz aber immer noch viel zu hoch. Der ehemalige Minister Noonan hat daher 45 % als Ziel für 2025 gesetzt. Die irische Wirtschaft ist derzeit mit einem Wachstum von 4,8 % im Jahr 2017 in der Eurozone führend. Die Steigerung der Arbeitsproduktivität liegt zwischen 1,5 und zwei Prozent, die Arbeitslosigkeit liegt wieder bei sechs Prozent.

Portugal war das zweite Land, das es geschafft hat, sein Programm zu beenden. Die portugiesische Wirtschaft schwächelte schon vor der Krise mit jahrelang geringem Wachstum, hohen Staatsdefiziten und steigenden öffentlichen und privaten Schulden. Das Hilfsprogramm initiierte den notwendigen Modernisierungsprozess in der Wirtschaft und im öffentlichen Sektor. Das Programm lief wie geplant von April 2011 bis Mai 2014. Auch Portugal konnte das Programm dank eines ausreichenden Liquiditätspuffers ohne vorsorgliche Kreditlinie beenden. Ministerin Maria Luís Albuquerque kündigte an, dass Portugal

---

[2]Wörtlich: Hausmeister/Portier (Anmkg. d. Red.).

die Reformagenda eigenständig weiterführen werde. Nach der Wahl im Jahr darauf hatte Premierminister Pedro Passos Coelho zwar noch die größte Partei, aber es gelang ihm nicht, eine mehrheitsfähige Koalition zu bilden. Stattdessen übernahm eine linke Koalition die Führung. Albuquerque, der Portugal mit großer Ruhe und Ausdauer erfolgreich aus der Krise und dem Rettungsprogramm geführt hatte, wurde durch Mário Centeno ersetzt. Trotz der scharfen Kritik, die man zuvor aus den Reihen der Opposition gehört hatte, setzte die neue Regierung die meisten Reformen und Haushaltskürzungen fort. Aber es sind noch weitere Schritte erforderlich.

Die Probleme des Bankensektors standen nicht im portugiesischen Programm – ein ganz klares Versäumnis. In seiner eigenen Evaluation schrieb der IWF, dass diese Entscheidung gerechtfertigt war, da es keine akute Bankenkrise gab. Aber mehrere portugiesische Banken waren fast schon Zombies, und das behinderte die Erholung der Wirtschaft lange. Im Sommer 2014, nur wenige Monate nach Ende des Programms, führten die Probleme bei den portugiesischen Banken wieder zu düsteren Schlagzeilen in den europäischen Zeitungen. Zu Beginn der Krise hatte die damalige portugiesische Regierung bereits zwei Banken, die BPP[3] und die BPN[4], mit öffentlichen Mitteln gerettet. Im Jahr 2014 folgte die große Banco Espírito Santo (BES), in die 4,4 Mrd. EUR aus einem Bankenabwicklungsfonds flossen. Die portugiesische Regierung hatte das Geld für diesen Fonds zur Verfügung gestellt, der von den Banken des Landes gemeinsam verwaltet wurde. Die BES wurde aufgeteilt in eine *Bad Bank* und einen gesunden Teil, *Novo Banco*. Anleihegläubiger, darunter

---

[3]Banco Privado Português (Anmkg. d. Red.).
[4]Banco Português de Negócios (Anmkg. d. Red.).

Großinvestoren wie BlackRock und PIMCO, wurden am Bail-in beteiligt und verloren einen Großteil ihrer Werte. Diese ausländischen Investoren protestierten, weil andere, portugiesische Investoren ihrer Meinung nach zu Unrecht aus dem Bail-in herausgehalten worden waren. Im März 2017 wurde Novo Banco an die amerikanische Beteiligungsgesellschaft Lone Star verkauft. Außerdem musste 2015 auch die Banif[5] gerettet werden.

All dies zeigt nochmals deutlich, dass die Lösung von Problemen mit den Bankbilanzen immer ein entscheidender Schritt zur schnellen und dauerhaften Erholung ist. Das gilt insbesondere, wenn dazu ein Hilfsprogramm erforderlich ist. Die portugiesische Wirtschaft zeigt momentan eine starke Leistung mit einem Wachstum von 2,6 % im Jahr 2017 und einem Rückgang der Arbeitslosigkeit. Aber die Verschuldung liegt noch immer bei 126 % des BIP. Die Arbeitskosten steigen jetzt wieder viel schneller als der Durchschnitt im Euroraum, was das Beschäftigungswachstum verlangsamt.

Das spanische Hilfsprogramm war anders konzipiert. Es war von kurzer Dauer und lief nur etwas über ein Jahr. Es konzentrierte sich ausschließlich auf die Probleme im Bankensektor. Zu Beginn der Finanzkrise war das spanische Defizit auf 11 % gestiegen. Nachdem die Immobilienblase geplatzt war, musste die Banken enorme Verluste verzeichnen und auch viele spanische Hauskäufer standen mit hohen Schulden da. Die Banken verloren den Zugang zur Fremdfinanzierung. Obwohl die spanische Regierung selbst nie ihren Zugang zu den internationalen Finanzmärkten verlor, wurden die Finanzierungsbedingungen immer anspruchsvoller. Dies machte es Spanien unmöglich, die Banken aus eigener

---

[5]Banco Internacional do Funchal (Anmkg. d. Red.).

Kraft weiter zu rekapitalisieren. Zunächst nahm das Land den ESM in Anspruch. Der IWF war an diesen maximal 100 Mrd. EUR, die die spanische Regierung zur Unterstützung der Banken aufnehmen konnte, nicht beteiligt. Am Ende wurden „nur" 41 Mrd. EUR benötigt. Gleichzeitig hat Spanien große Anpassungen und Reformen durchgeführt, dafür aber vor allem eigene Mittel eingesetzt. Seit dem Abschluss des Programms hat Spanien bereits acht Rückzahlungen geleistet und seine Schulden gegenüber dem ESM bis Anfang 2018 auf 27 Mrd. EUR reduziert. Die gesamte Staatsverschuldung liegt immer noch bei rund 98 %. Das Wachstum ist in den letzten Jahren auf ein hohes Niveau zurückgekehrt und lag 2017 bei 3,1 %. Darüber hinaus findet dieses Wachstum auf einer breiten Basis statt, d. h., Exporte, Investitionen und der inländische Konsum nehmen zu. Aber die Entwicklung der Arbeitsproduktivität steht fast still und die Arbeitslosigkeit liegt immer noch bei 17,2 %, auf einem hohen Niveau auch im Vergleich zu Portugal.

Dem Programm für Zypern habe ich in diesem Buch ein eigenes Kapitel gewidmet, daher reichen hier ein paar kurze Bemerkungen aus. Auch im Fall Zyperns stand der Bankensektor im Mittelpunkt der Krise. Das Programm lief von März 2013 bis März 2016. Das Paket mit den Notfallkrediten wurde bewusst relativ klein gehalten, sodass die zyprische Staatsverschuldung überschaubar blieb. Das Land durfte maximal zehn Milliarden Euro aufnehmen, und in diesem Fall wurde die Rekapitalisierung von Banken – also der Ausgleich privater Verluste – ausgeschlossen. Stattdessen fand ein tiefer Bail-in statt. Am Ende wurden sieben Milliarden Euro an Krediten in Anspruch genommen. Das Programm richtete sich nicht nur an die Banken, sondern umfasste auch Maßnahmen zur Sanierung des Haushalts und zur Wiederbelebung der Wirtschaft. Auch Zypern konnte das Programm ohne zusätzliche Hilfe oder eine Kreditlinie beenden. Inzwischen ist der Staatshaushalt vollständig in Ordnung und die Staatsverschuldung sinkt rapide. Das Wachstum ist stark, rund 3,5 %, aber die Arbeitslosigkeit liegt immer noch bei elf Prozent. Einige Banken, die nationale Regierung und die Aufsichtsbehörden werden noch viel Druck ausüben müssen, um die Belastung durch uneinbringliche Forderungen zu verringern, die nach wie vor ein großes Problem darstellen.

Lassen Sie mich diese Diskussion über die Förderprogramme mit ein paar Worten über das Programm abschließen, das es nie gegeben hat: Slowenien. Etwa zur gleichen Zeit, als wir mit einer akuten Krise in Zypern konfrontiert waren, verschlechterte sich die Situation in Slowenien rapide. Viele Parteien in Brüssel wollten so schnell wie möglich ein slowenisches Programm.

Slowenien wurde 2004 Mitglied der Europäischen Union und trat 2007 dem Euroraum bei. Wie viele südliche Länder erlebte es in dieser Zeit einen großen Kapitalzufluss. Viele dieser Kredite wurden aufgrund der engen Verbindungen zwischen den ehemals staatlichen Unternehmen, den staatlichen Banken und der Politik niemals einer kritischen Prüfung unterzogen. Slowenien war diesbezüglich kein Einzelfall. Nach 2008 wich die Phase des anhaltenden Wachstums einer tiefen Rezession. Das Bruttosozialprodukt war von seinem Höchststand von vor der Krise um mehr als 11 % gesunken. Die drei staatlichen Banken – Ljubljanska Banka, Nova Kreditna Banka Maribor und Abanka – befanden sich wegen notleidender Kredite in einer besonders schwierigen Lage. 2012 unterzog die Europäische Kommission Slowenien einer verstärkten Überwachung. Der Stresstest und die umfassende Bewertung (AQR) der Bankaktiva Ende November 2013 resultierten in großer Besorgnis. Die tatsächlichen Bankdefizite erwiesen sich als doppelt so hoch wie bis dahin erfasst. Der Abfluss der Vermögenswerte war kurz davor, sich in einen *Bank Run* zu verwandeln. Ende 2012 wurde ein neues Gesetz zur Stabilität der Banken verabschiedet, für die Rekapitalisierung der Banken wurden 4 Mrd. EUR an Staatsgarantien sowie 1 Mrd. EUR bereitgestellt.

Im März 2013 trat eine neue Mitte-Links-Regierung an unter der Leitung von Alenka Bratušek, ehemalige Leiterin der Haushaltsdirektion des Finanzministeriums. Der neue Finanzminister war Uroš Čufer, ein Ökonom, der sich in den Reihen der Zentralbank hochgearbeitet hatte, ehe er zu einer Geschäftsbank wechselte. Sie übernahm die Verantwortung dafür, die finanziellen Angelegenheiten des Landes in Ordnung zu bringen. Im Oktober 2013 besuchten wir Ljubljana, um mit der Regierung abzusprechen, ob ein Förderprogramm notwendig war. Das neue Bankengesetz würde das Problem lösen, teilte Bratušek uns mit. Dies war die gleiche Botschaft, die gesendet wurde, um die Finanzmärkte zu beruhigen. Selbst Kommissionspräsident Barroso erklärte in einer öffentlichen Erklärung, dass man Slowenien und Zypern nicht miteinander vergleichen könne, schon wegen der unterschiedlichen Größe ihres jeweiligen Bankensektors im Verhältnis zum BIP – ein gutes Argument. Die Gesamtgröße der slowenischen Banken betrug finanziell gesehen das Eineinhalbfache des BIP des Landes und sie befanden sich zu 89 % im Staatsbesitz. In Zypern war der Bankensektor achtmal so groß wie die Volkswirtschaft. Und Slowenien kümmerte sich um seine Probleme.

Anfang 2014, nach einem weiteren Regierungswechsel, wurde Dušan Mramor Finanzminister. Der in den USA ausgebildete Wirtschaftsprofessor hatte von 2002 bis 2004 die gleiche Position innegehabt. Er war ein wunderbarer Kollege in der Euro-Gruppe, dessen dezente, aber unwiderlegbaren Beobachtungen oft zur Realitätsprüfung dienten. Leider musste er 2016 aus gesundheitlichen

Gründen zurücktreten. Auch der Gouverneur der Zentralbank, Boštjan Jazbec, spielte eine Schlüsselrolle bei der Sanierung der Banken. Er kann nun auf diese Erfahrungen aus dem SRB zurückgreifen, in den er kürzlich berufen wurde. Ende 2013 hatte die slowenische Bankenrettung mehr als 3 Mrd. EUR gekostet, mehr als 8 % des BIP. Außerdem gab es eine Kaution von Anleihegläubigern nach dem Vorbild Zyperns für insgesamt 600 Mio. EUR. Wie so oft führte dies zu Rechtsstreitigkeiten, die bis vor den Gerichtshof der Europäischen Union gingen. 2016 gab es sogar eine Polizeirazzia in der slowenischen Zentralbank. Dies führte zu einem formellen Protest von Mario Draghi, der dies als Verletzung der Unabhängigkeit der Zentralbank bezeichnete. Dank gleichzeitiger Reformen und Einsparungen wurde das Defizit beseitigt und die Verschuldung schnell reduziert. Das Wachstum liegt bei rund 3 %. Slowenien hat sich selbst gerettet, indem es sich seiner Verantwortung stellte.

9.3 Nach der Krise

Die wirtschaftlichen und sozialen Auswirkungen der Krise waren schwerwiegend und sind in vielen Ländern der Eurozone noch spürbar. Aber nach einem langen und schwierigen Kampf sind wir gefestigt daraus hervorgegangen. Die jüngsten Zahlen sind besser als erwartet. Im Jahr 2017 lag das durchschnittliche Wachstum der Euroländer wieder bei 2,7 %. Erstmals seit der Krise entwickelte sich der Euroraum im Jahr 2017 besser als die Vereinigten Staaten, Japan und der Durchschnitt der anderen EU-Länder. Dieses Wachstum findet auf breiter Basis statt. Die Exporte sind im Euroraum insgesamt stark gestiegen. Interne Abwertungen sowie Lohn- und Preisanpassungen haben die Wettbewerbsfähigkeit, insbesondere in den ehemaligen Programmländern, erheblich verbessert. Die Binnennachfrage steigt, ebenso die Investitionen.

Der Bankensektor ist viel besser kapitalisiert, insbesondere seit der Gründung der Bankenunion. Selbst die Länder, die einer akuten Bankenkrise entkommen sind wie Portugal und Italien, haben sich inzwischen mit ihren gravierendsten Problemen auseinandergesetzt. Bislang unrealisierte Verluste sowie Rückstellungen werden allerdings noch einige Jahre lang die Gewinne der Banken schmälern. Die Belastung der Bankbilanzen durch notleidende Kredite wird reduziert, was die Möglichkeiten zur Finanzierung des neu entstehenden Wachstums erweitert. Sobald die von uns neu geschaffenen Institutionen – der ESM-Fonds, der SSM für die Bankenaufsicht und das europäische Abwicklungsgremium SRB – in die Lage versetzt werden, ihre Arbeit unabhängig und ausgestattet mit den dafür notwendigen Mitteln zu erledigen, wird die Währungsunion in den kommenden Jahren weiter erstarken.

Aber wir spüren noch immer die sozialen Nachbeben. Die Arbeitslosigkeit ist gestiegen und in einigen Ländern immer noch hoch. Auch sind viele Haushalte durch hohe Schulden belastet. Es wird Zeit und umsichtige politische Maßnahmen erfordern, um diese Schäden zu beheben. Das gilt umso mehr für den Schaden, den das Vertrauen unserer Bürger genommen hat. Die Gewissheit, dass die Europäische Union zur Sicherheit und zum Wohlstand für uns und unsere Kinder beiträgt, stand während der gesamten Zeit nach dem Zweiten Weltkrieg selten infrage. Aber die Finanzkrise hat dieses Vertrauen erschüttert, ebenso wie Probleme mit dem Terrorismus, der Unsicherheit an unseren Außengrenzen und der Migration. Die auf den Schock dieser Krisen folgende Wut hat auch politische Formen angenommen. In ganz Europa sind neue Parteien auf dem Vormarsch, und wo das Wahlsystem deren Aufstieg behindert, haben Populisten die „etablierten" Parteien übernommen. Der Aufstieg der Populisten ist übrigens keineswegs ein ausschließlich europäisches Phänomen, ebenso wenig wie die Enttäuschung der Menschen, weil die Verbesserung der Lebensqualität, die von Generation zu Generation stattfand, scheinbar zum Stillstand gekommen ist, auch – und am deutlichsten sichtbar – in materiellem Sinne. In vielen Ländern ist es lange her, dass gewöhnliche Arbeitnehmer eine echte Lohnsteigerung erlebt haben. Das muss sich ändern.

Wie die WWU und vor allem die Zusammenarbeit der Euroländer dazu beitragen können, erläutere ich im letzten Kapitel. In den vergangenen fünf Jahren haben wir festgestellt, dass stete Zusammenarbeit und entschlossenes politisches Handeln den Euroraum nicht nur intakt gehalten, sondern ihn auch institutionell und ökonomisch gefestigt aus der Krise geführt haben. Nicht zuletzt wegen der Krise waren wir bereit, die notwendigen Schritte zu unternehmen. Es ist nicht schwer, in einer Krise mutige Schritte zu machen, denn man hat keine andere Wahl. Es erfordert viel mehr Mut, solche gemeinsamen Schritte nach vorn zu unternehmen, wenn die dringende Notwendigkeit dafür nicht mehr offensichtlich ist.

Literatur

1. Stiglitz J (2016) Europa spart sich kaputt. Siedler, München

10

Die Zukunft der Währungsunion

Die weitere Zukunft des Euroraums und wird noch lange Diskussionsgegenstand einer klassischen Debatte zwischen Pessimisten und Optimisten sein und bleiben. Die Optimisten glauben an den Fortschritt und die Relevanz kleiner Schritte in die richtige Richtung. Die Pessimisten erwarten in nächster Zukunft düstere Szenarien, glauben, dass wir keine Zeit zu verlieren haben, und sind bereit, große, dramatische Schritte zu unternehmen. Diese Pessimisten lassen sich in zwei Kategorien einteilen: die einen glauben, dass der Euro „noch nie eine gute Idee gewesen ist", und die anderen, dass er „zwar eine tolle Idee ist, aber zum Scheitern verurteilt, wenn wir so weitermachen". Während manche den Euro abschaffen wollen, weil sie ihn als Wurzel allen Übels sehen, wollen andere schnellstmöglich die totale politische Union erreichen. In der aktuellen Politik wird dies beispielhaft deutlich am Kontrast zwischen Matteo Salvini, dem Führer der Lega in Italien, und

Emmanuel Macron, dem Führer der „En Marche!"-Bewegung in Frankreich. Beide haben zuhause die Wahlen gewonnen. Der gemeinsame Faktor, der diese Länder – aber auch Deutschland oder Spanien – miteinander verbindet, ist die dringende Notwendigkeit, dass die Europäische Union wieder zu Stabilität und Wohlstand für ihre Bürger beiträgt.

Ich bin ein Optimist. Ich glaube an kleine, sorgfältig geplante Schritte nach vorn, bei denen wir die Bürger mitnehmen, weniger Risiken eingehen und bessere Ergebnisse für die Menschen erreichen. Meine Meinung war und ist, dass die Währungsunion auch ohne eine vollständige politische Union ein Erfolg werden kann. Natürlich müssen mehrere wichtige Bedingungen erfüllt sein: Die nationalen Regierungen müssen eine gute Politik verfolgen, die europäischen Institutionen müssen ihre Verantwortung ernst nehmen und vor allem müssen die Rahmenbedingungen der Währungsunion, einschließlich der Bankenunion, fertiggestellt werden. In den letzten 60 Jahren wurde die Europäische Union in großen historischen Schritten errichtet. Das europäische Haus wird ständig erweitert. Wir haben neue Flügel angebaut, Dachgauben eingesetzt und Nebengebäude eröffnet. Aber die Fundamente haben wir nicht verstärkt, hier und da stehen noch die Baugerüste herum, ist der neue Schornstein nicht in Blei gefasst und müssen die Dachrinnen noch angebracht werden. Das geht eine ganze Weile gut, bis ein Unwetter kommt und das Wasser über die Treppe herabfließt.

1986 wurde im luxemburgischen Schengen ein Abkommen geschlossen, mit dem die Binnengrenzen zwischen einigen EU-Ländern – zunächst fünf, heute 22 – de facto abgeschafft wurden. Aber eine wirksame gemeinsame Überwachung unserer Außengrenzen wurde nicht beschlossen, denn manche Mitgliedstaaten einschließlich der Niederlande wollten ihre Zuständigkeiten nicht teilen. Nach 2004 traten 13 neue Länder der EU bei. Die geforderten Garantien für Demokratie und Rechtsstaatlichkeit waren in mehreren von diesen Ländern lediglich große Versprechungen. Dies führt nun zu internen Spannungen rund um die europäischen Grundwerte. Etwas Ähnliches passierte mit der Währungsunion. Dieses große Gemeinschaftsprojekt mit seinen wirtschaftlichen und politischen Vorteilen wurde durch falsche Versprechungen, schlechte Politik und Blindheit angesichts der wachsenden Risiken an den Rand des Zusammenbruchs gebracht.

Ein weiteres Entwicklungsmerkmal der noch relativ jungen Europäischen Union ist, dass sie unbegrenzt scheint. Auch an dieser Stelle laufen die führenden europäischen Politiker Gefahr, den Kontakt zu ihren Bürgern zu verlieren. Die ständige Erweiterung der EU, sowohl geografisch wie auch in puncto Befugnisse, birgt nachweislich Risiken und führt zu weiterer Unsicherheit und verständlichem Misstrauen. Der negative Ausgang des niederländischen Referendums zum EU-Assoziierungsabkommen mit der Ukraine setzte hier ein deutliches Signal. Genau deshalb finden auch die langwierigen Verhandlungen mit der Türkei über eine mögliche EU-Mitgliedschaft wenig Rückhalt bei der europäischen Bevölkerung. Auch die Diskussion über eine vollständige politische Union ist davon geprägt – ein endlos ehrgeiziges Bestreben, das oft den Eindruck hinterlässt, der gesamte politische Takt würde letztendlich zentral von Brüssel bestimmt. Das kann und darf keine realistische Perspektive sein. Es ist nicht nur für das Funktionieren der Währungsunion unnötig, es ist auch wegen der großen wirtschaftlichen, kulturellen und politischen Unterschiede zwischen unseren Ländern und Regionen unerwünscht. Zudem ist die weitreichende Zentralisierung der Zuständigkeiten aus demokratischer Sicht nicht wünschenswert.

Während der Krise ist bereits viel passiert, um das Gebäude der Wirtschafts- und Währungsunion zu konsolidieren. Auch haben Mitgliedstaaten ihre Versäumnisse in den Vorjahren der Krise nun zu einem großen Teil ausgeglichen. Das forderte von den Bürgern große Opfer, und dies nach einer Zeit, in der die Bäume scheinbar in den Himmel wuchsen. Jetzt, da es der Wirtschaft im Euroraums wieder gut geht, ist es an der Zeit, die Fundamente weiter zu festigen und gleichzeitig die Vereinbarungen über die Nutzung unseres gemeinsamen Gebäudes ernst zu nehmen – ohne gleich eine verbissene „Alles oder nichts"-Haltung an den Tag zu legen.

Was ist zu tun? Kommen wir noch einmal auf Robert Mundells Theorie des optimalen Währungsraums zurück. Nach Ansicht des kanadischen Nobelpreisträgers hängt das Gleichgewicht der Vor- und Nachteile für Mitglieder einer Währungsunion von drei Faktoren ab. Alle drei werden in den kommenden Jahren Aufmerksamkeit verlangen. Es geht um

- die Möglichkeit, korrigierend in die Lohn- und Preisbildung in den Mitgliedstaaten einzugreifen,
- die Möglichkeit, Arbeit und Kapital zwischen den Mitgliedstaaten zu verlagern, und schließlich
- die Verfügbarkeit von Finanztransfers zwischen den Mitgliedstaaten, um auf einseitige Erschütterungen abzufangen.

Die Fähigkeit zur Korrektur des Lohn- und Preisniveaus hängt von der relativen Wettbewerbsfähigkeit eines Landes im Vergleich zu anderen Ländern der Währungsunion ab. Einige Länder haben genügend Spielraum für Lohnerhöhungen – im Moment gilt dies für den Norden des Euroraums. In anderen Ländern – in den letzten Jahren betraf dies viele südeuropäische Länder – war eine

Abwärtskorrektur der starken Lohnsteigerungen, die nach dem Jahr 2000 stattgefunden hatten, unvermeidlich. Ob diese Korrekturen vorgenommen werden, hängt zum Teil von der Regierungspolitik und zum Teil von den sozialen Verhältnissen ab.

Infolge der Finanzkrise hat sich der Kapitalverkehr zwischen den Ländern im Euroraum deutlich verschlechtert. Die Bankenunion soll das Vertrauen zwischen Ländern und Banken wiederherstellen, indem sie Politik und Aufsicht aufeinander abstimmt. Die Kapitalmarktunion muss die europäische Wirtschaft unabhängiger von Bankfinanzierungen machen und ein größeres und breiteres Angebot an Risikokapital für unsere kleinen und mittleren Unternehmen fördern.

Mehr Risikokapital in der Wirtschaft des Euroraums wird die Erträge und damit auch die Risiken breiter verteilen, und sei es auf Basis privater Investitionen. Bislang wurden wirtschaftliche Erschütterungen zu einem großen Teil vom Bankensektor aufgefangen, der schließlich mehr als die Hälfte der Finanzierung für die Unternehmen leistet. Wenn die Erschütterungen zu groß wurden, hat man sich bis vor kurzem direkt an die Regierungen gewandt, um den Banken zu helfen.

Wenn, wie in den Vereinigten Staaten, nur etwa ein Viertel der Wirtschaft auf Bankfinanzierung angewiesen ist, verringert sich die Gefahr für die gesamte Wirtschaft und den der Steuerzahler sofort. Stattdessen verteilt sich der Verlustausgleich auf die Kapitalgeber. Die so oft in der Diskussion über die Zukunft der Währungsunion geforderte Risikoteilung ergibt sich dann ganz von selbst, nicht zwischen den Regierungen, sondern zwischen privaten Wirtschaftsakteuren, auch über Grenzen hinweg.

Diese beiden Projekte, die Bankenunion und die Kapitalmarktunion, sind daher von entscheidender Relevanz, um die Währungsunion gegen wirtschaftliche und politische Erschütterungen resistent zu machen. Sie müssen in den kommenden Jahren absolute Priorität haben.

Scheinbar unverrückbare Standpunkte, die der Vollendung der Bankenunion jetzt im Wege stehen, können und müssen überwunden werden, indem man klare Schritte vereinbart, die die bisherige Risikokonzentration allmählich auflösen, die Bankbilanzen strukturell konsolidieren und dafür sorgen, dass die Risiken von Problembanken künftig – im äußersten Falle zumindest anteilig – von den Banken und ihren Kapitalgebern selbst getragen werden, sodass der europäische Steuerzahler verschont wird.

Damit wird teilweise auf die dritte Empfehlung von Mundell reagiert: innerhalb einer Währungsunion Transfers zu ermöglichen. Hier sind private Übertragungen gemeint, keine Transfers via EU-Haushalt, von denen so oft in der politischen Debatte die Rede ist. Darum müssen wir die Relevanz öffentlicher Transfers im Rahmen des Eurozonen-Budgets relativieren. Derartige öffentliche Transfers finden bereits statt; wir sind in der Tat schon heute eine Transferunion, so wie jede Gesellschaft über Transfermechanismen verfügt, um ein Ungleichgewicht der Einkommensgruppen oder Regionen zu korrigieren. Der wichtigste Übertragungsmechanismus in der Union ist die Abgabe an den europäischen Haushalt auf Basis des Wohlstandsniveaus. Die stärksten Schultern tragen die schwersten Lasten. Außerdem verteilt die Europäische Union die Mittel in Form von Zahlungen aus den Strukturfonds um, um so die Wohlstandsdifferenzen zwischen den Mitgliedstaaten abzubauen. Der Europäische Fonds für regionale Entwicklung (EFRE) finanziert Strukturanpassungen im Bereich Wettbewerbsfähigkeit und Beschäftigung; der Europäische Sozialfonds (ESF) fördert unter anderem die berufliche Bildung und Beschäftigung und der Kohäsionsfonds unterstützt

10 Die Zukunft der Währungsunion

bestimmte Regionen mit sehr geringem Wohlstand. Für finanzschwache Mitgliedstaaten geht es dabei um erhebliche Beträge.

Bleibt der Wunsch, insbesondere einem Mitgliedstaat der Währungsunion vorübergehend Hilfe zu gewähren, wenn dieser in wirtschaftliche Turbulenzen gerät. Diese Mittel könnten aus einem Budget oder einem Fonds speziell für das Euro-Währungsgebiet stammen. Eine Bedingung wäre natürlich, dass das Land selbst eine verantwortungsvolle Politik zur Bewältigung der Risiken des wirtschaftlichen Abschwungs verfolgt hat. Die Mitgliedstaaten müssten darauf vertrauen können, dass die Europäische Kommission die nationalen Regierungen überprüft und zur Verantwortung zieht, wenn sie diese Bedingung nicht erfüllen – und ihnen gegebenenfalls auch die Unterstützung verweigert.

Derzeit fehlt einigen Mitgliedstaaten dieses Vertrauen, sie können mit einem derartigen Budget im Euro-Währungsgebiet nichts anfangen. Dieselben Mitgliedstaaten erwarten für die neue Brüsseler Haushaltsperiode hohe Beanspruchungen des Budgets, wenn die Brexit-Kosten geregelt und und große europäische Aufgaben in Bereichen wie Grenzüberwachung, Verteidigung und Klimawandel integriert werden müssen. Schließlich befürchten die Mitgliedstaaten, dass ein allgemein verfügbarer Backstop in Form eines Eurozonebudgets die ganz falschen Anreize schafft und damit die Mitgliedstaaten davon abhält, rechtzeitig unpopuläre Reformen durchzuführen.

Angesichts der Relevanz privater Transfers ist ein substanzielles Eurozonenbudget als Sonderposten innerhalb des EU-Haushalts unnötig, unerwünscht und aufgrund der allgemeinen Ablehnung auch unwahrscheinlich. Dennoch wäre es gut, wenn man im Rahmen der Währungsunion Mitgliedstaaten vorübergehend unterstützen könntefüh, die einseitige wirtschaftliche Erschütterungen bewältigen müssen. Dafür haben wir den Eurozonen-Fonds ESM. Tatsächlich bietet dieser Fonds Ländern in Schwierigkeiten bereits günstige Finanzierungen, allerdings erst, wenn sie kurz vor dem Bankrott stehen. Eine Unterstützung von Mitgliedstaaten durch ESM-Darlehen sollte jedoch auch im Fall einer schweren Rezession möglich sein, ähnlich wie bei der Arbeitsweise des IWF. Dies kann von der Verpflichtung des betreffenden Mitgliedstaats zum Ausgleich eventueller makroökonomischer Ungleichgewichte begleitet sein. Im Gegensatz zu Transfers, also Subventionen aus dem Euro-Haushalt, gewährt der ESM Darlehen. Die Konsequenzen für die nationale Wirtschafts- und Finanzpolitik liegen daher weiterhin in der Verantwortung der nationalen Regierungen. Der ESM kann mit den Ländern Vereinbarungen treffen und deren Einhaltung überwachen. Dazu ist es wichtig, dass der ESM die wirtschaftliche Situation in den Ländern analysiert und jährlich darüber berichtet. Deshalb sollte diese Aufgabe von der Europäischen Kommission auf den ESM übertragen werden.

Der ESM – auch darin vergleichbar mit der Arbeitsweise des IWF – muss sicherstellen, dass die Schuldenlast eines Landes nachhaltig ist oder sein wird, wenn es eine befristete Finanzierung beantragt. Dafür kann eine Umschuldung bei den privaten Gläubigern notwendig werden, dies ist aber keine Bedingung sine qua non. Letzteres wäre unnötig. Es ist aber wichtig, im Voraus abzuklären, wie eine solche Umschuldung erfolgen soll, wenn die Schulden wieder tragfähig gemacht werden müssen. Die langwierige Diskussion über die Umstrukturierung der griechischen Schulden, die von Herbst 2010 bis Frühjahr 2012 so viel wertvolle Zeit gekostet hat, darf sich nicht wiederholen. Es liegt auf der Hand, dass künftig der

ESM die Notwendigkeit einer Umschuldung bewertet und den Prozess dann auch steuert.

Um einen politischen Konsens für eine derartige Ausweitung der Rolle des ESM zu erreichen, ist es wichtig, dass die Mitgliedstaaten die Kontrolle über den Fonds behalten. Schließlich haben sie das Startkapital von 80 Mrd. EUR bereitgestellt. Die demokratische Rechenschaftspflicht für die Verwendung dieses Fonds sollte daher auch in erster Linie bei den nationalen Parlamenten liegen. Die Vorschläge der Europäischen Kommission zur Zukunft des ESM, in denen sie alle Befugnisse an sich zieht, bergen das Risiko, sich in einem institutionellen Kampf um die Brüsseler Macht zu verzetteln. Das ist das Letzte, was die Bürger wollen.

In mehreren Bereichen sind weitere Schritte erforderlich. Frankreich und Deutschland werden hier zweifellos eine Vorreiterrolle übernehmen. Möglicherweise wird letztendlich mehr Gewicht auf die Zusammenarbeit in den Bereichen Sicherheit und Verteidigung, Überwachung der Außengrenzen und Migrationspolitik mehr Aufmerksamkeit geschenkt werden als auf die weitere Reform der WWU. Das wäre eine gerechtfertigte Priorisierung. Die Stabilisierung der Währungsunion verlangt vor allem, dass wir das, was wir beschlossen haben, auch konsequent ausführen und dass die Mitgliedstaaten ihrer Verantwortung gerecht werden. So lässt sich eine stabile, krisenfeste WWU errichten. Vorschläge für eine weitreichende Zentralisierung der Macht in den Händen eines europäischen Finanzministers und eines Europäischen Parlaments tragen nicht dazu bei und widersprechen dem legitimen Wunsch der Bürger, politische Entscheidungen auf der niedrigstmöglichen Ebene zu treffen. Doch auch sinnvolle Schritte wie die Vollendung der Bankenunion, die Schaffung eines integrierten europäischen Kapitalmarktes und der Ausbau des ESM zu einem europäischen IWF werden noch erhebliche politische Anstrengungen erfordern. Die jüngsten italienischen Parlamentswahlen haben eine große Mehrheit für antieuropäische und Euro-skeptische Parteien ergeben. Viele strukturelle Verbesserungen, zum Beispiel hinsichtlich der Sanierung der Banken und der Gestaltung eines klaren Umschuldungsmechanismus werden in Italien als Bedrohung empfunden. Italien, aber nicht nur Italien, hat noch ein Jahrzehnte altes Erbe zu bewältigen. Wenn man bedenkt, dass das Land heute in vielerlei Hinsicht hinter den meisten anderen Euroländern zurückbleibt, sollten wir ein gewisses Verständnis dafür aufbringen. Als Lösung müssen Übergangsfristen geschaffen werden, in denen nach und nach alte Probleme wie notleidende Kredite und eine hohe Konzentration italienischer Staatsanleihen in den Banken beseitigt werden. Aber beim gegenwärtigen wirtschaftlichen Aufschwung muss unbedingt verstärkt darauf gedrungen werden, dass maßgebliche Schritte unternommen werden. Der einzige Weg für Italien, wieder ein robustes Wachstum zu erreichen, sind ein gesunder Bankensektor, eine gute Balance von privatem Reichtum und öffentlicher Verschuldung sowie eine weitere Reform der Wirtschaft und des Sozialsystems. Die neue italienische Regierung, die ihre Amtszeit mit einer harten antieuropäischen Rhetorik begonnen hat, hat eine Reihe wichtiger Themen auf's Tapet gebracht. Das wichtigste ist natürlich die europäische Zusammenarbeit im Bereich der Migration. Man kann unmöglich Italien allein für die Regulierung und Überwachung der Migration aus Nordafrika verantwortlich machen. Da haben wir als europäische Partner versagt.

Im sozioökonomischen Bereich hat die Regierung mittlerweile die radikalsten Vorschläge von ihrer Agenda gestrichen. Die Einführung einer Parallelwährung zur Umgehung der Restriktionen des europäischen Haushaltspaktes wäre ein unmittelbarer Auftakt zum Ausstieg aus dem Euroraum, und dieser Plan wurde schnell zurückgezogen. Zentral sind jetzt eine Steuerreform und eine Reform der Sozialversicherungen. Beides ist in Italien dringend erforderlich. Die Steuerbelastung der Arbeit ist dort sehr hoch. Dies erschwert natürlich die Rekrutierung von Mitarbeitern für Unternehmen und reduziert die reale Kaufkraft. Das italienische Steuersystem zeigt auch in sozialer Hinsicht ein schiefes Bild. Eine OECD-Studie vergleicht die Einkommensverteilung in den Mitgliedsländern vor und nach den Umverteilungseffekten ihrer Steuer- und Sozialversicherungssysteme. In allen Ländern ist die Einkommensverteilung nach der Umverteilung durch das System von Steuern und Sozialversicherungen (natürlich) sozial gerechter – außer in Italien. Vielleicht, weil die Steuerbelastung der Arbeitnehmer sehr hoch ist, während die Steuerbelastung von Vermögen und Immobilien sehr gering ausfällt. Dass die italienische Regierung den Menschen mit den niedrigsten Einkommen helfen und die Steuerlast für die Arbeitnehmer senken will, ist vor diesem Hintergrund durchaus gerechtfertigt, und hierfür bedarf es einer umfassenden Reform. Aber mit der Kombination aus einer Pauschalsteuer und einem durch zusätzliche Schulden finanzierten Grundeinkommen würde sich das Land selbst ein Bein stellen.

Die Absicht der Koalitionsparteien, ihre Pläne durch noch mehr Schulden zu finanzieren, hat viel Unruhe ausgelöst. Der Zinssatz ist gestiegen, viele Investoren haben ihre italienischen Staatsanleihen verkauft und neue Investoren, die an ihre Stelle treten, verlangen höhere Risikoprämien. Das hat auch die Frage aufgeworfen, ob Italien im Falle eines Scheiterns vom Euroraum gerettet werden kann und soll. Diese Frage ist leicht zu beantworten. In Anbetracht der Höhe der italienischen Staatsverschuldung wäre eine solche Rettung unmöglich. In den nächsten fünf Jahren wird Italien jährlich gut 200 Mrd. EUR zur Refinanzierung seiner Staatsschulden benötigen, wobei Zinsen und Tilgung noch unberücksichtigt sind. Dieser Betrag wird noch viel größer werden, wenn die neue Regierung wirklich versucht, ihre Kreditpläne umzusetzen. Die verfügbare Kapazität des ESM-Notfallfonds würde sich bald als unzureichend erweisen. Auch die EZB wird Italien nicht unterstützen, wenn das Land nicht ein Reformprogramm akzeptiert und umsetzt. Aber das ist bei der derzeitigen Regierung nicht vorstellbar. Angesichts der Tatsache, dass mehr als die Hälfte der italienischen Staatsverschuldung und übrigens auch ein erheblicher Teil der Anlagen in italienischen Banken in den Händen einheimischer Investoren liegt, wird sich der italienische Wähler längst vom eingeschlagenen Kurs abgewandt haben, wenn solch ein düsteres Szenario eintritt. Wahrscheinlicher ist, dass die Regierung einen vorsichtigeren Weg einschlägt, indem sie die Märkte im Auge behält und weiterhin die mangelnde Unterstützung aus Brüssel beklagt. Aber letztendlich gilt auch für Italien, dass man die inländischen strukturellen Defizite weder dem Euro noch Mario Draghi oder Angela Merkel zuschreiben kann. Italien wird sich größtenteils selbst retten müssen.

Die Zukunft der WWU kann nicht losgelöst von der Frage betrachtet werden, wie die Zukunft der Europäischen Union aussieht. Die EU befindet sich auf einer mittleren Position zwischen einer Konföderation und einer Föderation. In manchen Bereichen hat die Europäische Kommission eine eigenständige Befugnis, im Namen aller Mitgliedstaaten und gegen Mitgliedstaaten vorzugehen. Denken Sie nur an die sehr aktuellen Fragen der Handels- und Wettbewerbspolitik. In anderen Bereichen tragen die nationalen Regierungen noch immer dezentral die Verantwortung für die Umsetzung, jedoch vollständig im Einklang mit einem harmonisierten System

10 Die Zukunft der Währungsunion

von Gesetzen und Verordnungen. Das ist beispielsweise der Fall bei veterinär- und pflanzenschutzrechtlichen Vorschriften für den Binnenmarkt. In anderen Bereichen wie der WWU, sind die Mitgliedstaaten durch zwischenstaatliche Beziehungen verbunden, und europäische Institutionen wie die Europäische Kommission und die EZB sind mit der Umsetzung oder Aufsicht beauftragt. Es gibt auch Kombinationen dieser Formen. In den kommenden Jahren werden sich in immer mehr Bereichen wechselnde Gruppierungen von Mitgliedstaaten auf verschiedenen Gebieten innerhalb unterschiedlicher rechtlicher Rahmenbedingungen zusammenfinden. Diese Vielfalt, die wir als festen Bestandteil unserer Union akzeptieren müssen, kann eine gute Antwort auf die zunehmende Polarisierung für oder gegen „Europa" sein.

Die zentralen Akteure sind nach wie vor die Mitgliedstaaten, weil allein sie die Befugnis haben, die europäischen Verträge zu ändern, und weil die Europäische Union keine *tax and spend*-Befugnis hat. Die EU kann keine unabhängigen Entscheidungen über europäische Steuern und die Verwendung der entsprechenden Einnahmen treffen. Damit kommt den Mitgliedstaaten die dominante Rolle in Wirtschafts- und Finanzfragen zu. Sie kontrollieren den Großteil der öffentlichen Mittel. Die Summe der nationalen Haushalte entspricht etwa dem Fünfzigfachen des europäischen Haushalts. Es ist also offensichtlich, dass die fiskalpolitischen Puffer zur Vorbereitung auf die nächste Wirtschaftskrise hauptsächlich auf nationaler Ebene aufgebaut werden müssen. Um dies zu erreichen, müssen viele Länder ihre Staatsschulden erheblich abbauen. Wichtige Bereiche der Sozial- und Wirtschaftspolitik fallen ebenfalls in den Zuständigkeitsbereich der nationalen Behörden. Dazu gehören Einkommenspolitik, Renten und Sozialleistungen, Arbeitsmarktpolitik und Gesundheitswesen. Der größte Teil dieser Arbeit muss also auf nationaler Ebene geleistet werden, und das gilt auch für die Zukunft. Viel zu viele nationale Politiker geben der EU immer noch die Schuld an unpopulären Maßnahmen, erwarten aber gleichzeitig, dass Brüssel ihre Probleme löst. Aber: *„It's national politics, stupid."*[1] Oder, um einen anderen amerikanischen Präsidenten, Abraham Lincoln, zu zitieren: „Es gelingt wohl, alle Menschen einige Zeit und einige Menschen allezeit, aber niemals alle Menschen allezeit zum Narren zu halten."

Als Teil einer Währungsunion muss ein Land diszipliniert Verantwortung übernehmen. Dann kann es bei Bedarf auch Solidarität empfangen. Unsere gemeinsamen europäischen Institutionen werden ihre Rolle ernst nehmen müssen, um dieses Gleichgewicht zu gewährleisten. Aber die Europäische Kommission, die fast wie eine Polizeitruppe ständig für Ordnung in der Europäischen Union sorgen muss, wird immer auf Widerstand stoßen. Wie Benoît Cœuré, Mitglied des EZB-Ausschusses, einmal sagte: *„Less intrusion from the center requires more discipline in member states, helped by market discipline."*

Das WWU-System mit seinen Regeln und Institutionen gerät unter enormen inneren Druck, wenn von außen kein Gegendruck erfolgt. Dabei spielen auch die Marktakteure eine Rolle. Wann immer sie mit den Folgen einer fehlerhaften Politik konfrontiert werden, z. B. in Banken oder Staatshaushalten, können sie zur notwendigen Disziplin beitragen, indem sie die Risiken in ihre Preise einbeziehen. Eine Kombination aus klaren europäischen Regeln, soliden europäischen Institutionen und disziplinierenden Marktanreizen ist daher entscheidend, um die Mitgliedstaaten dazu zu bewegen, ihrer Verantwortung nachzukommen.

---

[1] Das Zitat lautet ursprünglich *„It's the economy, stupid"* und stammt aus der Wahlkampagne von Bill Clinton (Anmkg. d. Red.).

10 Die Zukunft der Währungsunion

Die nationalen Regierungen müssen die Initiative ergreifen und den Mut aufbringen, die Währungsunion im Zuge der Modernisierung ihrer Volkswirtschaften weiter zu festigen. Eine dynamischere Wirtschaft im Euroraum bedeutet nicht nur neue Perspektiven für die Menschen, sondern in einigen Fällen auch mehr Unsicherheit. Deshalb muss sich Europa seinen einzigartigen Sozialstaat bewahren. Das sozioökonomische Modell, in dem ein gut funktionierender öffentlicher Sektor seine Bürger vor Risiken schützt und ihnen auf diese Weise die Möglichkeit gibt, sich weiterzuentwickeln, ist nach wie vor ein Erfolgsrezept – und auch ein Weg zu sozialer Gerechtigkeit. Dass die verantwortungslosen Jahre nach der Jahrtausendwende und die darauffolgende tiefe Krise den europäischen Sozialstaat unter Druck gesetzt haben, ist unsere schlimmste Blessur. Denn gerade ein moderner Wohlfahrtsstaat, der auf einer starken europäischen Tradition aufbaut, kann die Basis einer modernen, innovativen Wirtschaft bilden.

In der gesamten westlichen Welt steht die soziale Gerechtigkeit der politischen Resultate auf dem Prüfstand. Die Krise hat dieses Problem zwar nicht verursacht, aber sie hat es in den meisten Ländern noch verschärft. Neben dem direkten wirtschaftlichen Schaden, den viele Bürger erlitten haben, haben zwei der am häufigsten eingesetzten Kriseninstrumente die Vermögensungleichheit noch erheblich verstärkt. Die massenhaften Bail-outs von Banken retteten Aktionäre und Anleihegläubiger auf Kosten der normalen Steuerzahler. Wir dürfen nicht zulassen, dass sich das wiederholt. Das *quantitative easing* (quantitative Lockerung) – mit anderen Worten, eine sehr lockere Geldpolitik – trieb die Aktien- und Anleihekurse in vielen Ländern in die Höhe, sehr zum Vorteil der Inhaber dieser Vermögenswerte.

Doch beschreibt das Gefälle bei der Verteilung von wirtschaftlichen Vergünstigungen zwischen Vermögenden und Arbeitenden einen langanhaltenden Trend. Die tatsächliche Steuerbelastung internationaler Unternehmen sinkt seit einiger Zeit und tat dies auch in der Krise, während die Steuerbelastung für Kleinunternehmen und Erwerbstätige weiter angestiegen ist. Darum haben wir uns in der Euro-Gruppe in den vergangenen Jahren gemeinsam prioritär auf die Senkung der Steuerbelastung von Arbeit fokussiert. Auch haben die europäischen Länder in den letzten Jahren angefangen zusammenzuarbeiten, um sicherzustellen, dass große internationale Unternehmen ihren gerechten Anteil an den Steuern zahlen. Unter der niederländischen Ratspräsidentschaft wurde im Jahr 2016 eine Reihe von Vereinbarungen getroffen, um die Basis für die Steuerzahlungen großer Unternehmen wieder zu verbreitern. Aber während wir uns zusammenschließen, um Steuerumgehungen zu erschweren, entspinnt sich ein neuer Wettbewerb unter den Ländern, die Unternehmen anlocken wollen. Der Brexit treibt das Gefecht um den Hauptsitz von Unternehmen noch an. Auch die Niederlande beteiligen sich wieder daran. Die Rechnung für all diese Steuervergünstigungen geht an den normalen Steuerzahler und die Schieflage verstärkt sich. Während große europäische Unternehmen im Schnitt über eine sehr gesunde Bilanz verfügen, warten die meisten Arbeitnehmer in unseren Ländern immer noch auf nennenswerte Lohnerhöhungen. Es ist höchste Zeit, dieses *race to the bottom* zu beenden und die Gewinnsteuer für Großunternehmen auf europäische Ebene zu verlagern. Eine erfolgreiche Initiative auf diesem Gebiet, wie Deutschland und Frankreich sie momentan vorbereiten, könnte eine wichtige Antwort auf den politischen Unfrieden in unseren Ländern sein. Europäische Initiativen, die dafür sorgen sollen, dass große multinationale Technologieunternehmen endlich Steuern zahlen, und die Steuerpläne von US-Präsident Trump könnten ebenfalls eine breitere europäische Zusammenarbeit in diesem Bereich in Gang bringen. Nur wenn wir dieses unausgewogene Wachstum durch sozial gerechtes Wachstum ersetzen, können wir eine größere politische Instabilität in unseren Ländern vermeiden.

Nur wenn es uns gelingt, die Ungewissheit und Unsicherheit im Leben unserer Bürger zu verringern und ihnen eine bessere Zukunft in Aussicht zu stellen, wird das Vertrauen in „die Politik" zurückkehren. Das gilt ebenso für das Vertrauen in den Euro und in die Währungsunion. Um das Versprechen einer besseren Zukunft zu erfüllen, müssen wir die EU in mancher Hinsicht konsolidieren, aber vielmehr noch müssen die EU-Mitgliedstaaten besser zusammenarbeiten. Und vor allem braucht es Politiker und Beamte, die sich ihrer Verantwortung stellen.

Namensregister

A
Albuquerque, Maria Luís 8, 220, 280
Almunia, Joaquín 47
Anastasiades, Nikos 115, 120, 223
Andersson, Magdalena 14
Asmussen, Jörg 76, 87, 121, 123, 151
Asscher, Lodewijk 5, 6

B
Baker, Luke 110
Barnier, Michel 11, 20, 101, 147, 149, 151, 152, 156, 226
Barroso, José Manuel 20, 79, 82, 120, 131, 142, 285
Baudet, Thierry 238
Benschop, Dick 5
Berlusconi, Silvio 77, 82, 83, 143
Boitelle, Simone 102, 107, 109, 176, 188
Borg, Anders 14, 148, 152
Bos, Wouter 5, 95, 98, 99
Bowles, Sharon 153, 154, 156
Broeke, Han ten 233
Brown, Gordon 48
Bush, George W. 50
Buti, Marco 87

Namensregister

C

Cameron, David 229
Centeno, Mário 4, 9, 252, 281
Chouliarakis, Giorgos 196, 204, 215
Christofias, Dimitris 113, 114
Cœuré, Benoît 10, 20, 302
Constâncio, Vítor 12
Costa, António 244

D

Demetriades, Panicos 112, 122, 136
Depla, Staf 96
Di Rupo, Elio 84
Dijsselbloem, Jeroen 22, 100, 125, 132, 190, 228, 245
Dimas, Stavros 174
Dombrovskis, Valdis 11, 13, 21
Doukas, Petros 51
Dragasakis, Yannis 188
Draghi, Mario 10, 20, 76, 77, 91, 92, 101, 121, 131, 142, 143, 175, 185, 191, 193, 198, 203, 204, 209, 217, 219, 286, 300

F

Faull, Jonathan 150
Félix, Ricardo Mourinho 250
Fernandez, Ramon 147, 155
Ferreira, Elisa 154, 157
Fico, Robert 65
Fischer, Joschka 51
Ford, Vicky 154, 157
Frieden, Luc 4, 101, 103

G

Gabriel, Sigmar 199, 218, 225, 232, 247
Gaspar, Vítor 9
Geens, Koen 9
Geithner, Timothy 39, 61, 77, 81
Gelinck, Coen 156
Georgiades, Harris 137
Georgieva, Kristalina 13
Georgiou, Andreas 67
Giegold, Sven 154, 157
Goulard, Sylvie 154, 157
Grashoff, Rik 233
Greenspan, Alan 24
Grilli, Vittorio 9, 104
Grillo, Beppe 202
Groot, Robert de 100
Grybauskaité, Dalia 214
Guersent, Olivier 147, 158
Guindos, Luis de 8, 9, 104, 105, 194, 197, 225, 226, 228, 229

H

Hammond, Philip 14
Harbers, Mark 155, 233, 234
Hardouvelis, Gikas 173

Hill, Jonathan 11, 21
Hökmark, Gunnar 152
Hollande, François 6, 21, 102, 193, 198, 203, 214, 224, 246
Holle, Levin 158
Hoyer, Werner 12

J

Jager, Jan Kees de 60, 72, 99, 100, 141, 144, 233
Jeene, Erik 21
Jospin, Lionel 21
Juncker, Jean-Claude 4–6, 9, 11, 13, 21, 22, 51, 52, 54, 72, 82, 97, 101, 102, 105, 119, 124, 142, 175, 190, 193, 197–199, 203–205, 210, 212, 217, 225, 226, 238, 240, 267

K

Karamanlis, Kostas 50, 52
Katainen, Jyrki 13, 101
Kažimír, Peter 186, 195, 218, 220
Keller, Ska 252
Kennedy, John F. 24
Kim, Glenn 202, 215
Kok, Peter 15, 228
Koolmees, Wouter 136

L

La Via, Vincenzo 228
Lafazanis, Panagiotis 200, 202, 231
Lagarde, Christine 8, 12, 52, 55, 62, 82, 121, 123, 131, 132, 185, 191, 193, 198, 200, 203, 204, 209, 248, 249, 280
Leterme, Yves 84
Lew, Jack 183
Lincoln, Abraham 302
Linthorst, Irene 156

M

Macron, Emmanuel 227, 290
Mavridou, Maria 156
Medwedew, Dmitri 56, 127
Merkel, Angela 5, 6, 48, 57, 58, 66, 79, 81, 82, 87, 89, 91, 92, 100, 102, 115, 117, 141–143, 193, 197, 198, 203, 214, 221, 224–226, 232, 300
Mersch, Yves 105
Mnuchin, Steven 237
Mogherini, Federica 246
Monti, Mario 9, 83, 84, 104, 143
Moscovici, Pierre 4, 6, 11, 13, 21, 98, 101, 104, 147, 189, 204, 209, 227

Mramor, Dušan 9, 195, 218, 220, 285
Münchau, Wolfgang 124
Mundell, Robert 258, 264, 294
Muscat, Joseph 239

N

Noonan, Michael 8, 147, 186, 279, 280
Nouy, Danièle 102, 159

O

O'Brien, Jim 147
Obama, Barack 61, 81, 82, 91
Oppermann, Thomas 231
Osborne, George 14, 213, 229, 230

P

Padoan, Per Carlo 183, 185, 228
Papadimos, Loukas 9, 83, 246
Papakonstantinou, Giorgos 62, 73, 75, 78, 177
Papandreou, Andreas 52
Papandreou, Giorgos 52, 53, 56, 60, 63, 64, 72, 74, 75, 82, 83
Papathanasiou, Yannis 52
Papoulias, Karolos 174

Pappas, Nikos 183, 188, 198, 204
Passos Coelho, Pedro 72, 223, 281
Paulson, Henry 29, 48
Pechtold, Alexander 234
Peeperkorn, Marc 10, 110, 251
Pflueger, Stefan 10
Pillath, Carsten 10, 98, 229
Pitella, Gianni 245
Prodi, Romano 83
Putin, Wladimir 114, 127, 128

R

Radičová, Iveta 65
Rajoy, Romano 5, 84, 104, 197, 223, 226
Redeker, Nils 21, 107, 156, 176, 188
Regling, Klaus 11, 123, 132, 209, 213, 220, 279
Rehn, Olli 11, 20, 67, 102, 119, 121, 123, 228
Reizniece-Ozola, Dana 8
Renzi, Matteo 214, 246
Ricard, Philippe 110
Rinne, Antti 173
Roeden, Ronald van 100
Rutte, Mark 5, 6, 79, 89, 95, 96, 99, 100, 102, 189, 224, 225, 232, 234

Šadžius, Rimantas 151, 186
Salden, Gita 150
Salvini, Matteo 289
Samaras, Antonis 52, 54, 64, 74, 82, 83, 87, 171–175
Samsom, Diederik 5, 6, 96, 158
Sandbu, Martin 169
Santer, Jacques 83
Sapin, Michel 9, 185, 208, 213, 218, 227
Sarkozy, Nicolas 9, 48–50, 57, 66, 79, 81, 82, 87
Sarris, Michel 115, 127, 128, 137
Schäuble, Wolfgang 7, 9, 10, 56, 57, 72, 73, 76, 78, 92, 100–102, 116, 121, 144, 147, 151, 155, 157, 158, 175, 182, 185, 191, 194, 197, 203, 207, 208, 216, 217, 219, 221, 226, 228, 231, 237, 241, 243, 244, 247, 248
Schelling, Hans Jörg 218, 220, 228
Schulz, Martin 6, 176, 203, 232, 247
Selmayr, Martin 190, 198
Shiarly, Vassos 101, 113, 114, 119
Siluanow, Anton 127
Simitis, Kostas 51, 205
Sinn, Hans-Werner 39

Sócrates, José 71
Spiegel, Peter 81, 110
Spinellis, Diomedes 63
Stark, Jürgen 59, 76
Steffen, Thomas 146, 147
Steinbrück, Peer 57, 232
Steinmeier, Frank-Walter 30
Stiglitz, Joseph 270
Stournaras, Giannis 152–154, 156, 177, 211
Strauss-Kahn, Dominique 61, 71
Stubb, Alexander 9, 218, 220
Summers, Lawrence 184

Theocharis, Haris 63
Thomsen, Poul 12, 87, 195, 250
Timmermans, Frans 5, 6, 11, 246
Tremonti, Giulio 77, 82
Trichet, Jean-Claude 39, 48, 54, 66, 67, 72, 73, 76, 77
Tsakalotos, Efklidis (Euklid) 177, 198, 213–215, 222, 224, 249, 251
Tsipras, Alexis 74, 174–177, 180, 183, 187–189, 191, 193, 196, 198, 200, 202–204, 206–208, 211, 212, 214–217, 219, 222–225, 230, 231

Tumpel-Gugerell, Gertrude 278
Tusk, Donald 19, 20, 175, 184, 193, 203, 210, 214, 217, 220, 223–225, 239

V

Valls, Manuel 21, 227
Van Rompuy, Herman 19, 20, 65, 102, 120, 131, 141
Vanackere, Steven 103
Varoufakis, Yanis 175–192, 194–196, 198–204, 206, 208, 209, 212, 213, 219
Venizelos, Evangelos 75, 78, 80, 82, 83, 171
Versteeg, Jan 176
Verwey, Maarten 59, 130
Vestager, Margrethe 14, 245
Vijlbrief, Hans 20, 22, 96, 98, 100, 102, 104, 106, 109, 132, 141, 146, 150, 176, 188, 198, 204, 216, 228

Vijselaar, Focco 101, 102, 155, 156, 188, 222
Visser, Martin 133

W

Weber, Axel 59
Weber, Manfred 245, 249
Weekers, Frans 99
Weidmann, Jens 81, 92
Wellink, Nout 59
Wester, Frits 133
Wiebes, Eric 186
Wieser, Thomas 10, 20, 22, 87, 98, 117, 176, 198, 204, 213, 216, 220
Wilders, Geert 89, 238
Wind, Evelien de 21, 107, 120, 192
Wortmann, Corien 154, 156

Z

Zalm, Gerrit 51, 98, 228
Zapatero, José 84
Zijlstra, Halbe 5, 234

GPSR Compliance
The European Union's (EU) General Product Safety Regulation (GPSR) is a set of rules that requires consumer products to be safe and our obligations to ensure this.

If you have any concerns about our products, you can contact us on

ProductSafety@springernature.com

In case Publisher is established outside the EU, the EU authorized representative is:

Springer Nature Customer Service Center GmbH
Europaplatz 3
69115 Heidelberg, Germany

www.ingramcontent.com/pod-product-compliance
Lightning Source LLC
LaVergne TN
LVHW011004250326
834688LV00004B/72